应用型本科院校"十二五"规划教材/思想政治教育类

Teaching Guidance Book of The Outline of Chinese Modern History

中国近现代史纲要

学习辅导用书

（第2版）

主　编　王曼青　宋婷婷

副主编　杨　楠　隋向萍　范　帆

哈爾濱工業大學出版社

HARBIN INSTITUTE OF TECHNOLOGY PRESS

内容简介

实现中华民族伟大复兴，是近代以来中国历史的主旋律。十八大以来，在以习近平总书记为核心的新一代领导人的带领下，中国已经开始了蓬勃的发展态势。作为当代的大学生，应该以民族复兴为己任，重新审视中国近代的奋斗历史，不断地加强自身的修养，为祖国做出贡献。本书以《中国近现代史纲要》教材为依托，并增加了大量的史实材料，帮助大学生更好地认识和了解中华民族从鸦片战争以来探寻国家出路的过程，让大学生更好地完成中国近现代史的学习。

本书是为哈尔滨剑桥学院本、专科学生编写的辅导教材。

图书在版编目(CIP)数据

中国近现代史纲要学习辅导用书/王曼青，宋婷婷主编. —2版. —哈尔滨：哈尔滨工业大学出版社，2016.1

应用型本科院校"十二五"规划教材

ISBN 978-7-5603-5826-0

Ⅰ.①中… Ⅱ.①王… ②宋… Ⅲ.①中国历史—近代史—高等学校—教学参考资料 Ⅳ.①K25

中国版本图书馆 CIP 数据核字(2016)第003887号

策划编辑 杜 燕
责任编辑 苗金英
出版发行 哈尔滨工业大学出版社
社 址 哈尔滨市南岗区复华四道街10号 邮编 150006
传 真 0451-86414749
网 址 http://hitpress.hit.edu.cn
印 刷 哈尔滨工业大学印刷厂
开 本 787mm×960mm 1/16 印张 15.5 字数 329千字
版 次 2015年2月第1版 2016年1月第2版 2016年1月第1次印刷
书 号 ISBN 978-7-5603-5826-0
定 价 29.00元

序

哈尔滨工业大学出版社策划的《应用型本科院校"十二五"规划教材》即将付梓,诚可贺也。

该系列教材卷帙浩繁,凡百余种,涉及众多学科门类,定位准确,内容新颖,体系完整,实用性强,突出实践能力培养。不仅便于教师教学和学生学习,而且满足就业市场对应用型人才的迫切需求。

应用型本科院校的人才培养目标是面对现代社会生产、建设、管理、服务等一线岗位,培养能直接从事实际工作、解决具体问题、维持工作有效运行的高等应用型人才。应用型本科与研究型本科和高职高专院校在人才培养上有着明显的区别,其培养的人才特征是:①就业导向与社会需求高度吻合;②扎实的理论基础和过硬的实践能力紧密结合;③具备良好的人文素质和科学技术素质;④富于面对职业应用的创新精神。因此,应用型本科院校只有着力培养"进入角色快、业务水平高、动手能力强、综合素质好"的人才,才能在激烈的就业市场竞争中站稳脚跟。

目前国内应用型本科院校所采用的教材往往只是对理论性较强的本科院校教材的简单删减,针对性、应用性不够突出,因材施教的目的难以达到。因此亟须既有一定的理论深度又注重实践能力培养的系列教材,以满足应用型本科院校教学目标、培养方向和办学特色的需要。

哈尔滨工业大学出版社出版的《应用型本科院校"十二五"规划教材》,在选题设计思路上认真贯彻教育部关于培养适应地方、区域经济和社会发展需要的"本科应用型高级专门人才"精神,根据黑龙江省委书记吉炳轩同志提出的关于加强应用型本科院校建设的意见,在应用型本科试点院校成功经验总结的基础上,特邀请黑龙江省9所知名的应用型本科院校的专家、学者联合编写。

本系列教材突出与办学定位、教学目标的一致性和适应性,既严格遵照学科体系的知识构成和教材编写的一般规律，又针对应用型本科人才培养目标及与之相适应的教学特点，精心设计写作体例，科学安排知识内容，围绕应用讲授理论，做到“基础知识够用、实践技能实用、专业理论管用”。同时注意适当融入新理论、新技术、新工艺、新成果，并且制作了与本书配套的 PPT 多媒体教学课件，形成立体化教材，供教师参考使用。

《应用型本科院校“十二五”规划教材》的编辑出版，是适应“科教兴国”战略对复合型、应用型人才的需求，是推动相对滞后的应用型本科院校教材建设的一种有益尝试，在应用型创新人才培养方面是一件具有开创意义的工作，为应用型人才的培养提供了及时、可靠、坚实的保证。

希望本系列教材在使用过程中，通过编者、作者和读者的共同努力，厚积薄发、推陈出新、细上加细、精益求精，不断丰富、不断完善、不断创新，力争成为同类教材中的精品。

第2版前言

“中国近现代史纲要”是当代大学生的必修公共课，该课程旨在让大学生了解中国近代的历史以及探究历史事件背后深刻的社会意义，让学生清楚地了解为什么中国人民在近代选择了马克思主义、中国共产党的领导以及社会主义道路，激发学生的爱国热情，增强学生的使命感，使他们自觉承担推动历史、社会发展的义务。

本书是《中国近现代史纲要》教材的配套用书，依照教材的逻辑体系，从适合学生学习的角度出发进行内容设计。本书每章的内容由4部分组成，包括“学习目标”“学习要点”“教学案例”“课后习题”。每一章的内容都集学、练、读为一体。本书可供学生在学习时作为帮助理解课程内容的辅助教材，也可供相关课程教师教学时参考。

参与本书编写的人员均是从事“中国近现代史纲要”课程教学多年的经验丰富的任课教师。全书编写分工如下：宋婷婷编写上编综述及第一、二、三章；范帆编写中编综述及第四、五章；王曼青编写第六、七章；杨楠编写下编综述及第八章；隋向萍编写第九、十章。另外，杜昊烨、张浩鸣参与搜集、整理材料。

本书在编写的过程中，参考和借鉴了国内相关的学术著作和考试辅导资料，在此向这些著作和考试辅导资料的作者表示感谢。由于编者水平有限，书中难免存在疏漏之处，敬请广大读者批评指正，以便修订时改进。

编　者

2015年12月

目　录

上编　从鸦片战争到五四运动前夜(1840—1919)

中编　从五四运动到新中国成立(1919—1949)

下编　从新中国成立到社会主义现代化建设新时期(1949 年至今)

上编　从鸦片战争到五四运动前夜

（1840—1919）

综 述

风云变幻的八十年

学习目标

通过本章的学习，使学生了解和掌握中国近现代史的历史断代和分期；明确学习《中国近现代史纲要》的目的；了解中国光辉灿烂的古代文明，增强民族自信心和自豪感；了解鸦片战争前的中国和世界，认识中国由古代社会向近代社会转变的根源；了解中国近代社会的性质和特征，把握半殖民地半封建社会这一基本国情。只有充分认识中国的国情，才能进一步认识当代大学生的历史使命与社会责任；了解中国近代社会的主要矛盾和历史任务，正确认识民族独立和国家富强、革命与现代化之间的关系。

学习要点

1. 中国近现代史的历史断代和分期的依据。
2. 中国近代社会衰落的原因。
3. 认识中国近代社会的性质、特征和主要矛盾。
4. 认识近代中国社会的两大历史任务及其相互关系。

教学案例

【案例1】

马戛尔尼使团访华

明朝中后期至清朝康熙年间，大量的西方传教士来华，他们通过寄送传教报告、书信、回忆录等，向欧洲介绍了一个历史悠久、文化灿烂、物产丰富、政治清明、百姓安居乐业的中国形象，并进而形成长达百年的欧洲"中国热"。

但是，在18世纪的最后几十年里，清王朝已经走上衰败的道路，并更加闭关锁国。与此同时，西方国家则以英国产业革命为标志开始了一系列具有重大意义的变革。工业上的空前发展，使英国有了更多的对外扩张要求。为了打开中国市场，英国政府决定以给乾隆皇帝贺寿为名派遣使节访问中国，讨论两国的贸易和建交问题，并希望缔结一项伦敦与北京之间的商业联盟条约，从而得到贸易上的最优惠待遇。英国在出使人选问题上颇费了一番脑筋，他们考虑到中国历来轻商，且官吏傲慢、精明，所以使者必须是与商业无关、地位崇高且办事能力强的人。马戛尔尼(George Macartney)出身贵族，获有神学硕士学位，做过驻俄公使、爱尔兰事务大臣和印度马德拉斯总督，被英国政府认为是最合适的人选。副使斯当东(George L. Staunton)是法学博士，代表团其他成员也都是各种专家，有哲学家、医生、机械专家、画家、制图家、植物学家、航海专家及一些有经验的军官。

英国国王乔治三世在给乾隆皇帝的信中写道，他们派人出使中国的目的，绝非谋求扩充本国领土，亦非谋求获取外国财富，而只是为了"研究世界各地的出产，向落后地方交流技术及生活福利的知识""与世界各国和平共处"。但信中还是明确提出了一系列要求：派使臣常驻北京；开放宁波、珠山(即舟山群岛)、天津为贸易口岸；在北京设立洋行；得到珠山附近一个岛屿，以便储存货物；在广州附近拨出一小块土地供英商居住；英商货物由广东至澳门在内河行走时，不上税或少上税等。

1792年9月26日，马戛尔尼使团从朴次茅斯起航。为了向中国显示英国实力的强盛，抑制中国人的傲慢，英国政府让特使和56名使团成员乘坐装有64门炮位的"狮子"号军舰，并选了一支50人的精悍卫队。另外39名成员和送给中国皇帝的礼物载于东印度公司的船只"印度斯坦"号。马戛尔尼使团携带的礼品多是代表英国文明的天文地理仪器、钟表、乐器、车辆、兵器、船模等。

1793年8月5日，马戛尔尼使团在天津大沽上岸后，对陆上的中国进行了认真的观察。"狮子"号船上的第一大副安德逊在描述当地的炮台时说："这地方只有一个炮台，仅仅是一个方形的塔，看样子与其说是为了保卫之用，不如说是为了装饰。它虽然是很靠近海面而且临视着江口，但是在围墙上一门大炮也没有。”

8月6日，清政府指派王文善前来处理英国使团事务。王文善雇了一些民船接待英国使节。安德逊发现，中国民船的构造形式在世界上独一无二，但在航海技术方面的科学毫无进展，这些船只与100年前的船只显然是同样的。

由于英国东印度公司董事长事先写信通知两广总督，说马戛尔尼是前来补祝乾隆皇帝八十寿辰的，并带有600箱价值1.5万英镑的礼品，因而清廷方面准备充分，招待热情周到。马戛尔尼从天津到北京所乘的船和轿上都挂着“英吉利贡使”的条幅。马戛尔尼虽然对此处置并不满意，但担心反对无效而碍于正事的完成，便未公开抗议。但对清廷要求他必须向中国皇帝行三跪九叩大礼一事，马戛尔尼提出了一个反条件，即要求清廷派一个与他一样等级的官员在英王肖像前也行三跪九叩之礼，以示平等。这个提议被清廷拒绝。经过多次交涉，双方才勉强达成协议：马戛尔尼用谒见英王时最恭敬的礼节觐见中国皇帝，即免冠鞠躬，单腿下跪。在与中国官员打交道的过程中，英国人发现：“从接待大使人员的样子看，在他们的鄙陋的服装表面，和他们所乘的车辆方面，与英国迁移贫民到贫民教区的样子很相像，而和一个强大帝国的代表所应有的尊严不称。”

8月28日，王文善向英国使团传达：皇帝期望大使前往热河相见和接受国书。在前往热河的途中，马戛尔尼等人发现到处都是贫瘠之土。

9月14日，马戛尔尼佩带金刚石伯爵勋章，斯当东佩带牛津大学法学博士绶带，在热河行宫觐见乾隆皇帝，清朝军机大臣和珅也一同会见。马戛尔尼单膝下跪，颔首，递交国书后向皇帝献上了黄金和精制并饰有宝石的书籍、珐琅钟表、气枪等礼品，乾隆皇帝也回赐玉如意。马戛尔尼认为，赏赐之物似乎没有多少价值。觐见没有谈实质问题，乾隆简单地询问了英王的情况，赐给马戛尔尼和斯当东各一杯“御酒”了事。

9月28日，马戛尔尼等人回到北京。马戛尔尼希望用从英国带来的礼物打动中国皇帝，因而在圆明园展示了包括当时西方改良的天文仪器、天体循环模型、英国著名企业制造的最新产品等。乾隆看后说：“这些东西好得足以逗乐小孩。”在与和珅就英王国书中所提的要求进行谈判时，马戛尔尼提出开放宁波、舟山附近海岛一处以囤货，割广东省城附近一处供英商居住，裁减关税，自由传教等要求。和珅采取“顾左右而言他”的方式回避。随后，和珅将乾隆皇帝对英王国书的答书转交给马戛尔尼。乾隆的敕谕说：“天朝抚有四海，惟励精图治，办理政务，奇珍异宝，并无贵重。尔国王此次赍进各物，念其诚心远献，特谕该管衙门收纳。其实天朝德威远被，万国亲王，种种贵重之物，梯航毕集，无所不有。”乾隆最后全盘拒绝了英国的通商要求。依照中国法律，使团在中国的停留最长不超过40天。因此，马戛尔尼央求自己掏钱在北京多待几天，目的是加强英王和中国皇帝之间的“牢固的友谊”，并且英王盼望接待中国使节的回访。但和珅避免直接回答，而是将话题转到皇帝对大使健康的关心上，这使马戛尔尼得出结论：官员们极不乐意处理商业事宜。

10月7日，马戛尔尼一行离开北京。

1794 年9月5日,马戛尔尼一行返回英国。该使团的一位成员这样描述他们的出使经历:“我们的整个故事只有三句话:我们进入北京时像乞丐;在那里居留时像囚犯;离开时则像小偷。”马戛尔尼向欧洲人描述对中国的观感时说:东方巨人在蓝布袍子下露出了一双泥足。

【资料来源】

[1]季压西,陈伟民.中国近代通事(一)[M].北京:学苑出版社,2007.

[2]佩雷菲特.停滞的帝国——两个世界的撞击[M].北京:三联书店,1995.

【思考讨论】

1.鸦片战争前的中国与西方国家呈现什么样的发展趋势?试分析其原因。

2.马戛尔尼率团使华失败是否仅仅是中英间的“礼仪之争”?

【案例2】

鸦片战争以前的中国与世界

中华文明是世界四大古老文明之一。与其他古老文明,即古埃及文明、巴比伦文明、古印度文明相比,中华文明是唯一的从未中断过的文明。地域的广大和整体规模的巨大,使中华文明形成一种难以征服的力量。中华文明中自强不息和厚德载物的精神,使这个文明既有刚性又有韧性,能够适应内外条件的变化,兼容各种不同的文明,不断丰富自己。但是,当历史发展到18至19世纪,中国却落后了。

从1644年到1911年,是中国历史上最后一个封建王朝清政府统治时期。自康熙至乾隆统治的130多年,中国社会的各个方面在原有的基础上发展到极致,出现了为史家称道的“康乾盛世”。但实际上,清政府18世纪已隐伏着衰相。

首先,表现在政治上。

清政府统治阶级已日趋腐朽。随着清政府经济的繁荣兴旺,统治阶级的侈靡之风也日渐增长。各级官吏为讨好圣颜,一掷千金,耗费惊人。每逢节庆,王公贵族、各级官吏更是以搜刮所得竞相贡呈。

官场贪污之风普遍,许多贵族官僚都贪财纳贿。和珅的财物数量惊人,民间因而有“和珅跌倒,嘉庆吃饱”的说法。许多士子都把科举看作升官发财的阶梯,一旦科举高中,则极尽聚敛之能而不务政事。河、漕、盐三大要政,与百姓生活息息相关,都成为官吏从中渔利的渠道。乾隆时的贪污案件不可胜数,较大的如两淮盐案、山东库银案、浙巡贪污案等,每案银额数量惊人,牵连之广,令人难以想象。

军队战斗力的丧失及其败落。八旗、绿营受腐败之风侵袭。八旗、绿营是清政府的正规军,入关之初曾是强悍善战的军队,到康熙平三藩时,八旗兵已军纪废弛,难以为战。“都统、副都统于会议之时,多不到班。其到班者,往往不以正务为意,或彼此相谑,言笑无忌”。高级将领养尊处优,玩忽职守,把公务置之脑后。普通士兵平时缺乏军事训练,每日或架鸟提笼,或聚众赌戏，游手好闲，全无营伍之严肃。三藩之乱还是依靠绿营兵将才得以平定。绿营也不能逃脱腐败之风的浸染。各地军营中克扣军饷已成普遍现象，甚至出现有册无兵或雇人服役之事，还有的士兵干脆把兵械典卖糊口，以致兵匪不分，兵丐难辨。

其次，表现在经济上。

农业生产发展缓慢。清代农业有所发展，但成效并不突出。在农业工具的使用改进方面甚至出现停滞。清代的农田水利建设没有胜过前朝，呈现每况愈下的趋势。土地耕作方式基本上是粗放型的经营，只有江南极少数地区有了集约耕作，农业产量仍呈下降趋势。

手工业不发展。农民对日常生产、生活所需物品的需求基本上可以通过家庭副业生产的方式来解决，缺乏对市场交换的更高需求。

再次，表现在文化上。

文化专制主义日趋严密。清政府统治者以严酷的文化专制来消弭人民的反抗意识。清代的文字狱数量之多，株连之广，处罚之酷则超过了任何朝代。康熙至乾隆年间，见于记载的文字狱就达七八十起之多。康熙时，有《明史》案和《南山集》案。这些文字狱，是要在知识分子中显示其专制之淫威。

多次颁布禁书令。对那些不利于清政府统治的书籍，一律予以删禁或销毁，私藏禁书者重罚。文化专制的结果，使知识分子一味埋头于故纸堆中而不问世事，造成了整个社会思想僵化而脱离实际。

最后，表现在国内的阶级冲突上。

清代各族人民的反清斗争频频发生，较大的秘密结社有白莲教、天地会和哥老会。到嘉庆年间，白莲教起义席卷鄂、川、陕、甘、豫五省，抗击清政府达9年之久。起义沉重打击了清政府，成为清政府由盛而衰的转折点。天地会、哥老会的反清活动也从来未停止过。

农民抗租和业者罢工。在城市，手工业工人为增加工钱、改善待遇，掀起了一次次反抗斗争。手工工匠在斗争中，意识到团结的重要性，纷纷组织起来，成立“会馆”“社坛”“帮行”等，他们讲团结、能互助，增强了工匠的战斗性，反映了工匠斗争力量的壮大和发展。广大中小商人和市民也反对富商囤积居奇，或是起而抢米，形成了一股强大的反抗力量。

衰世的种种迹象在盛世中生成。18世纪的清政府已开始走向衰落。

【资料来源】

季压西，陈伟民. 中国近代通史（一）［M］. 北京：学苑出版社，2007.

【思考讨论】

1. 为什么我们要充分肯定灿烂的古代中华文明？
2. 中国近代落后的原因是什么？

【课后阅读】

习近平:承前启后　继往开来　继续朝着中华民族伟大复兴目标奋勇前进

百年奋斗铸就历史辉煌,信心百倍推进复兴伟业。在全党全国上下认真学习贯彻党的十八大精神的热潮中,中共中央总书记、中央军委主席习近平和中央政治局常委李克强、张德江、俞正声、刘云山、王岐山、张高丽等2012年11月29日来到国家博物馆,参观《复兴之路》基本陈列,回顾近代以来中国人民为实现民族复兴走过的历史进程,号召全党同志承前启后、继往开来,把我们的党建设好,团结全体中华儿女把我们国家建设好,把我们民族发展好,继续朝着中华民族伟大复兴的目标奋勇前进。

在19世纪末列强割占领土、设立租借地、划定势力范围示意图前,在鸦片战争期间虎门的大炮前,在反映辛亥革命的文物和照片前,在《共产党宣言》第一个中文全译本前,在《中国共产党的第一个纲领》等反映中国共产党成立的文物和照片前,在李大钊狱中亲笔自述前,在中华人民共和国第一面五星红旗前,在党的十一届三中全会照片前,习近平等不时停下脚步,认真观看,详细询问和了解有关情况。在参观过程中,习近平发表了重要讲话。他表示,《复兴之路》这个展览,回顾了中华民族的昨天,展示了中华民族的今天,宣示了中华民族的明天,给人以深刻教育和启示。中华民族的昨天,可以说是"雄关漫道真如铁"。近代以后,中华民族遭受的苦难之重、付出的牺牲之大,在世界历史上都是罕见的。但是,中国人民从不屈服,不断奋起抗争,终于掌握了自己的命运,开始了建设自己国家的伟大进程,充分展示了以爱国主义为核心的伟大民族精神。中华民族的今天,正可谓"人间正道是沧桑"。改革开放以来,我们总结历史经验,不断艰辛探索,终于找到了实现中华民族伟大复兴的正确道路,取得了举世瞩目的成果。这条道路就是中国特色社会主义。中华民族的明天,可以说是"长风破浪会有时"。经过鸦片战争以来170多年的持续奋斗,中华民族伟大复兴展现出光明的前景。现在,我们比历史上任何时期都更接近中华民族伟大复兴的目标,比历史上任何时期都更有信心、有能力实现这个目标。

习近平强调,回首过去,全党同志必须牢记,落后就要挨打,发展才能自强。审视现在,全党同志必须牢记,道路决定命运,找到一条正确的道路多么不容易,我们必须坚定不移走下去。展望未来,全党同志必须牢记,要把蓝图变为现实,还有很长的路要走,需要我们付出长期艰苦的努力。

习近平指出,每个人都有理想和追求,都有自己的梦想。现在,大家都在讨论中国梦,我以为,实现中华民族伟大复兴,就是中华民族近代以来最伟大的梦想。这个梦想,凝聚了几代中国人的夙愿,体现了中华民族和中国人民的整体利益,是每一个中华儿女的共同期盼。历史告诉我们,每个人的前途命运都与国家和民族的前途命运紧密相连。国家好,民族好,大家才会好。实现中华民族伟大复兴是一项光荣而艰巨的事业,需要一代又一代中国人共同为之努力。空谈误国,实干兴邦。我们这一代共产党人一定要承前启后、继往开来,把我们的党建设好,团结全体中华儿女把我们国家建设好,把我们民族发展好,继续朝着中华民族伟大复兴的目标奋勇前进。

习近平最后强调，我坚信，到中国共产党成立100年时全面建成小康社会的目标一定能实现，到新中国成立100年时建成富强民主文明和谐的社会主义现代化国家的目标一定能实现，中华民族伟大复兴的梦想一定能实现。

《复兴之路》基本陈列共分中国沦为半殖民地半封建社会、探求救亡图存的道路、中国共产党肩负起民族独立和人民解放历史重任、建设社会主义新中国、走中国特色社会主义道路5个部分，通过1 200多件(套)珍贵文物、870多张历史照片，回顾了1840年鸦片战争以来中国人民在屈辱苦难中奋起抗争，为实现民族复兴进行的种种探索，特别是中国共产党领导全国各族人民争取民族独立、人民解放和国家富强、人民幸福的光辉历程。

课后习题

一、单项选择题

1. “中国近现代史纲要”课程，是全国高等院校本科生的(　　)。
   A. 公选课　　B. 必选课
   C. 任选课　　D. 必修课
2. 中国的近现代史，是指(　　)。
   A. 1840年以来中国的历史　　B. 1911年以来中国的历史
   C. 1919年以来中国的历史　　D. 1949年以来中国的历史
3. 在中国黄河流域和长江流域等地区已经出现早期文明社会要素，其时间约在(　　)。
   A. 四五千年以前　　B. 五六千年以前
   C. 六七千年以前　　D. 七八千年以前
4. 中国封建社会政治的基本特征是实行高度中央集权的(　　)。
   A. 封建君主专制制度　　B. 君主立宪制度
   C. 民主共和制度　　D. 酋长制度
5. 中国封建社会的社会结构特点是族权和政权相结合的(　　)。
   A. 平等制度　　B. 封建宗法等级制度
   C. 城市制度　　D. 乡村制度
6. 中国封建社会的文化思想体系的核心是(　　)。
   A. 法家思想　　B. 道家思想
   C. 儒家思想　　D. 杂家思想

7. 标志着世界历史开始进入资本主义时代的事实是(　　)。

A. 1640 年的英国资产阶级革命　　B. 1775 年的美国资产阶级革命

C. 1789 年的法国资产阶级革命　　D. 1861 年的俄国资产阶级革命

8. 中国近代史的起点是(　　)。

A. 虎门销烟　　B. 鸦片战争

C. 洋务运动　　D. 中华民国建立

9. 英国用武力强迫清政府签订的中国近代史上第一个不平等条约是(　　)。

A.《北京条约》　　B.《南京条约》

C.《黄埔条约》　　D.《望厦条约》

10. 鸦片战争前的中国社会是(　　)。

A. 封建社会　　B. 半封建社会

C. 半殖民地社会　　D. 殖民地社会

二、多项选择题

1. 鸦片战争前中国灿烂的古代文明主要指(　　)。

A. 中国的历史文化从未间断一直延续至今

B. 中国古代物质文明和精神文明丰富多彩、灿烂辉煌

C. 古代中国的科学技术长期处于世界领先地位

D. 古代中国的文学艺术高峰迭起、美不胜收

2. 五六千年以前，在中国黄河流域和长江流域等地区已经出现早期文明社会要素，主要有(　　)。

A. 城市　　B. 墓葬

C. 农业　　D. 家畜饲养

3. 古代中国的科学技术长期处于世界领先地位的领域主要是(　　)。

A. 天文学　　B. 数学

C. 农学　　D. 医药学

4. 中华民族奉献给人类的杰出科技成果四大发明是(　　)。

A. 造纸术　　B. 印刷术

C. 火药　　D. 指南针

5. 在古代中国的历史上，出现过许多伟大壮举和动人佳话，包括(　　)。

A. 汉代张骞班超通西域　　B. 唐代玄奘西行印度取经

C. 鉴真东渡日本传经　　D. 明代郑和下西洋

6. 中国在几千年的历史中产生了许多杰出的(　　)。

A. 政治家　　B. 军事家

C. 思想家　　D. 教育家

7. 在中国封建社会的历史上出现过一些“盛世”,主要是(　　)。

A. 汉代的“文景之治”　　B. 唐代的“贞观之治”

C. 唐代的“开元之治”　　D. 清代的“康雍乾盛世”

8. 资本主义生产方式的产生需要两大前提,即(　　)。

A. 少数人积累大量的货币财富

B. 劳动者丧失生产资料,变成自由出卖劳动力的无产者

C. 思想上的启蒙运动

D. 世界市场的广泛开拓

9. 英国对中国发动侵略战争的原因是(　　)。

A. 英国资本主义扩张发展的客观要求

B. 英国政府蓄谋已久的武装侵略政策

C. 中国人民的禁烟斗争

D. 中国广阔的商品市场和原料产地

10. 在第一次鸦片战争时期,西方列强攫取中国大量侵略特权的条约有(　　)。

A.《南京条约》　　B.《虎门条约》

C.《望厦条约》　　D.《黄埔条约》

三、论述题

1. 为什么说鸦片战争是中国近代史的起点?

2. 怎样认识近代中国的主要矛盾、社会性质及其基本特征?

3. 如何理解近代中国的两大历史任务及其相互关系?

参考答案

一、单项选择题

1. D　2. A　3. B　4. A　5. B　6. C　7. A　8. B　9. B　10. A

二、多项选择题

1. ABCD　2. ABCD　3. ABCD　4. ABCD　5. ABCD　6. ABCD　7. ABCD　8. AB　9. ABD
10. ABCD

三、论述题

1. 1840 年,英国发动了侵略中国的鸦片战争,中国历史的发展从此发生了重大转折。

(1)中国社会的发展方向和社会性质发生了变化,鸦片战争中断了中国由封建社会缓慢地向资本主义社会发展的进程,使中国由一个独立的封建社会开始沦为一个半殖民地半封建社会。

(2)中国社会的主要矛盾发生了变化,战前中国的主要矛盾是农民阶级与封建地主阶级的矛盾,而战后则变为帝国主义和中华民族的矛盾,封建主义和人民大众的矛盾。

(3)中国革命的任务发生了变化,战前长时期的革命任务是反对本国封建势力,战后则增加了反对外国殖民侵略的任务,革命的性质也由传统的农民战争转为资产阶级民族民主革命。

正因为如此,鸦片战争就成为中国近代史的起点。

2. (1)近代中国的主要矛盾:

近代中国半殖民地半封建社会的矛盾,是帝国主义和中华民族的矛盾,封建主义和人民大众的矛盾。这两对主要矛盾及其斗争贯穿于整个中国半殖民地半封建社会的始终,并对中国近代社会的发展变化起着决定性的作用。两对主要矛盾是互相交织在一起的,而帝国主义与中华民族的矛盾,是最主要的矛盾。

一般来说,当帝国主义向中国发动侵略战争时,中国内部各阶级除一些叛国分子外,能够暂时地团结起来举行民族战争去反对帝国主义。这时,民族矛盾特别尖锐,阶级矛盾暂时降到次要和服从的地位。而当帝国主义与中国的反动统治阶级结成同盟,用战争以外的形式共同压迫中国人民,尤其是封建主义统治特别残酷的时候,中国人民往往采取国内战争的形式去反对这个同盟,而斗争的矛头主要直接地指向中国的封建政权,这时阶级矛盾就上升为主要矛盾,民族矛盾退居次要地位。

(2)近代中国的社会性质:

鸦片战争前的中国社会是封建社会,鸦片战争后,随着资本－帝国主义的入侵,中国社会发生了两个根本性的变化:其一,独立的中国逐步变成半殖民地的中国;其二,封建的中国逐步变成半封建的中国。中国的半殖民地半封建社会,是近代以来中国在外国资本主义势力的入侵及其与中国封建主义势力相结合的条件下,逐步形成的一种从属于资本主义世界体系的畸形的社会形态。

中国半殖民地半封建社会,随着帝国主义侵略的扩大,有一个演变的过程,在不同历史阶段和不同地区有所差别。在某些时期,中国的某些地区甚至沦为帝国主义直接统治的殖民地。半殖民地半封建中国的社会性质,体现在近代中国政治、经济、文化和社会的各个领域,两者是密切结合、互相联系的统一整体。

(3)中国半殖民地半封建社会的基本特征:

从近代中国的历史进程,可以看到中国半殖民地半封建社会有以下一些基本特征:

第一，资本－帝国主义侵略势力不但逐步操纵了中国的财政和经济命脉，而且逐步控制了中国的政治，日益成为支配中国的决定性力量。

第二，中国的封建势力日益衰败并同外国侵略势力相勾结，成为资本－帝国主义压迫、奴役中国人民的社会基础和统治支柱。

第三，中国自然经济的基础虽然遭到破坏，但是封建剥削制度的根基即封建地主的土地所有制依然在广大地区内保持着，成为中国走向现代化和民主化的严重障碍。

第四，中国新兴的民族资本主义经济虽然已经产生，并在政治、文化生活中起了一定的作用，但是在帝国主义和封建主义的压迫下，它的发展很缓慢，力量很软弱，而且它的大部分与外国资本－帝国主义和本国封建主义都有或多或少的联系。

第五，由于近代中国处于资本－帝国主义列强的争夺和间接统治之下，中国各地区经济、政治和文化的发展是极不平衡的，中国长期处于分裂、不统一状态。

第六，在资本－帝国主义和封建主义的双重压迫下(后来还加上官僚资本主义)，中国的广大人民尤其是农民日益贫困化以至大批地破产，过着饥寒交迫和毫无政治权利的生活。

中国半殖民地半封建社会及其特征，是随着帝国主义侵略的扩大，帝国主义与中国封建势力结合的加深而逐渐形成的。

3. (1)近代中国的两大历史任务：

鸦片战争后，中华民族面对着两大历史任务：一是求得民族独立和人民解放，二是实现国家繁荣富强和人民共同富裕。

(2)两大历史任务的相互关系：

争取民族独立、人民解放和实现国家富强、人民富裕这两个任务，是互相区别又紧密联系的。由于腐朽的社会制度束缚着生产力的发展，阻碍着经济技术的进步，必须首先改变这种社会制度，争得民族独立和人民解放，才能为实现国家富强和人民富裕创造前提，开辟道路。因为不经过反帝反封建的斗争，争得民族独立和人民解放，就不可能推翻帝国主义对中国的反动统治，改变它们控制中国经济财政命脉，利用特权向中国大量倾销商品和资本输出，压迫中国民族工商业发展的局面；就不可能废除封建地主土地所有制和专制政治制度，解放农村生产力，改善农民的生活，扩大民族工商业的国内市场；就不可能达到民族的团结，社会的稳定，从而集中力量进行经济、文化、教育等各方面的现代化建设，以实现国家的繁荣富强和人民的富裕幸福。

第一章

Chapter 1

反对外国侵略的斗争

学习目标

通过本章的学习,使学生了解和掌握中国近现代史的历史断代和分期;明确学习《中国近现代史纲要》的目的;了解中国光辉灿烂的古代文明,增强民族自信心和自豪感;了解鸦片战争前的中国和世界,认识中国由古代社会向近代社会转变的根源;了解中国近代社会的性质和特征,把握半殖民地半封建社会这一基本国情。只有充分认识中国的国情,才能进一步认识当代大学生的历史使命与社会责任;了解中国近代社会的主要矛盾和历史任务,正确认识民族独立和国家富强、革命与现代化之间的关系。

学习要点

1. 中国近现代史历史断代和分期的依据。
2. 中国近代社会衰落的原因。
3. 认识中国近代社会的性质、特征和主要矛盾。
4. 认识近代中国社会的两大历史任务及其相互关系。

教学案例

【案例1】

从传教士的活动看鸦片战争及其危害

由于康乾年间的中西礼仪之争，清政府实行了禁教政策。鸦片战争爆发前来中国的西方传教士不敢公开传教，第一个来华的英国基督教传教士马礼逊只好以东印度公司职员的身份在中国活动。为了改变这种状况，一些欧美传教士积极参与了鸦片战争，并协助英国侵略者逼迫清政府签订了中国近代史上第一个不平等条约——中英《南京条约》，德国传教士郭士立(Karl Friedrich August Gutzlaff)就充当了这样的急先锋。

郭士立，又译为郭实腊，1803年出生于普鲁士的波美拉尼亚省。由于家庭贫穷，他早年辍学当了一名马具学徒工。后来，他选择献身宗教事业，前往荷兰鹿特丹神学院学习。1826年，郭士立从神学院毕业后被派到荷属东印度群岛传教。通过对东方世界的了解，郭士立对深入中国内地传教产生了浓厚兴趣。他除了努力学习中国语言文字外，还给自己取了一个中国名字"士立"，并归宗于来自福建同安的郭姓家族。1831年6月3日，郭士立搭乘福建商船从暹罗出发，沿中国海岸线北上，于当年9月底到达天津港口。他沿途散发宗教传单，运用有限的医学知识和药品为下层群众免费看病、送药，了解中国沿海的政治经济，并借机向中国人传教。他在船上经常自言自语道："我心中长久以来就怀有这样的坚定信念，即在当今的日子里，上帝的荣光一定要在中国显现，龙要被废止，在这个辽阔的帝国里，基督将成为唯一的王和崇拜的对象。"同年12月13日，郭士立折返广东，在澳门受到了马礼逊等基督教传教士的热烈欢迎和接待。

郭士立的首次中国沿海航行引起了西方人士的普遍关注，在澳门的英、美等国商人纷纷向他咨询中国沿海各口岸的情况和航路。东印度公司的大班马治平请他再次出发做详细的侦察，并指派该公司的高级职员林德赛(化名胡夏来)与他一道进行"一次试验性的商业航行"，要求他"查明这个帝国北方能逐步地最适应于向英国商品开放的口岸，究竟可以到达多远，中国人和地方政府的意见，究竟在多大程度上有利于英国"。1832年2月7日，郭士立一行乘坐"阿美士德号"商船从澳门出发，一路上探测航道、测绘海域图，并对各个港口的防务、商业等进行刺探，搜集了大量的军事、经济情报。这次侦察，他们用了7个月，到同年9月5日回到澳门。不久，林德赛就向英国政府建议对中国发动战争，而且提出了具体的作战方案和所需的兵力及时间、路线等。

郭士立回到澳门后，许多鸦片贩子都争着请他带路到中国沿海去推销鸦片。1832年10月12日，郭士立第三次出发到中国沿海进行罪恶活动，其航行的主要目的是侦察如何在中国沿海扩大鸦片走私。1835 年 11 月，郭士立被任命为英国驻华商务监督的中文秘书兼翻译，其主要职责是帮助英国进行鸦片走私，扩大殖民侵略范围。

郭士立在鸦片战争爆发前，又多次在中国沿海进行间谍活动，仅他协助一个英国鸦片贩子到福建泉州走私鸦片，一次就使该贩净赚 5.3 万英镑，并在泉州建立走私鸦片的秘密据点。1836 年，义律担任英国驻华商务监督时，曾多次与郭士立商议，如何在清廷内部销售鸦片。郭士立献计道："要路显官，尽为私人奸佞之徒，惟苞苴是尚。朝廷命官都嗜好鸦片，故倘以贿赂扩张贩路，必能达到目的。"

1840 年鸦片战争爆发后，郭士立马上做了英国侵略军陆军总司令卧乌古的翻译、参谋兼向导，随军北上。英军在定海建立殖民政府时，郭士立担任"民政官"，中方史料称其为"伪县令"。期间，他还指使当地地痞讹诈勒索定海县城内的当铺、商行，充分暴露了他是一个伪善的传教士。当英军在舟山附近扫荡时，曾遭到当地人民的坚决抵抗，郭士立亲赴该地，企图安抚百姓，劝说人民停止反抗，遭拒绝后立即指挥英国侵略者对百姓肆意屠杀。1842 年 5 月，郭士立随军北上进犯长江，7 月占领镇江后，被指定为镇江的"民政长官"。

英国侵略军进犯南京时，郭士立作为英方的三大翻译之一，参与了《南京条约》的谈判，《南京条约》的中文草稿就出自他的手笔。《南京条约》在扬子江上英军旗舰"康沃利斯"号上签署。一位英国军官在其回忆录的结尾处用大写字母写下：CHINA BE ENCONQUERED BY A WOMAN（中国被一女子征服了，这里的女子指英国女王）。

鸦片战争期间，传教士不只郭士立一人撕下了伪善的面纱，还有很多传教士狂热地煽动侵华，随着中国军队在战场上的失利，这些传教士们已经完全以征服者的姿态"闯进城门"，甚至直接参与战争。

《南京条约》签订后，郭士立被任命为舟山的英国商务监督而返回宁波。此后，他还伙同美国传教士伯驾积极参与了 1844 年中美《望厦条约》的签订，曾任美国使团团长顾盛的秘书和翻译，也是这一不平等条约的起草人之一。1843 年 8 月，郭士立回到香港，任英国首任香港总督、英国驻华商务监督璞鼎查的中文秘书和翻译。1851 年 8 月 9 日，郭士立在香港病逝。

【资料来源】

[1]周宁. 西方2000年看中国：下[M]. 北京：团结出版社，1999.

[2]张海林. 近代中外文化交流史[M]. 南京：南京大学出版社，2003.

[3]季平子. 从鸦片战争到甲午战争[M]. 上海：华东师范大学出版社，1998.

【思考讨论】

1. 鸦片战争爆发的原因有哪些？从郭士立等西方传教士在鸦片战争前后进行的活动说明鸦片战争的性质。

2. 为什么说鸦片战争是中国近代史的起点？

【案例 2】

《土地章程》和第一块外国租界的出现

根据不平等的《南京条约》,上海被开辟为对外通商的口岸。1843 年 11 月 8 日(道光二十三年九月十七日)晚,原英国驻印度马德拉斯野战队上尉巴富尔(George Balfour,也译为巴尔福)以英国首任驻沪领事的身份到达上海。11 月 17 日,巴富尔正式宣布上海为开放通商口岸,擅自划定从县城到吴淞长约 13 英里(1 英里≈1.6 千米)的地区为上海港区;规定从苏州河口到洋泾浜(今延安东路外滩)为洋船停泊区域,并规定船只停泊规则等事项(后又规定,船只未得英军司令官的许可,不准更动下锚地点)。

巴富尔曲解《南京条约》关于准许英人在通商口岸租赁房屋或地基的条款,硬要上海道台宫慕久划定一块专供外国人占用的居留地,还说这样"华洋分居",可以避免彼此间的纠纷。巴富尔想得到的地方就是外滩,当时这里还是人烟稀少、草苇丛生的荒滩。但它位于黄浦江与苏州河的交汇处,既有水道与苏州相连,又可出吴淞口溯长江而上,深入中国内地,对外贸易也极为便利。外滩既临近商业发达的县城,又无城墙的限制,有广阔的发展余地。更为重要的是,外滩处在外国军舰可随时进出的黄浦江畔,在英国人看来,把住处和商船放在自己军舰大炮的保护之下更可以感到"放心"。

宫慕久和巴富尔就划定居留地一事进行谈判。经过反复交涉,在巴富尔的威胁和欺骗下,宫慕久于 1845 年 11 月 29 日(道光二十五年十一月一日)以道台的名义公布了与巴富尔"依约商妥"的《上海土地章程》。外国侵略者通过这个章程进一步扩大了在上海的特权:一是勒索到近代中国的第一块居留地;二是初步摄取了居留地的管理权;三是为以后进一步扩大侵略特权埋下了伏笔。此后,外国侵略者援例在中国其他城市更多的地方建立起类似的居留地,进一步破坏了中国的主权和领土完整。《上海土地章程》被侵略者看作上海租界的"大宪章"和"根本法",和不平等条约一起被称为"中国各地及上海外人租界之基础"。但根据这个土地章程的内容,中国政府对这块居留地仍然拥有相当大的权力,外国侵略者无权把这块土地变为不受中国政府和法律管辖的"国中之国"。

1846 年 9 月,巴富尔辞职回国,由阿礼国接任。按照《上海土地章程》,租界由英国领事专管,其他国家的侨民虽然也可入内居住,但须经英领事同意。1844 年,美国旗昌洋行的吴利国就任代理领事,随即在租界内旧纤道(今九江路)设立领事署,升起美国国旗。此事遭到巴富尔的反对。直到 1847 年,由上海道台补颁《上海土地章程》第 24 条(规定:在特许英商租地范围内,除悬挂英国国旗外,任何外国人不得悬挂该国国旗)才得以解决。法国首任驻沪领事敏体尼于 1848 年 1 月 25 日来到上海,在租界与上海县城之间的天主教堂的一幢房子里设立领事馆,升起了法国国旗,同英国人分庭抗礼。

上海开埠后,外国人是不允许到内地游历的。1848 年 3 月 8 日,英国传教士麦都思、雒魏林、慕维廉三人违反规定,擅自乘船前往离上海 90 多里的青浦活动。三人同看守停运漕船的水手发生冲突，在斗殴中，三人被打了几下，仅受微伤，但阿礼国为了压制中国人民的反抗和勒索更多的侵略权益，借此事大做文章。他闯进道台衙门，破口大骂，用手杖折扇敲击道台咸龄的头，要求严惩所谓的“凶犯”。之后，又以在这一事未得到满意解决之前，所有的英国船只都将不交关税，不许任何漕船出海相威胁。接着，英舰“奇尔德”号封锁了吴淞口。当时停泊在黄浦江中的海运漕船851艘，载漕粮100多万石，这些船都开不出港，而英商船又停付关税。在这种压力下，咸龄只好于3月16日派海防同知赴青浦协助“缉凶”，逮捕水手两人，押解到上海。但阿礼国仍不满足，20日派副领事罗伯逊和翻译巴夏礼乘军舰去南京，直接向两江总督李星沅进行恫吓。李星沅听说英国人要来南京，非常紧张，派多名大员赴上海查办，逮捕其余人员。阿礼国见威胁手段生效，立即得寸进尺，要求将10名水手“照白昼抢夺等律定拟，帮官县令均应科办”。清政府官吏完全屈服，将10名水手解省复审，判王明付充军，倪万年处徒刑，其余枷号释放。另外还赔偿麦都思等人白银300两。

青浦事件的结果使得在上海的各国侵略者欢欣鼓舞。不久，阿礼国就正式提出了扩充租界的要求。1848年11月27日，新上任的上海道台麟桂和阿礼国签订协议，将租界西界从界路扩展到泥城浜（今西藏中路），北面伸展到苏州河，租界的总面积比原先增加了2 000亩（1亩≈667平方米），达2 820亩。从这时起，这片土地就被称为“英租界”。

阿礼国的扩张阴谋得逞，使得法、美两国殖民者眼红起来，他们也要求取得租界。三个租界把外滩和苏州河口一带地段分割划分完毕：英、法租界以洋泾浜为界，占据着外滩；英、美租界夹持着苏州河河口。上海交通最便利、位置最重要的地区，完全被控制在西方殖民者手中。

【资料来源】

[1]白吉尔. 上海史：走向现代化之路[M]. 上海：上海社会科学院出版社，2005.

[2]姜龙飞. 上海租界百年[M]. 北京：文汇出版社，2008.

【思考讨论】

1. 资本主义国家是怎样取得近代中国的第一块租界的？租界的建立对近代中国有什么危害？

2. 怎样理解近代中国社会的主要矛盾和社会性质？

【案例3】

资本－帝国主义在近代中国犯下的滔天罪行

镜头一：震惊中外的旅顺大屠杀

1894年10月24日，日军从陆、海两路同时向辽东进攻。11月18日，由大山岩指挥的日军，从后路进攻旅顺，身为守军统帅的龚照玙及其余守将弃城逃跑。只有正定镇总兵徐邦道部孤军苦战。21日下午3点20分，日军先头部队第一师第二旅团第二联队攻陷旅顺，随即开始了惨无人道的大屠杀。

日军第二联队的一个中尉在写给家人的信中描述了当天日军的集体杀戮情况："我军益加奋进，进入市区，发现潜伏的敌兵立即砍倒杀死。转眼之间占领了海岸各堡垒，可以说势如疾风骤雨(估计到此时，平均每人已斩杀4人左右。像小弟这样的，也已斩杀3名，真是太痛快了)。"

美国《世界报》记者克里尔曼说："作为目击者，我亲眼看见旅顺市民对侵略者并无任何抵抗。现在日本人声称，有人从窗户和门内向他们开枪射击，这完全是谎言。日本兵根本不想捉俘虏。我看见一个男子跪在地上乞求开恩，日本兵用刺刀将其刺倒，又一刀砍下头来。……一个跪在街中的老人几乎被劈成两半。……日本兵向从医院门口出来的不拿武器的人们开枪。""整个市区均遭到日本兵抢劫，躲在自己家里的居民也被杀害。惊慌失措的大人孩子和牲口成群结队地往外逃。在旅顺西边，难民涉水过一道浅水湾，在冰冷的水里踉踉跄跄前行，一队日本兵追至水湾边，向水中的人一齐开火。……日本兵在码头上排列成行，齐向舢板射击，直到船上的男女老幼全部被打死为止。……"

经过4天的杀戮，旅顺市区的惨状连日本人也惊呆了。25日，野战炮兵第一联队的部分士兵获准到市区游览。第四中队士兵小野六藏在《从军日记》中有更详细的描述："每家都有多则十几具、少则二三具的敌尸。有白髯老者和婴儿死在一起的，也有白发老妪和儿媳、女儿手拉手倒地死的，其惨状实在是无法言状。"

日军在旅顺大屠杀中，残暴杀害清军2 500多人，杀害平民、妇孺老幼1.8万多人。旅顺居民约2万人，只有埋尸的30余人幸免于难。

镜头二：雨果谴责英法联军抢劫圆明园

雨果是法国著名的诗人、小说家、文艺评论家和浪漫主义运动的领袖。他是个有正义感的作家。1860年10月18日，圆明园被烧，法国军队满载而归，而拿破仑三世则恬不知耻地将掳掠而来的圆明园珍物拿出展览。雨果对此极为愤慨，1861年11月25日，他在致联军巴特勒上尉的信中，痛斥了侵略者的强盗行径，表达了对中国人民的同情。他说："有一天，两个强盗闯进圆明园。一个强盗大肆掠劫，另一个强盗纵火焚烧。从他们的行为来看，胜利者也可能是强盗。一场对圆明园的空前洗劫开始了，两个征服者平分赃物，真是丰功伟绩，天赐的横财！两个胜利者一个装满了他的口袋，另一个看见了，就塞满了他的箱子。然后，他们手挽着手，哈哈大笑着回到了欧洲。这就是这两个强盗的历史。在历史面前，这两个强盗一个叫法国，另一个叫英国。""法兰西帝国从这次胜利中获得了一半赃物，现在它又天真得仿佛自己就是真正的物主似的，将圆明园辉煌的掠夺物拿出来展览。我渴望有朝一日法国能摆脱重负，清洗罪恶，把这些赃物归还被劫的中国。"

镜头三：赫德把持中国海关和干涉中国外交

赫德(Robert Hart)1835年2月20日出生于英国北爱尔兰亚马群波达当的没落酒厂主家庭。他获得女王大学硕士学位后，到中国香港充任领事馆编译员。他出任过英国驻宁波副领事助理，广州领事馆助理。1861年赫德去北京总理衙门商谈《天津条约》及其附件中有关海关诸条款的具体执行落实问题。他与总理衙门的奕䜣、文祥会面后，态度谦和、汉语流利，深得中国官员的欣赏。1863年11月，奕䜣任命赫德接替李泰国为总税务司。直到1908年回国休假，赫德把持中国海关长达45年之久。

赫德上任后的第一件事就是强化海关的指挥系统，草拟了"通商各口募用外国人帮办税务章程"，突出总税务司统管海关华洋人员一切任免、奖惩、调派、薪俸等，外人不得干预，外籍税务司制度从此成为独立于中国中央政府之外的特殊系统，海关就是独立王国，赫德就是独裁者。

赫德担任中国海关总税务司期间，极力张罗向英国借款以保持英国人把持海关大权的特殊地位，保障英国对华贸易的优势。当时，英国对华贸易的比重大大超过其他国家，最高年份达70%，最低年份也占44%。

赫德视总税务司为个人私产，海关许多重要职位都委任其亲属。从1867年开始，他就培养自己的弟弟赫政做接班人，只不过由于德璀琳的争夺未能实现。1897年，赫德自设副总税务司一职，以其妻弟裴式楷充任。他还加紧培养自己的儿子赫承先，早年甚至想让儿子参加科举考试，走中国的正规仕途，"名正言顺"地世袭己位。赫承先22岁就当上父亲的挂名秘书。1897年国际邮政会议在华盛顿举行时，赫德也想把自己不满25岁的儿子作为中国代表派往参加。

赫德凭借双重身份和与总理衙门的隶属关系，以居间斡旋为名，介入中国的外交，成为清政府的外交顾问和准外人员。1870年后一系列中外不平等条约均有赫德及其属下的海关外籍人员为列强提供军事、财政、经济情报，为具体条款的内容设计出谋划策，在中外政府间穿针引线，尽力维护列强权益，同时又充当清政府对外谈判时的顾问和谋士。

【资料来源】

[1]徐洪兴. 残阳夕照[M]. 长春:长春出版社,2005.

[2]周宁. 西方2000年看中国[M]. 北京:团结出版社,1999.

【思考讨论】

1. 资本－帝国主义采取哪些方式入侵并控制近代中国?
2. 近代外国资本－帝国主义的入侵给中国带来了什么?

【案例4】

近代中国人民第一次反侵略斗争——三元里抗英斗争

1840年5月，英国侵略军到达广州珠江口外，挑起了第一次鸦片战争。次年2月，英军攻陷虎门炮台，兵临广州城下。为挽救败局，道光任命御前大臣宗室奕山为靖逆将军，户部尚书隆文、湖南提督杨芳为参赞大臣，率各省军队1.7万人至广东对英军作战。

1841年5月21日，靖逆将军奕山为了邀功请赏，贸然向英军发动夜袭。英军乘机反攻，占领了广州城郊重要据点，并炮轰城内，奕山举起白旗投降。事后，奕山与英国侵略者订立屈辱的《广州和约》，向英军交纳赎城费600万元，外省清军撤离广州60里。和约订立后，奕山等人为了维持与侵略者的可耻"和局"，公然发布台示："现在兵息民安，所有官兵乡勇人等，勿得妄生事端，如遇各夷商上岸，亦不得妄行拘拿，如敢违军令查明即按军法治罪。"奕山等人的退让纵容，使英国侵略者的气焰更为嚣张。他们在广州四郊日夜骚扰，"大肆淫掠，奸及老妇"，无恶不作。

广州人民目睹英国的侵略暴行和清朝统治者的腐败和卖国，自发地起来抗击侵略，保卫国土。三元里位于广州城北2.5公里，贴近泥城、四方炮台，是一个有几百户居民的村落。1841年5月27日，义律和陆军司令卧乌古纵容英国侵略军，带着武器在这一带行凶作恶。他们到处奸淫掳掠，杀人放火，又抢粮食，又宰猪牛，甚至盗掘坟墓，从棺材里劫取殉葬品。当地人民深受其害，其中泥城、西村、三元里、萧冈一带村落受害最深。于是各乡绅民便利用旧有的社学形式自动组织起来，"集众公盟"，联合保卫身家田园，开展打击英军骚扰的正义斗争。

鸦片战争前，广州附近原有不少"社学"。社学起源于明初，它原是封建士大夫的教育、集合场所，清朝中叶以后逐渐演变为由地主士绅所控制，由当地农民为乡勇的武装机构。它的职能是维护地方封建秩序，对封建政府的军队起着某种辅助作用。但它不是官办的，而是民间的机构。在广州城北一带，就存在着十几个这样的社学，其范围包括了80余乡。英军的侵略暴行，不但使劳动人民蒙受了深重的灾难，也给地主士绅带来损害，因此，广大人民群众和爱国士绅对英国侵略者同仇敌忾，郁积了强烈义愤。

5月29日上午，一小股英军又窜到三元里村抢劫奸淫，村民奋起搏斗，打死英兵数名。其余英兵见势不妙，仓皇逃窜。为了坚决打击敌人日后的报复骚扰，全村男女老幼齐集村北三元古庙商讨败敌之计，当即决定以随里北帝神府前的三星旗作抗英令旗，相约"旗进人进，旗退人退，打死无怨"。他们感到一乡力量毕竟有限，要对付真枪实弹的侵略军，必须把附近各乡群众动员起来，于是即刻派人四处联络。萧冈乡"举人何玉成，即柬传东北南海、番禺、增城、连路诸村，各各丁牧出护"。何玉成"柬传"各乡的联系渠道，就是旧有的社学。因各乡已有了"集众公盟"的基础，所以附近103乡的农民、渔民、手工工人等闻风而至，迅速集结。城郊东北6个社学的客家群众及打石工人，也在监生王韶光带领下赶来参加战斗。这样，一支浩浩荡荡的人民抗英武装迅速形成。有人提议吹螺壳打鼓进兵，打锣收兵；并决定采用诱敌深入的战术，到三元里以北丘陵起伏的牛栏冈进行伏击战。

5月30日清晨，三元里及各乡群众数千人，手持锄头、铁锹、木棍、刀矛、石锤、鸟枪，向英军盘踞的四方炮台挺进佯攻。英军司令卧乌古率领侵略军负隅顽抗。在战斗中，敌军少校毕霞紧张恐惧过度，加以天气炎热，昏倒在地，几分钟内死去。敌军乱放枪炮、火箭，群众按原定计划且战且退。据参与此次战役的英军记载说："我们（英军自称）的火箭炮继续对着他们的队伍一行一行地推过去，他们仍然没有什么畏惧的表现，摇动着旗帜和盾牌，挑引我们向前进。"卧乌古气急败坏，命令英军追击。农民群众牵着骄横愚蠢的敌军的鼻子到达牛栏冈附近，忽然螺壳、战鼓齐呐，埋伏四周的七八千武装农民猛冲出来，将敌人团团围住。此时旌旗蔽野，杀声震天，妇女儿童也上阵助威，为各乡的农民战士送饭。以林福祥为首的500余名水勇也闻声赶来，参加战斗。各乡群众越来越多，很快就达到数万人。英军急忙开枪射击，但挡不住武装群众的洪流。卧乌古指挥部下分两路突围，武装群众当即从两翼包围英军后队。并趁他们渡河和单列行进的有利时机，冲上前去，进行肉搏。

下午1时，电光闪闪，雷声隆隆，大雨倾盆而下。三元里人民精神抖擞，越战越勇。侵略军因火药受潮而枪炮失灵，士气低落，胆战心惊。田间小路又被暴雨淹没，稻田一片汪洋。穿着皮靴的侵略军，在泥泞中寸步难行。三元里人民以长矛猛烈刺杀英军，英军妄图以刺刀抵挡，然而他们不能不哀叹："刺刀之于中国人的长矛，只不过是一种可怜的防御物罢了。"

将近下午4时，卧乌古才把自己的部下重新集结起来。他发现37团第三连"失踪"了，只得调两连水兵再到战地搜索。天黑雨大，一直折腾到近午夜，水兵们才和找到的第三连共同返回四方炮台。原来，第三连在撤退时和联队失散，被三元里人民截住了。为了逃命，他们一个挨一个结成方阵，一步步向后撤退。但他们仍然受到三元里人民的惩罚，有一名士兵被打死，一名军官和14名士兵受重伤。

三元里一仗，打死打伤英军近50名，缴获大量战利品。人们热情赞颂："自从航海屡交锋，数万官军无此绩。"

战斗仍在继续。5月31日上午10时，广州附近佛山、番禺、南海、增城、花县等县400余乡义勇数千人，赶来与三元里人民一起，将四方炮台层层包围。英军则龟缩在炮台内，等待援救。正在紧张时刻，8 000多名全副武装的清军，偃旗息鼓，从城里撤向《广州和约》规定的金山地区。他们经过四方炮台时，卧乌古又添一番虚惊，害怕是否"意中有诈"？但清军却对这里发生的火热战斗熟视无睹。这一天，义律赶来后也被包围。他们立即派奸细混出重围，带信给广州知府余保纯说，义勇必须立即散开，否则英军将解除和约，继续攻城，烧掉附近每个村镇。奕山吓坏了，马上派余保纯带领南海、番禺县令，出城为英军解围。

余保纯央求群众撤围。可是群众恨透了他，斥责他"退夷卖国"。余保纯无所施其技，就威胁地主、士绅们说，"如果乡民不退，将来万一有事，要由你们负责"。士绅们害怕了，有的丢下群众溜走，有的帮助"劝散"群众。斗争被卖国的清朝官员和动摇的地主士绅破坏了。余保纯在人们的哗笑声中，护着义律和侵略军狼狈撤走。

英国侵略军遭此沉重打击，事后义律竟无耻地贴出告示说："百姓此次刁抗，蒙大英官宪宽容，后毋示犯。"人民群众马上贴出《广东义民告英人说帖》《三元里等乡痛骂鬼子词》等文告，揭露英国的侵略，痛驳义律的谬论："其时我们义民，约齐数百乡村，同时奋勇，灭尽尔等畜类。尔如果有能，就不该转求广府，苦劝我们义民使之罢战。今各乡义民既饶尔等之命，尔又妄自尊大，出此不通告示……尔妄言宽容，试思谁宽容谁？"并明确表示："我等义民……不用官兵，不用国帑，自己出力，杀尽尔等猪狗，方消我各乡惨毒之恨也！"

三元里人民抗英斗争的胜利，极大地鼓舞了中国人民不畏强暴、敢于同西方资本主义强盗拼搏的斗争勇气。它像一面鲜艳的战旗,激励着英雄的中国人民再接再厉,把反侵略斗争进行到底。

【资料来源】

陈舜臣.鸦片战争[M].上海:上海古籍出版社,2001.

【思考讨论】

1. 三元里人民抗英斗争的背景和作用是什么?它反映了清政府地方治理的哪些问题?

2. 近代中国人民进行的反侵略战争的意义是什么?

【案例5】

方术与鸦片战争的失败

清朝自嘉庆以来,日益衰微。官场腐败,许多官吏终日忙于参天拜睦,信神弄鬼,这种风气严重地影响了军事活动。

当时流行扶乩术,这是一种以"紫姑神"做预测的迷信活动。扶乩的方法是在沙盘上用乩笔写字,根据图形做预测。1839年11月第一次穿鼻之战后,清廷一些将领不是积极从事战备,而是请仙降乩。据佚名氏《英夷入粤纪略》记载:"(道光)二十年庚子十一月,英逆蠢动。督宪五营公馆千总某请仙,仙降乩云:'正月平平,二月罹兵,三月又平平,又三月不宁,四月虚惊,五月鬼去,六月康宁。'后来正月无事,二月初四、五日,逆攻横档、亚娘鞋、威远、精远、虎门诸炮台,广东水师提督关公天培、碣石镇标都司署水师提标游击麦公廷章皆战死,炮台尽为逆所据。"

这条史料所载扶乩事,预测了1841年上半年的时事,所涉虎门之战,多有附会,有待另外考证。值得一提的是,拥有重兵的堂堂千总竟然请仙降乩,实在不应该。

无独有偶,比起这位千总,当时还有更加愚昧的高级官员。身为清军主帅的杨芳、奕山、奕经、文蔚等先后被道光帝派往广东、浙江主持军务,他们身负重托,却视军事如杂耍,沉溺于迷信。

先说杨芳,他因在嘉庆年间镇压川陕楚白莲教起义,镇压林清、李成起义有功而被封为果勇侯。鸦片战争中,他由湖南提督升迁为参赞大臣。1841年3月,他先于奕山到达广州。经过一番考察,他错误地认为洋人的枪炮实为邪器,我方只有以臭秽之物才可制之。据此,他设计了一套"以邪制邪"的战术。《清稗类钞·讥讽类》记载云:"道光壬寅(按:应为辛丑年),果勇侯杨芳为参赞,慑于英舰之炮利,下令收粪桶及诸秽物为厌胜计,和议成,不果用。有人作诗嘲之曰:'杨枝无力受南风,参赞如何用此公?粪桶当年施妙计,秽声长播粤城中。'"

类似杨芳的这种愚昧行为在清军营中司空见惯。如《清稗类钞·迷信类》记载,清军有赏罚大炮的愚昧行为:"八旗各军之出征也,必携带大小各炮以随,如龙子母、威远、靖远、红衣等者,一一皆备,至驻军之地,克日攻城,或去陈,必于前一夕出各炮于帐前,陈牲酹酒,军主亲诣三揖以衅之。明日获胜,则披红鼓吹迎之归,随释折奏请赏给神威将军、神威无敌大将军、天佑助威将军、天佑助威大将军、武成永固大将军诸封号。败则牵之以回营,每炮棍责一百或八十,多至八百一千。即诸炮受封后。再出战败,杖责亦如前。"

征战前不是擦枪修炮,而是行祭赏之事,这是把封建迷信观念用于武器,又怎么会有战斗力?

再说奕山,他作为皇族宗室派为清军主帅,于1841年4月到达广州。他不听林则徐建议的六条御敌办法,不致力于调动民气,不策划合适的战术,而是磨磨蹭蹭地拖延了一个多月,在5月下旬突然心血来潮,下令分三路进攻英军。由于轻举妄动,导致清军伤亡惨重,使英军乘机占领了城外要塞,伺机于5月26日从城北进攻广州,并运来大批弹药。说来也巧,这天突降倾盆大雨,英军火药尽被淋湿,遂不得不改变攻城计划。奕山得悉,大喜过望,以为有神助,是苍天显灵。他在给道光皇帝的奏折中写道:"火药为在观音山下,贮火药三万斤,为汉奸抛掷火弹,正将爆炸间,忽见白衣女神展袖指火,顿即熄灭。俄而大雨倾盆,逆敌火箭炮弹,无一延烧。"

这本是一个反攻的好机会,调集到广州的一万名清军完全有可能趁天气变化全歼英军。但是,奕山却忙于敬神,并认为这是投降的好机会,乃于5月27日在广州城高悬白旗,派广州知府余保纯与义律缔结了卖国的《广州和约》。

【资料来源】

王玉德. 方士的历史[M]. 北京:中国文史出版社,2005.

【思考讨论】

1. 迷信盛行与清朝嘉庆、道光年间的衰落有何关系?杨芳、奕山等人的迷信给鸦片战争造成了什么后果?

2. 1840年至1919年,中国军民进行了多次英勇顽强的反侵略战争,为什么中国的反侵略战争都以失败而告终?中国反侵略战争失败的最根本原因是什么?

课后习题

一、单项选择题

1. 中国封建社会的文化思想体系以(　　)为核心。

A. 儒家思想　　B. 道家思想

C. 墨家思想　　D. 佛教思想

2. 世界历史开始进入资本主义时代的标志性事件是(　　)。

A. 1640年英国资产阶级革命　　B. 1680年俄国彼得一世改革

C. 1789 年法国大革命　　D. 1868 年日本明治维新

3. 19 世纪末资本主义进入帝国主义阶段后,(　　)成为殖民主义剥削的重要形式,并出现瓜分世界的狂潮。

A. 商品输出　　B. 资本输出

C. 贩卖奴隶　　D. 掠夺土地

4. 鸦片战争以清政府的失败而告终。1842 年 8 月 29 日,清政府与英国签订的中国近代史上第一个不平等条约是(　　)。

A. 中英《南京条约》　　B. 中英《虎门条约》

C. 中美《望厦条约》　　D. 中法《黄埔条约》

5. 鸦片战争后,中国经济逐渐被卷入世界资本主义市场,其对中国的影响不包括(　　)。

A. 自给自足的自然经济逐步解体

B. 西方的先进生产技术逐步传入中国

C. 英国对华输出商品激增

D. 封建地主土地所有制瓦解

6. 近代中国的社会性质是(　　)。

A. 半殖民地社会　　B. 半封建社会

C. 半殖民地半封建社会　　D. 不完全的殖民地社会

7. 近代中国诞生的新兴的被压迫阶级是(　　)。

A. 失业的农民　　B. 手工业者

C. 城市贫民　　D. 工人阶级

8. 资本 - 帝国主义列强对中国的侵略,首先和主要的是进行(　　)。

A. 文化渗透　　B. 经济掠夺

C. 军事侵略　　D. 政治控制

9. 造成近代中国贫穷落后的根本原因是(　　)。

A. 中国落后的经济制度　　B. 中国落后的政治制度

C. 资本 - 帝国主义的侵略　　D. 统治集团的腐败

10. 帝国主义列强对中国进行文化渗透的目的是(　　)。

A. 传播西方文化和科学

B. 进行传教活动

C. 宣扬殖民主义奴化思想,麻醉中国人民的精神,摧毁中国人民的民族自尊心和自信心

D. 干涉中国内政

11. 外国教会为列强侵略中国制造舆论,办得较早的外文期刊是(　　)。

A.《万国公报》　　B.《民报》

C.《字林西报》　　D.《新民丛报》

12. 中国近代史上人民第一次大规模的反侵略武装斗争是(　　)。

A. 虎门销烟　　B. 三元里人民抗英斗争

C. 太平天国运动　　D. 义和团运动

13. 1895 年,日本强迫清政府签订《马关条约》,割去中国(　　)全岛及所有附属岛屿和澎湖列岛。

A. 香港　　B. 台湾

C. 澳门　　D. 崇明

14. 到(　　)的订立为止,庞杂的不平等条约体系已宣告中国半殖民地社会的完全形成。

A.《天津条约》　　B.《北京条约》

C.《马关条约》　　D.《辛丑条约》

15. 帝国主义侵略中国的最终目的,是要(　　)。

A. 帮助中国发展资本主义

B. 传播西方先进文化

C. 为本国资本主义发展寻求市场和原料产地

D. 瓜分中国,灭亡中国

16. 近代中国睁眼看世界的第一人是(　　)。

A. 李鸿章　　B. 魏源

C. 郑观应　　D. 林则徐

17. 魏源在其(　　)中,提出了“师夷长技以制夷”的思想,主张学习外国先进的军事和科学技术,以期富国强兵,抵御外国侵略,开创了中国近代向西方学习的新风。

A.《四洲志》　　B.《海国图志》

C.《夷情备采》　　D.《盛世危言》

18. 19 世纪 70 ~ 80 年代,帝国主义列强从侵占中国周边邻国发展到蚕食中国边疆地区,中国陷入“边疆危机”的地区不包括(　　)。

A. 西北地区　　B. 西南地区

C. 东北地区　　D. 东南地区

19. 最早喊出“振兴中华”这个时代最强音的是(　　)。

A. 林则徐　　B. 魏源

C. 康有为　　D. 孙中山

20. 德国元帅瓦德西说:“无论欧、美、日本各国,皆无此脑力与兵力,可以统治此天下生灵四分之一,故瓜分一事,实为下策。”这表明(　　)。

A. 帝国主义已放弃灭亡中国的图谋

B. 帝国主义之间相互勾结

C. 帝国主义之间的矛盾

D. 帝国主义瓜分中国图谋的破产

二、多项选择题

1. 中国封建社会的社会结构特点是族权和政权相结合的封建宗法等级制度。其核心是宗族家长制，突出（　　）。

A. 父权　　B. 夫权

C. 君权　　D. 族长权

2. 中国封建社会的经济、政治、文化、社会结构对中国社会造成的影响有（　　）。

A. 巩固和维系了中国封建社会的稳定和延续

B. 在很大程度上抑制了中国封建社会的生机和活力

C. 使中国社会发展缓慢甚至迟滞

D. 造成了不可克服的周期性的政治经济危机

3. 鸦片战争前，中国虽是一个独立自主的封建国家，但已处于封建社会晚期。下列对中国当时经济社会状况的叙述，正确的有（　　）。

A. 经济上，中国资本主义萌芽并不断发展

B. 政治上，清王朝实行高度集权的君主专制已腐败不堪；军事上，清王朝国防空虚，军备废弛

C. 文化上，清朝统治者实行严厉的文化专制政策，钳制人们的思想，禁锢人们的反抗意识

D. 对外关系上，清王朝长期实行严格限制对外交往和贸易的闭关锁国政策

4. 资本主义生产方式产生需要的前提是（　　）。

A. 思想上的启蒙运动

B. 少数人积累大量货币财富

C. 大批劳动者成为自由出卖劳动力的无产者

D. 世界市场的广泛开拓

5. 英国对中国发动侵略战争（　　）。

A. 是英国资本主义扩张发展的客观要求

B. 是英国政府蓄谋已久的政策

C. 是由中国人民禁烟斗争引起的

D. 其根本目的在于打开中国大门，使中国成为英国资本主义发展的商品市场和原料产地

6. 19 世纪 50 ~ 80 年代，俄国共侵占我国领土 150 多万平方公里，这主要是通过（　　）完成的。

A.《瑷珲条约》　　B.《北京条约》

C.《勘分西北界约记》　　D.《改订伊犁条约》

7. 关于租界的叙述，正确的有（　　）。

A. 1845 年 11 月，英国驻上海领事强迫清政府地方官吏议定土地章程，在上海划出一个特定

区域，作为英国人居留地，这是外国人在中国设立租界的开端

B. 1848 年和 1849 年，美、法两国也相继在上海强行划分了租界

C. 外国侵略者在租界逐步排斥中国的主权，使租界成为“国中之国”

D. 中国政府对租界内的行政、司法有干预权

8. 为了统治中国，资本－帝国主义列强在政治上采取的主要方式是(　　)。

A. 控制中国的内政、外交　　B. 发动侵略战争，划分势力范围

C. 镇压中国人民的反抗　　D. 扶植、收买代理人

9. 西方列强通过(　　)，一步一步剥夺了中国的关税自主权。

A. 1842 年中英《南京条约》

B. 1843 年中英《五口通商章程：海关税则》

C. 1844 年中美《望厦条约》和中法《黄埔条约》

D. 1858 年的《天津条约》

10. 资本－帝国主义对中国的入侵(　　)。

A. 为中国带来了资本主义的先进生产方式

B. 是决定近代中国社会性质、革命性质的重要依据

C. 是产生近代中国社会基本矛盾和各种社会矛盾的主要根源

D. 是近代中国社会贫困落后的根本原因

11. 中日甲午战争后，劝告日本退还辽东半岛的国家有(　　)。

A. 英国　　B. 俄国

C. 法国　　D. 德国

12. 下面对义和团运动的评价，正确的有(　　)。

A. 其斗争锋芒指向外国侵略势力，粉碎了列强瓜分中国的迷梦，向世界显示了中华民族反抗外来压迫的无穷力量

B. 将清政府的卖国投降面目暴露于国人面前

C. 打击了封建统治势力

D. 阻止了中国的半殖民地化进程

13. 帝国主义对华资本输出的方式有(　　)。

A. 开设工厂

B. 设立银行

C. 向清政府进行政治贷款

D. 争夺中国铁路的投资权，投资中国矿山

14. 近代中国人民的反侵略战争(　　)。

A. 沉重地打击了资本－帝国主义列强的侵华野心

B. 使我们的国家和民族历尽劫难、屡遭侵略而不亡

C. 它表现出来的爱国主义精神，铸成了中华民族的民族魂

D. 反侵略战争的失败，从反面教育了中国人民，极大地促进了中国人的思考、探索和奋起，反侵略战争的过程，是中华民族逐步觉醒的过程

三、简答题

1. 为什么说鸦片战争是中国近代史的起点？
2. 简述近代中国工人阶级的产生及其特点。
3. 简述中国资产阶级的产生及其特点。
4. 简述近代中国社会的两对主要矛盾及其相互关系。
5. 中国近代社会的两大历史任务是什么？他们之间的关系如何？
6. 资本－帝国主义的入侵给中国带来了什么？
7. 帝国主义列强并没能实现瓜分中国的图谋，原因何在？

四、辨析题

1. 西方殖民主义势力来到东方，是为了使东方国家成为独立的资本主义社会。
2. 近代中国是一个半殖民地半封建社会，近代中国的所有地区，在所有时期都是半殖民地。
3. 近代中国社会的主要矛盾是帝国主义和中华民族的矛盾。
4. 帝国主义列强并没能实现瓜分中国的图谋，这缘于帝国主义列强之间的矛盾和互相制约。
5. 经济技术落后的中国不可能取得反侵略战争的胜利。

五、论述题

1. 半殖民地半封建社会是近代中国社会最基本的国情，请你谈谈对中国近代半殖民地半封建社会性质的认识。
2. 试述中国半殖民地半封建社会的基本特征。
3. 中国近代历次反侵略战争失败的原因和教训是什么？

六、材料分析题

阅读下列材料，并回答问题。

材料1　1841年12月，曾担任过美国总统的亚当斯在马萨诸塞州历史协会发表演说，为英国挑起侵华战争辩解，称“战争的原因是叩头”，即“中国妄自尊大”，不愿与西方国家平等交往。

材料2　英国的大炮破坏了皇帝的权威，迫使天朝帝国与地上的世界接触。与外界完全隔绝曾是保存旧中国的首要条件，而当这种隔绝状态通过英国而为暴力所打破的时候，接踵而来的必然是解体的过程，正如小心保存在密闭棺材里的木乃伊一接触新鲜空气便必然要解体一样。

——马克思，恩格斯．马克思恩格斯选集：第1卷[M]．北京：人民出版社，1995：692.

材料3 帝国主义列强侵略中国,一方面促使中国封建社会解体,促使中国发生了资本主义因素,把一个封建社会变成了一个半封建的社会;但是另一方面,它们又残酷地统治了中国,把一个独立的中国变成了一个半殖民地半封建的中国。

——毛泽东.毛泽东选集:第2卷[M].北京:人民出版社,1991:630.

请根据以上材料思考下列问题:

(1)材料1中亚当斯的论调是否符合历史事实?这种论调说明了什么问题?

(2)请根据材料2和材料3及所学知识,说明资本-帝国主义的入侵对中国的影响。

参考答案

一、单项选择题

1.A 2.A 3.B 4.A 5.D 6.C 7.D 8.C 9.C 10.C 11.C 12.B 13.B 14.D 15.D 16.D 17.B 18.C 19.D 20.D

二、多项选择题

1.ABC 2.ABCD 3.ABCD 4.BC 5.ABD 6.ABCD 7.ABC 8.ACD 9.ABCD 10.BCD 11.BCD 12.ABC 13.ABCD 14.ABCD

三、简答题

1.1840年,英国发动了侵略中国的鸦片战争。英国资产阶级及其政府对中国发动武装侵略蓄谋已久,鸦片战争以清政府的失败而告终。中英签订了中国近代史上第一个不平等条约《南京条约》。此后,签订了中英《虎门条约》、中美《望厦条约》和中法《黄埔条约》。通过这一系列不平等条约,列强在中国攫取了大量侵略特权。鸦片战争以后,随着外国资本-帝国主义的入侵,中国社会发生了两个根本性的变化:独立的中国逐步变为半殖民地的中国,封建的中国逐步变成半封建的中国,中国的社会性质开始发生质的变化,逐步成为半殖民地半封建国家。随着社会主要矛盾的变化,中国逐渐开始了反帝反封建的资产阶级民主革命。正因为如此,鸦片战争成为中国近代史的起点。

2.近代中国工人阶级最早出现于19世纪40~50年代外国资本主义的在华企业中。19世纪60年代后洋务派创办的大型军用工业和民用企业以及70年代以后的中国民族企业中,又雇佣了一批工人。到1919年五四运动前夕,中国工人阶级总数达到200万人左右。

近代中国工人阶级主要来源于城乡破产失业的农民、手工业者和城市贫民。早期中国工人阶级人数不多，却是中国新生产力的代表。它深受帝国主义、封建势力、资产阶级三重压迫，工资低、劳动时间长、劳动条件恶劣，受剥削最深，革命性最强，而且它还有组织纪律性强、集中、团结、与广大农民有着天然联系等优点，因此是近代中国最革命的阶级。

3. 中国资产阶级是在外国资本主义入侵的影响和刺激下，主要由一些买办、商人、地主、官僚投资新式企业转化而成。近代中国的买办，是半殖民地中国的产物。他们最初是充当通商口岸外国洋行的雇员和代理人，在帮助外国资产阶级积累资本的过程中，通过获取佣金、分红、利息等手段积累财富，并利用与外国侵略势力及封建势力的密切关系，提高自己的政治、经济地位。由于同外国资本主义有较多的接触和了解，他们有的投资附股外国洋行，有的则投资洋务企业或协助洋务派官僚创办和经营企业，也有的直接创办和投资于民族工业。部分中国旧式商人，如一些盐商、沙船主、钱庄老板、票号商人等，或经营资本主义商业，或投资于洋务企业与民族企业。还有一些华侨商人，在国内投资或回国创办经营新式企业。一些地主、官僚，也开始把从地租剥削和贪污、搜刮积累起来的财富投资于工商业。从 19 世纪 70 年代开始，中国民族资本兴办的新式企业逐步发展起来。

中国资产阶级的来源不同，构成比较复杂。一部分是官僚买办资本家，他们是大官僚与大买办的结合，利用政治特权和与外国资本的紧密联系，在剥削劳动人民和挤压民族资本的过程中，逐渐形成和发展起来。另一部分是民族资本家，他们经营的企业由于原始积累不足，大多数规模小，设备落后，并受到外国资本主义和本国封建主义及官僚买办资产阶级的压迫，发展缓慢，始终未能在中国社会经济中占主要地位。同时，民族资产阶级同外国资本主义、本国封建主义仍然有着千丝万缕的联系。这也决定了中国的民族资产阶级在政治上表现出两面性。他们与外国资本主义和本国封建主义既有矛盾、斗争的一面，又有依赖、妥协的一面。他们在一定条件下可以参加反帝反封建的革命或者在斗争中保持中立，但是缺乏革命的彻底性，不可能引导中国的民主革命走向胜利。

4. 近代中国社会的两对主要矛盾是帝国主义和中华民族的矛盾，封建主义和人民大众的矛盾。这两对主要矛盾及其斗争贯穿于整个中国半殖民地半封建社会的始终，并对中国近代社会的发展变化起着决定性的作用。

中国近代社会的两对主要矛盾是互相交织在一起的，而帝国主义和中华民族的矛盾，是最主要的矛盾。帝国主义勾结、扶植封建势力作为它们统治中国的支柱。除了帝国主义割占的地区和直接管理的租界、租借地以外，它们主要是通过中国政府当局和各地的官僚、军阀来统治中国人民。

当帝国主义向中国发动侵略战争时，中国内部各阶级，除一些叛国分子外，能够暂时地团结起来举行民族战争去反对帝国主义。这时，民族矛盾特别尖锐，阶级矛盾暂时降到次要和服从地位。而当帝国主义与中国的反动统治阶级结成同盟，用战争以外的形式共同压迫中国人民，尤其是封建主义特别残酷的时候，中国人民往往采取国内战争的形式去反对帝国主义和封建主义的同盟，而斗争的矛头主要直接地指向中国的封建政权，这时阶级矛盾就上升为主要矛盾,民族矛盾退居次要地位。当国内战争发展到从根本上威胁帝国主义及其代理人中国封建地主阶级统治的时候,帝国主义势力甚至直接出兵,镇压中国人民,援助中国的反动派。这时,帝国主义和国内封建主义完全公开站在一条战线上。

中国近代社会的发展和演变,是上述两对主要矛盾互相交织和交替作用的结果。

5. 中国近代社会的两大历史任务是争取民族独立、人民解放和实现国家富强、人民富裕。这两大历史任务是互相区别又紧密联系的。

民族独立和人民解放是要改变民族受压迫、人民受剥削的地位和状况,是要从根本上推翻半殖民地半封建的统治秩序,解决生产关系的问题,是要通过革命才能实现的。实现国家富强和人民富裕是要改变近代中国经济、文化落后的地位和状况,是要通过现代化、发展生产力才能实现的。前者为后者扫清障碍,创造必要的前提,后者是前者的延续和追求的目标,两者共同服务于中华民族伟大复兴的历史主题。

6. 资本－帝国主义的入侵,给中华民族带来了巨大的历史灾难。

第一,发动一系列侵略战争,屠杀中国人民,侵占中国领土,划分势力范围,勒索赔款,抢掠财富,使中国的经济和社会发展受到了严重的阻碍。

第二,控制中国的内政、外交,镇压中国人民反抗,使中国在政治上不再拥有完整的主权。

第三,通过不平等条约的特权,控制中国的通商口岸,剥夺中国的关税自主权,实行商品倾销和资本输出,操纵中国的经济命脉,使中国在经济上形成了对它们的依附而丧失了自己的独立性,中国被纳入资本主义的世界经济体系,成了西方大国的经济附庸。

第四,在传教的名义下,对中国进行文化渗透,为侵略中国制造舆论,宣扬殖民主义奴化思想,麻醉中国人民的精神,摧毁中国人的民族自尊心和自信心。

7. 帝国主义列强之间的矛盾和互相制约,是列强并没能实现瓜分中国图谋的一个重要原因。但列强之间的矛盾和妥协,并不是瓜分中国的阴谋破产的根本原因。因为帝国主义列强在世界各地争夺殖民地时,都存在着利害冲突,它们在瓜分非洲和东南亚时,都是如此。它们或者通过协商,或者直接采取战争的手段,还是把非洲、东南亚地区等瓜分了。帝国主义列强不能灭亡和瓜分中国,最根本的原因,是中华民族进行的不屈不挠的反侵略斗争。

在义和团反帝爱国运动时期,中国人民以其不畏强暴、敢与敌人战斗到底的英雄气概,打击和教训了帝国主义者,使它们不敢为所欲为地瓜分中国。正是包括义和团在内的中华民族为反抗侵略所进行的前赴后继、视死如归的战斗,才粉碎了帝国主义列强瓜分和灭亡中国的图谋。

四、辨析题

1. 错误。

殖民主义是适应西方资本主义的发展要求而产生的,它随着资本主义生产方式的演进而发展,是西方强国对亚洲、非洲、美洲、大洋洲等地区人民的剥削、掠夺和压迫、奴役。它是为资产阶级剥削国内外人民、建立资本主义的世界体系服务的。

西方殖民主义势力来到东方，并不是为了使东方国家成为独立的资本主义社会，而是为了把他们纳入资本主义的世界体系，成为殖民地、半殖民地，成为自己在经济上、政治上的附庸。

2. 错误。

近代中国是一个半殖民地半封建社会，这是近代中国的基本国情。但由此推出"近代中国的所有地区，在所有时期都是半殖民地"是错误的。

鸦片战争以后，中国进入近代社会。随着列强的侵略，中国的主权一步步沦丧，完全丧失了独立的地位，在相当程度上被殖民地化了。但由于中国人民的抗争，中国仍然维持着独立国家和政府的名义，还有一定的主权。同时，外国资本主义列强用武力打开中国的门户，把中国卷入了世界资本主义经济体系和世界市场之中。中国出现了资本主义生产关系，中国已经不是完全的封建社会了。但在中国农村中，封建的生产关系在社会经济生活中依然占着明显的优势。这样，中国的经济既不再是完全的封建经济，也不是完全的资本主义经济，而成为半殖民地半封建的经济了。所以说，近代中国是一个半殖民地半封建社会。

中国半殖民地半封建社会及其特征，是随着资本－帝国主义侵略的扩大，资本－帝国主义与中国封建势力结合的加深而逐渐形成的。它有一个演变的过程，而且在不同历史阶段和不同地区有所差别。在某些时期，中国的某些地区甚至沦为帝国主义直接统治的殖民地，如香港、台湾和"九·一八"事变之后的东北就是这种情况。而在新民主主义革命时期，中国共产党建立的革命根据地则是新民主主义性质的社会。因此说近代中国所有地区、所有时期都是半殖民地是不准确的。

3. 不准确。

近代中国半殖民地半封建社会的矛盾，呈现出错综复杂的状况。其中有：中华民族与资本－帝国主义的矛盾，农民与地主阶级的矛盾，资产阶级与地主阶级的矛盾，无产阶级与资产阶级的矛盾，封建统治阶级内部各集团派系的矛盾，各帝国主义国家在中国争夺的矛盾，等等。在这些社会矛盾中，占支配地位的主要矛盾，是帝国主义和中华民族的矛盾、封建主义和人民大众的矛盾。帝国主义和中华民族的矛盾是近代中国社会最主要的矛盾，但这对矛盾与封建主义和人民大众的矛盾是交织在一起的。帝国主义勾结、扶植封建势力作为它们统治中国的支柱。除了帝国主义割占的地区和直接管理的租界、租借地以外，它们主要是通过中国政府当局和各地的官僚、军阀来统治中国人民。

4. 错误。

帝国主义列强之间的矛盾和互相制约，是列强并没能实现瓜分中国图谋的一个重要原因。但列强之间的矛盾和妥协，并不是瓜分中国的阴谋破产的根本原因。因为帝国主义列强在世界各地争夺殖民地时，都存在着利害冲突，它们在瓜分非洲和东南亚时，都是如此。它们或者通过协商，或者直接采取战争的手段，还是把非洲、东南亚地区等瓜分了。帝国主义列强不能灭亡和瓜分中国，最根本的原因，是中华民族进行的不屈不挠的反侵略斗争。

5. 错误。

经济技术落后是中国反侵略战争失败的重要原因,但经济技术落后并不意味着在战争中一定打败仗。因为"武器是战争的重要因素,但不是决定的因素。决定的因素是人不是物"。中国的反侵略战争一再失败,不仅仅因为武器装备的落后,更由于统治阶级实行错误的方针、政策,并压制人民群众的反侵略斗争,即社会制度腐败。

五、论述题

1. 西方列强通过战争,强迫中国签订一系列不平等条约,破坏中国的领土主权、领海主权、关税主权、司法主权等,并一步一步地控制中国的政治、经济、外交和军事。中国已经完全丧失了独立的地位,在相当程度上被殖民地化了。但由于中国人民的抗争,同时也由于帝国主义列强间争夺中国的矛盾无法协调,使得它们中的任何一个国家都无法单独征服中国,也使得它们不可能共同瓜分中国。它们只能与中国的封建势力、买办势力相勾结,共同压迫、剥削中国人民,镇压中国革命。因此,近代中国尽管在实际上已经丧失拥有完整主权的独立国的地位,但仍然维持着独立国家和政府的名义,还有一定的主权。因此被称作半殖民地。

同时,外国资本主义列强用武力打开中国的门户,把中国卷入了世界资本主义经济体系和世界市场之中。外国资本主义的入侵,一方面破坏了中国自给自足的自然经济的基础,破坏了城市的手工业和农民的家庭手工业;另一方面,则促进了中国城乡商品经济的发展,给中国资本主义的产生造成了某些客观条件。中国出现了资本主义生产关系,中国已经不是完全的封建社会了。然而,西方列强并不愿意中国成为独立的资本主义国家。它们对中国的民族工业进行直接的经济压迫。中国的民族资本主义经济虽然有了某些发展,但是并没有也不可能成为中国社会经济的主要形式。在中国农村中,封建的生产关系在社会经济生活中依然占有明显的优势。这样,中国的经济既不再是完全的封建经济,也不是完全的资本主义经济,而成为半殖民地半封建的经济了。

半殖民地半封建中国的社会性质,体现在近代中国政治、经济、文化和社会的各个领域,两者是密切结合、互相联系的统一整体。这种既不是完全的殖民地,也不是完全的封建社会,更不是一个资本主义社会的半殖民地半封建社会,体现着近代中国的特殊性,即基本国情。近代中国的主要矛盾、主要问题、革命道路、革命风貌及革命前途等问题,均源于这种基本国情。毛泽东曾说要从中国国情出发,就是中国革命要从这样的半殖民地半封建社会的实际状况出发,而不是从书本出发,将马克思列宁主义与中国的这种具体实际相结合。

2. 从近代中国的历史进程,可以看到中国半殖民地半封建社会有以下一些基本特征:

第一,资本－帝国主义侵略势力不但逐步操纵了中国的财政和经济命脉,而且逐步控制了中国的政治,日益成为支配中国的决定性力量。

第二,中国的封建势力日益衰败并同外国侵略势力勾结,成为资本－帝国主义压迫、奴役中国人民的社会基础和统治支柱。

第三，中国自然经济的基础虽然遭到破坏，但是封建剥削制度的根基即封建地主的土地所有制依然在广大地区内保持着，成为中国走向现代化和民主化的严重障碍。

第四，中国新兴的民族资本主义经济虽然已经产生，并在政治、文化生活中起了一定的作用，但在帝国主义和封建主义的压迫下，它的发展很缓慢，力量很软弱，而且它的大部分与外国资本－帝国主义和本国封建主义都有或多或少的联系。

第五，由于近代中国处于资本－帝国主义列强的争夺和间接统治之下，加上中国地域广大，以及在地方性的农业经济的基础上形成的地方割据势力的存在，近代中国各地区经济、政治和文化的发展是极不平衡的。后来，帝国主义国家还分别支持不同的政治势力以分裂中国，使中国处于不统一状态。

第六，在资本－帝国主义和封建主义的双重压迫下（后来还加上官僚资本主义），中国的广大人民尤其是农民日益贫困化以至大批地破产，过着饥寒交迫和毫无政治权利的生活。

3. 从1840年至1919年的80年间，中国人民对外来侵略者进行了英勇顽强的反抗，这些斗争具有重大的历史作用。但是，历次的反侵略战争，都是以中国失败、中国政府被迫签订丧权辱国的条约而告结束。其原因，从中国内部因素来分析，主要有以下两个方面：一是社会制度的腐败，二是经济技术的落后。而前者则是更根本的原因。

第一，社会制度的腐败。1840年以后，中国封建社会逐步变成了半殖民地半封建社会。清王朝的统治阶级，大都昏庸愚昧，不了解世界大势，不懂御敌之策。许多官员、将帅为了自身私利，不惜出卖国家和民族的利益，并常常压制与破坏人民群众和爱国官兵的反侵略斗争。腐败的中国半殖民地半封建的社会制度，阻碍了中国人民群众的广泛动员和组织，这是近代中国历次反侵略战争屡遭失败的最重要的原因。

第二，经济技术的落后。近代中国反侵略战争失败的另一个重要原因，是国家综合实力特别是经济技术和作战能力的落后。19世纪中叶，西方资本主义强国经过工业革命，经济和技术飞速发展，封建的中国已被远远抛在后面。但是，经济技术落后并不意味着在战争中一定打败仗。而当时的中国，不仅武器装备落后，而且统治阶级实行错误的方针、政策，并压制人民群众的动员。在这种情况下，中国的反侵略战争才一再失败。

中国近代历次反侵略战争的失败启示我们：

第一，在近代中国，要取得反侵略战争的胜利，争得民族独立，必须充分动员和组织人民群众的力量，必须改变中国被帝国主义、封建势力联合统治的局面。

第二，要取得反侵略战争的胜利，必须改变中国经济技术落后的状况。但进行现代化建设的前提是实现民族的独立和人民的解放。这需要推翻帝国主义对中国的民族压迫和封建的腐朽势力的反动统治。只有这样，国家才能真正强大，人民才能当家做主。

六、材料分析题

（1）材料1中亚当斯的论调并不符合历史事实，这是在寻找借口，为英国发动侵华战争开脱罪责。英国发动侵华战争是蓄谋已久的,是资本主义发展和殖民扩张的需要。该论调说明西方列强在对华政策方面是一致的。

(2)资本-帝国主义的入侵,打破了清朝闭关锁国的状态,客观上促进了封建经济的解体,促使中国发生了资本主义因素,这是列强侵华的客观后果,绝不是主观愿望,列强的最终目的是要瓜分中国,灭亡中国。资本-帝国主义的侵略,使中国成为一个半殖民地半封建社会,严重阻碍了中国的经济发展和社会进步,是近代中国贫穷落后的根源。

第二章

Chapter 2

对国家出路的早期探索

学习目标

通过本章的学习，帮助学生了解农民阶级、地主阶级统治集团及资产阶级维新派对国家出路的早期探索，了解太平天国、洋务运动和戊戌维新运动的意义和失败的原因，从而正确认识无论是单纯的农民战争、地主阶级的洋务新政，还是资产阶级的维新运动，都不能为实现中国的独立和富强真正指明出路。

学习要点

1. 评价太平天国农民运动失败的原因和教训。
2. 评价维新变法失败的原因和教训。
3. 对洋务运动的指导思想的评价及其对中国当前现代化建设的启示。

教学案例

【案例 1】

“洋兄弟”呤唎眼中的太平天国运动

在外国侵略者武装干涉太平天国革命的同时，一些外国人也参加了太平军。太平天国的领导人称参加革命的外国友人为“洋兄弟”，英国人呤唎就是其代表之一。

呤唎原在英国海军供职，1859 年来华后辞去海军职务，1860 年进入太平天国境内，接受了忠王李秀成的委任，并偕同未婚妻和几位友人一同参加了太平天国的工作。他多次随忠王出征，经常前往上海，为太平天国招募外国志愿军，采办军火，供应粮食，进行宣传，并组织了一支直属于忠王领导的教练军，参加作战。他为此而遭到上海英国当局的通缉，他的妻子和几位友人都在革命战争中献出了宝贵的生命。1864 年太平天国失败后，呤唎返回英国。之后，他撰著了《太平天国革命亲历记》一书，于 1866 年在伦敦出版。书中记述了他在太平军中的经历，留下了珍贵的历史见证。

该书首先描述了太平天国农民起义的原因。呤唎初到中国时，曾沿着中国海岸航行，到过汕头、厦门、福州、上海等地。每到一地，他总是尽量跟本地人相处在一起。他发现当地的中国人深深地痛恶清朝统治者，这是邪恶的清政府造成的。他说：“统治者的无穷迫害使他们麻木不仁，堕落退化；剃发的奴隶标志使他们带着不自然的烙印；横恣暴虐的专制制度摧毁并贬抑了他们的精神；他们的生命财产完全操纵在最卑鄙最无人心的官吏手里，操在只有贿赂可以动心的审判官手里；凡是反叛异族皇帝的非正义统治的人，按律是‘千刀万剐’，凌迟处死，稍涉嫌疑就被砍头，牵连在反叛案件里的人一律格杀勿论。”正是由于清政府的暴虐统治才激起了人民的反抗，所以在呤唎看来，“自由和正义总是通过反抗暴虐统治而取得进展的；伟大的人民领袖也许是今天的叛徒，可是明天他们得到了成功，他们就要成为时代的英雄和爱国者。”他还写出了清政府政治黑暗、腐败盛行的情况：“清政府为了搜刮物质以供应军需，就采取了最腐败最堕落的行为。卖官鬻爵之风，遍地盛行。北京官报上曾刊出二十三条通告，出卖各种品级、荣誉、职位。犯罪的人可以用钱买得自由，充军的人可以用钱买得回乡；官吏可以为亲属买得官衔，任何人都可以为自己的父亲买得比自己更高的品级；总之，贿赂成风，腐败达于极点。”

该书描述了太平天国地区人民的生活。呤唎等人刚进入太平天国区域就发现：“人民都在忙着收割，显然要比湖那边清统辖区的农民富裕得多。我们到了芦墟，这是一个大村庄，离上海有六十英里的水路。此处似有各色大宗贸易。运丝船、乡下船和上海船都停泊在村外，为数很多，全都满载货物，似乎这里是一个很好的现成市场。人们穿着很好的衣服，商店充塞着货品,处处都显出兴旺景象。最令人惊奇的是乞丐完全绝迹……我完全看不见任何杀人放火的痕迹。村里,只见到一群一群富裕的、忙碌的、面容和蔼的中国人,和一大堆一大堆刚由船上卸在岸上的货物;郊外,只见到大自然的富足和美丽;但是这里明明是太平天国区域的一部分,我所见到的人民也明明都是太平天国的百姓。”呤唎还经常上岸访问附近的村民,调查他们对太平天国统治的感想。“我很高兴见到他们在各方面都十分满意;尤其使我感动的是他们都乐于留发,这是太平和自由的标记,跟满洲人及其强加在汉人身上的剃头蓄辫的奴隶标记恰成对照……凡亲眼见过太平军的人一致认为太平军显然优于清军。不仅太平军的外表要可爱得多,而且他们的整个品格,无论在体质上道德上,都显出同样惊人的优越性……要说他们是同一国家的人,那简直令人无法想象。”

该书描述了太平天国采取的众多社会改革措施和取得的效果。其中写道,太平军执行严格的纪律,禁止骚扰劫掠百姓。“我在苏州城门口和我所经过的几个村口,看到悬挂着几个人头,旁边贴有告示,指出这些人都是兵士,因为抢劫民财,吸食鸦片,掳掠民女,而被斩首示众。”“我曾在一个村庄里听说,太平军的兵士不付钱,就连一个鸡蛋也不敢拿走,乡民都说和太平军做生意是好买卖,因为他们比清军出的价钱要好得多。”呤唎发现,在太平天国管辖区域,“妇女摆脱了缠足的恶俗,男子摆脱了剃发垂辫的奴隶标记,这是太平天国最显著、最富有特色的两大改革,使他们的外貌大为改善。和在鞑靼统治下的中国人的外貌显出了巨大的区别,并表现了巨大的改进。太平天国妇女的社会地位大大地超越了他们的姐妹,那些束缚在清朝的家庭制度中的妇女的社会地位,这是太平天国的辉煌标志之一。”呤唎还赞美“太平天国彻底废除了令人憎恶的奴隶制,这个禁令是严厉执行的,违者不论男女一概斩首论处”。

呤唎在书中分析了英法等侵略者帮助清政府镇压太平天国运动的原因和西方列强的残暴。英法曾与太平军相约保持中立,太平军手中握有他们保证严守中立的庄严文牒,但忠王却不明白英法为什么阻止他进攻上海。呤唎对此进行了分析:“忠王过于开明和宽厚,以致他虽然十分机敏,明于预见,却并没有见到英国人的敌意的真正意图。他没有想到:英国从事于这次军费浩繁的战争的目的,就是使鸦片贸易合法化以及使英国获得其他种种利益;而太平军以死刑来严禁鸦片——无论这对中国人是多么有利。无论人道主义的呼声所提出的神圣要求是多么不容置疑——却是不利于额尔金条约得来的利益、赔款和鸦片贸易的,因而是不适合于英国人的政策的。”忠王李秀成率军攻打上海时,“太平军头一天遭到意外袭击损失了三千人以后,遇见了传教士米怜先生。这些太平军是中国人,他们见到自己的亲友同伴无辜遭到屠戮是应该震怒的。可是,他们并没有采取亚洲民族自然会有的那种泄愤报复行为,却以一种超过应受赞美的耐心,不去俘虏米怜先生,并且发现他是传教士后,还派兵士保护他安全到达城门口,以防兵士复仇和侵扰。米怜先生安全到达了城门口,可是护送他的兵士退回时,一个个全被城上的英国兵开枪射杀了。”

呤唎在书中多处描述了太平军英勇作战、沉重打击中外反动势力的情况。其中写道:“1853 年 3 月 19 日,中国的故都南京只经过短短十一天的围攻,就落在太平军的手里。攻下这座防御坚固的重要城市，并未花费多大力量。太平军由江上攻打城北，一师在东北城角埋地雷轰城，另一师炸毁仪凤门。两军协同进攻，只遇微弱抵抗就把城占领。据说，守城的清兵约一万五千名。可是鞑靼兵很多，所以照通常清军中的汉满比例来看，全部兵力一定不止此数。守城清军几乎未做抵抗，即由南门和西门逃走或投降并参加了太平军。”呤唎对北伐、西征的情况盛赞不已：“1853 年 5 月，太平军一小队，约七千人，渡扬子江北上，击败扼守江边的清军，迅速向西北方向挺进，入安徽和河南……稳步向北京前进，沿途攻下许多城市。同月(9 月)下旬，入直隶，这是清朝最北的省份，北京就在这个省份内。太平军进展神速，攻下了无数城市。10 月，抵达运河。数日后，克静海县，距天津约二十英里……此时，北京清廷见太平军长驱直入，进逼京师，极为震惊，就用各种方法来阻止太平军的进展……北伐军出发不久，5 月间，太平军又派大队沿从前进军南京的旧路回师反击，溯扬子江而上，克安徽省城安庆，以安庆作为进军的基地。沿途攻占许多城市，缴获的物资钱粮都运回南京。再自安庆兵分两路，一路向西，入江西湖南，另一路则向北，准备增援静海被围部队。1854 年初，西路军过洞庭湖，沿旧时进军的一段路线，攻克扬子江两岸的许多城市。约在 5 月间，抵武汉三镇，沿途缴获大量物资……同时，北路军约在 1853 年 11 月自安庆出发，直抵江苏北部的运河，再沿运河疾进，所向披靡，攻无不克。1854 年 3 月，渡黄河。4 月 12 日，克防御坚固的临清。临清是直隶山东之间的要地。……清朝统治者的命运悬于千钧一发之际，腐朽血腥的清政府意识到自己的灭亡就要到来，惶惶不可终日。”

【资料来源】

[1]周武. 太平天国史迹真相[M]. 上海:华东师范大学出版社,2000.

[2]沈立新. 中外文化交流史话[M]. 上海:华东师范大学出版社,1991.

[3]张海林. 近代中外文化交流史[M]. 南京:南京大学出版社,2003.

【思考讨论】

1. 如何认识太平天国运动的历史意义？

2. 如何理解太平天国运动失败的原因和教训？

【案例 2】

马尾船政局

马尾船政局是 1866 年时任闽浙总督左宗棠创办的中国近代史上第一个制造轮船的专业工厂。

清政府在两次鸦片战争中，亲身体验到西洋船坚炮利的威力，朝野上下纷纷吁求造炮制船“师夷长技”。左宗棠在第一次鸦片战争中看到，英国资本主义以火轮兵船数十艘之众，竟然牵制中国七省之兵的“可虑”之事势，提出“设造船之厂”制造火轮炮船的设想。他认为敌之所长在火炮轮船，能制其长，即可操胜券。在顽固守旧以妥协求苟安的一批官僚的反对下，当时作为塾师的左宗棠的这一设想只能成为泡影。

1862 年,左宗棠受命图浙时,才逐渐将制造火轮船的夙愿付诸实施。经过多次努力,1864 年仿造了一条小火轮试行于西湖之上。高兴之余,左宗棠以该船征询当时洋枪队首领德克碑和税务司日意格。这两位法国人说:大致不差,“惟轮机须从西洋购觅,乃臻捷便。因出法国制船图册相示,并请代为监造,以西洋传之中土”。左宗棠知道中国在造船技术方面远不如西洋,就答应了他们的要求。1864 年 9 月,德克碑交卸了常胜军司令一职,于 1865 年 1 月奉左宗棠之命回国购买机器和雇觅洋匠。

1866 年 6 月 25 日,左宗棠上奏清廷,提出大规模设厂自造轮船的主张。7 月 14 日,清廷批准了他的请求。左宗棠随即派按察史福建补用道胡雪岩主持择地、购器、雇匠等建厂工作。

造船厂的规模和所要达到的水平如何?左宗棠有明确的计划和见解。他知道自造轮船困难极大:一无制作的器具,二无合格的师匠,三无识洋字、谙洋算和通晓洋书之人堪随洋技师学习,等等。但他还是坚定地说:“借不如雇,雇不如买,买不如自造。”自造的目标是不依靠别人就能造成船只。

左宗棠为造船厂做了大量的筹备工作。一是选择福州罗星塔马尾山后为厂址。那里是理想的港口:距海口 50 里,数百米宽的沿江两岸形势险要,易于设防;此地水清、土实,深达 12 丈,可停泊巨舰;此处设有海关,经费亦易筹措。二是制订五年计划和与洋人签订合同。他与日意格、德克碑签订了为期 5 年的规条 14 款的合同。两人与船政局是属于一种特殊的雇佣承包关系,他们与法国政府无关,是奉左宗棠之命,受船局之托,在设厂造船中处于总包工头的地位,有总工程师的职能,但无控制局务之权。为取得其技术和使其忠诚效力,月各资千两。以 5 年为限,限满两人及他们所雇工匠概不留用。

1866 年 10 月 14 日,清王朝为镇压西北回民起义,调左宗棠任陕甘总督。在上任前,左宗棠推荐沈葆桢为船政大臣。1867 年初,沈葆桢接到清廷下达的总理船政的任命,遂于 7 月 17 日正式到任。这时,船政局筹建工作大体完成了框架,但沈葆桢也遇到很多困难。他上任后的第一个奏折提出:经费难筹、官绅搬弄是非、工匠向洋人问学不殷等。面对这种情况,沈葆桢不畏艰难,认真督理。到 1874 年,一所以造船为中心的大型机器工厂基本建成。它规模宏大,设备也齐全。一位英国人在参观船厂后说:“这个造船场和外国任何其他造船场并没有多少区别。”船政局不但能与西方一些造船厂媲美,而且大大超过了当时正拼命向西方学习的日本造船工业的水平。

值得称道的是,左宗棠和沈葆桢将培养新型技术人才置于建造船厂的首要地位。船厂开工前,左宗棠在福州城内白塔寺开办艺局,半年后迁至马尾,分为前、后学堂,选拔聪颖少年学习西方的语言文字、算学、造船技术等。沈葆桢一再上奏说,船政的根本在于学堂。他认真督学,“英敏勤慎”者奖之,“玩梗钝拙”者去之。历史证明,马尾船政局附设的前、后学堂所培养的科技、水师人才,在中国近代史上有重要的地位。

马尾船政局的建厂速度很快,因而造船就提上了日程。1868 年 1 月开工造第一艘轮船,次年 6 月成功下水,名为“万年青”号。此船系木质暗轮,排水量为 1 370 吨,比日本 1862 年仿造的蒸汽船“千代田”号138吨的排水量要大约10倍。从这时到1905年,所造兵商各轮40艘,据说“欧美各国士大夫到中国游历的,都要绕道闽省,一观我国船政的成绩”。

马尾船政局虽然取得了很大成绩,但与外国先进水平相比还有很大差距,从中国当时的军事形势和经济发展需要来说,也是相距甚远的。从造第一艘轮船到1874年造出的第15艘轮船,全为木质,这在国外已属过时的旧型式;轮机马力都较小;载重量较小;船速较慢,所装炮位不多而且不大,缺陷实在不少。当时西洋兵轮的长处恰恰与此相反,它们“全在炮位多而马力大,故能于重洋巨浪之中,纵横颠簸,履险如夷,制胜确有把握”。这表明马尾船政局在制造机械、装配船体等系统工程方面,还远未得到西洋之“奥妙”。这种技术落后、进展速度慢的原因,固然与中国造船工业及与之相联系的钢铁、机械制造等工业底子薄、基础差分不开,但也与洋人的刁难、洋务官僚管理上缺乏经验和资金不足等有很大关系。

从1874年至19世纪90年代末,洋人因雇佣合同到期,陆续撤退,开始由中国人设计自造,导致造船质量远不如国外。为了解决技术人才的培养问题,派遣留学生出国学习成为这一时期的主要措施。沈葆桢在1875年趁日意格回国之机,在前、后学堂挑选出魏瀚、陈兆翱、陈季同、刘步蟾、林泰曾5名学生随同去法国参观学习。此后,先后派了3批学生去欧洲留学。马尾船政局所制之船从仿造开始转变为自主设计建造。

马尾船政局在引进西方先进的技术设备,引进人才和培养人才,从事军工生产乃至民用生产方面起了重要作用。不过,马尾船政局的发展与它的设备能力是不相适应的,19世纪90年代中期以后它走向衰落。其在发展中的矛盾如下:

一是其经营方式违背资本主义积累与分配的规律。马尾船政局的资金来源于闽海关的固定拨款,它与上海、天津等机器局有一个明显的不同,不是“就动拨之款,核制成之数”,而是生产不计成本,产品不作为商品出售而通过清政府调拨给各单位使用。这就决定了其发展不是依靠内部积累,而完全依赖政府的财政支出。这在一定时期是有必要的,但随着造船规模的不断扩大,其耗费也越来越大,而清政府的财政却日益匮乏,对船政局的支付日益减少,致使矛盾日趋尖锐。

二是封建官僚衙门式的管理与近代机器工业发展的矛盾。马尾船政局相当一部分僚属把船厂当作封建衙门,任人唯亲是其在这方面的主要表现之一。尽管沈葆桢定下“虽其至亲旧交不滥收录”的任人唯贤方针,但继其后者还是免不了“滥收滥委”,致使滥竽充数。

如何克服上述矛盾?一些改良主义思想家和洋务官僚提出了商办的主张,以期挽救船政局的危局。1896年,清政府也曾派员办理招商事宜,但以毫无结果而作罢。在这种情况下,企业矛盾不断激化,马尾船政局于1907年全面停产。

【资料来源】

阮芳纪.洋务运动史论文选[M].北京:人民出版社,1985.

【思考讨论】

1.马尾船政局创立的背景和过程如何?有什么重要作用?

2. 以马尾船政局为例，分析洋务运动的性质和失败原因、教训。

【案例3】

献身“戊戌变法”的勇士谭嗣同

19世纪末，帝国主义列强瓜分中国的危机日益加深，全国的维新运动也愈益高涨。1898年6月11日，光绪皇帝颁布“明定国是”的上谕，宣布进行变法，并准备提拔一批年轻有为的维新志士来推行新政。翰林院学士徐致靖向光绪皇帝推荐了谭嗣同。说他英才卓荦，学识绝伦，忠于爱国，勇于任事，不避谤疑，内可以为论思之官，外可以备折冲之选。光绪帝闻后大喜，命谭嗣同立即进京晋见。

正在湖南的谭嗣同接到谕旨后，不由喜忧交加。喜的是自己平生的政治抱负，有可能很快得以施展；忧的是亡国危机已如此之深，变法前途吉凶难卜。为此，临行前，他再三嘱咐妻子：要视荣华为梦幻，视生死为幸事，无喜无悲，听其自然，做好“我不死谁死”的亡后的准备。

8月21日，谭嗣同不顾大病初愈，赶到了北京。这时，京城的变法运动已进入高潮。光绪皇帝正在接二连三地颁布变法诏令。康有为、梁启超等维新人士兴高采烈，欢欣的气氛笼罩着古都。至此，谭嗣同行前的忧虑少了许多。他满怀喜悦地在给夫人的信中写道：“朝廷毅然变法，国事大有可为。我因此益加奋勉。”

9月5日，光绪皇帝召见了谭嗣同、杨锐、刘光第、林旭4人，分别授予他们四品卿衔军机章京的职务，并把一个内装密谕的黄色匣子亲手交给他们，嘱咐说：“你们要尽力辅佐我推行新政，资助变法，不要左顾右盼，瞻前顾后。”

为了报答“高厚”的“圣思”，实现自己的志向，谭嗣同决心尽自己的一切努力，开拓出一条祖国繁荣昌盛的光明道路。他为光绪皇帝起草诏书，批阅大小臣工的奏折，筹划种种变法措施，参与种种国事的决策，工作起来常常废寝忘食，通宵达旦。但是，正当谭嗣同等全力以赴地进行变法维新之际，以慈禧太后为首的封建顽固派挥起屠刀猛扑过来。他们密谋，乘光绪皇帝10月到天津阅兵之机，由直隶总督荣禄发动兵变，逼光绪退位，然后将新政一举推倒。北京城内，一时流言四起，人心惶惶。9月14日，得悉此讯的光绪皇帝惊慌失措，急忙下密诏给康有为、谭嗣同等，说“朕位几不保”，要他们火速密筹，设法相救。但是，维新派手中既无军队支持，又无广大群众做后盾，只能手捧密诏，跪地痛哭。最后，谭嗣同自告奋勇地去游说袁世凯，要他在天津阅兵时，统率新建陆军诛戮荣禄等人，囚禁慈禧太后，为光绪皇帝救驾。

9月18日夜晚，悲愤不安的谭嗣同来到位于法华寺的袁世凯住所，劝说袁世凯帮助光绪皇帝，应对慈禧太后等的发难，实行变法。

袁世凯当面信誓旦旦地答应了谭嗣同的请求。谭嗣同信以为真，直到东方晨光熹微，他才告辞而归。谁知谭嗣同刚走，阴险狡诈的袁世凯就去天津向荣禄告密。荣禄得报，星夜进京直奔颐和园，向慈禧太后报告。

9月21日凌晨,慈禧太后发动政变,囚禁光绪帝于中南海瀛台,宣布临朝听政。同时下令捕拿维新党人。

这时,康有为已逃出北京,梁启超也避难于外国使馆。谭嗣同面临绝境,泰然处之。朋友们纷纷劝他出走,免遭横祸,他执意不从。大刀王五闻讯赶来,以性命相许,保他出城,也被他谢绝。他对朋友们说:"没有活着的人,无法图将来报仇复兴,没有死的人,无法报答皇上的恩情,唤起民气","各国变法,都是流了血才成功的,但是现在中国还没有听说有为变法而流血的人,这也许就是我们的祖国所以不昌盛的原因。那么,这种为变法而流血牺牲的事,就从我谭嗣同开始吧!"

9月25日,清廷提骑突然闯进了谭嗣同的住所。谭嗣同大义凛然,从容被捕。从他参政到入狱这天为止,仅仅半个月的时间。虽然身陷囹圄,但他没有丝毫的悲戚和恐惧,他用煤块在监狱的墙上愤然写出如下诗句:"望门投止思张俭,忍死须臾待杜根。我自横刀向天笑,去留肝胆两昆仑。"

在留给康有为和梁启超的绝命信中,他写道:"这次政变,是天翻地覆的大祸,我今被捕,自料必死,我死不足惜,可怕的是瓜分大祸就在眼前,我担心的是民族的命运、祖国的前途。因此,我希望大家同心杀贼,挽救危亡。我相信中国之大,民众之多,一定会有人做到这一点,嗣同虽生不能报国,死也愿为厉鬼,帮助完成这番事业。"

1898年9月28日,清朝反动当局未经任何审判,就决定以"大逆不道"的罪名把谭嗣同、康广仁、刘光第、林旭、杨锐、杨深秀六位维新志士斩首示众。当刽子手的大刀正要举起的一瞬间,昂首挺立的谭嗣同大声唤监斩官刚毅:"汝前来,吾有一言相告。"刚毅不敢前往,谭嗣同哈哈大笑,仰天长啸,口中念出四句惊天地、泣鬼神的绝命诗:"有心杀敌,无力回天。死得其所,快哉!快哉!"言罢,慷慨就义。观者无不为之动容。时人呼冤,称谭嗣同等六位志士为"戊戌六君子"。

【资料来源】

中国人民解放军装甲兵技术学院政治教研室.振兴中华的先驱:第二辑[M].济南:山东人民出版社,1984.

【思考讨论】

1. 谭嗣同的牺牲精神对当代大学生有何启示?
2. 为什么说戊戌维新是一场资产阶级性质的政治改革运动?
3. 戊戌维新运动失败的原因是什么?维新派本身的局限性表现在哪些方面?

【案例4】

辛酉政变

1861年8月22日,咸丰帝奕詝病死热河行宫,唯一的6岁儿子载淳继位,由顾命八大臣肃顺、载垣、端华等执掌政权，决定次年开始起用“祺祥”年号。咸丰懿贵妃叶赫那拉氏极欲利用圣母皇太后的身份谋夺最高统治权。她授意御史董元醇奏请皇太后垂帘擅权的计划遭到八大臣的抵制后，便与留守北京的恭亲王奕䜣勾结起来。叶赫那拉氏于10月7日供“以减其劳”为名，解除了载垣领禁卫军兵权；奕䜣再拉拢争取了掌握京畿与直鲁重兵的兵部侍郎胜保和僧格林沁的支持。

10月26日，叶赫那拉氏由热河起行，携幼帝载淳由载垣、端华跟随从间道回銮北京。咸丰帝灵柩则由肃顺走大路护送。11月1日，叶赫那拉氏一行在胜保派亲兵接应下抵京，当天即与奕䜣会昭秘商。11月2日黎明，载垣、端华刚踏入宫门，就被事先埋伏两旁的侍卫一一逮捕。肃顺扶柩到达密云时，在行馆被捕拿。3日，叶赫那拉氏任命奕䜣为议政王，桂良、文祥等人任军机大臣，组成新的军机处。7日，清廷改年号“祺祥”为“同治”，并宣布载垣等三人大逆不道等罪状，当即赐载垣、端华自缢，将肃顺斩首，景寿等五人分别罢黜或遣戍。8日，那拉氏下诏历数载垣、端华、肃顺等人的罪状，主要有：抗拒皇太后垂帘听政，不能尽心和议以致失信各国等。11日，载淳正式登基，太后听政，时年26岁的叶赫那拉氏篡夺了清朝大权，开始了她对中国48年的黑暗统治。

1861年是辛酉年，故亦称“辛酉政变”。这次政变，是一次最高统治集团中争夺执政大权的宫廷政变，但从政变时加给肃顺等人的“不尽心和议”的罪名和政变后叶赫那拉氏、奕䜣等人对外国侵略者的态度来看，它还标志着清政府向半殖民地政权的转化。

【资料来源】

http://www.people.com.cn 人民网.历史上的今天专版（原标题为“1861年11月2日慈禧太后发动祺祥政变”）

【思考讨论】

1. 试析辛酉政变发生的历史背景。
2. 辛酉政变的发生对中国社会性质有何影响？

课后习题

一、单项选择题

1. 1853年3月，太平军占领南京，定为首都，改名为（　　）。
   A. 西京　　　　B. 北京

C. 天京　　D. 金陵

2. 最能体现太平天国社会理想和这次农民起义特色的纲领性文件是(　　)。

A.《资政新篇》　　B.《天朝田亩制度》

C.《万大洪告示》　　D.《原道醒世训》

3. 1859 年,洪仁玕从香港来到天京,被封为(　　)。

A. 干王　　B. 英王

C. 翼王　　D. 忠王

4. 太平天国由盛转衰的分水岭是(　　)。

A. 天京事变　　B. 天京城外的破围战

C. 金田起义　　D. 北伐失利

5. 洋务运动时期,国内最大的兵工厂是(　　)。

A. 金陵机器局　　B. 福州船政局

C. 上海江南制造总局　　D. 天津机器局

6. 洋务运动时期,清政府的海军主力是(　　)。

A. 福建水师　　B. 北洋水师

C. 广东水师　　D. 南洋水师

7. 洋务运动时期,李鸿章的主张是(　　)。

A. "灭发、捻为先,治俄次之,治英又次之"

B. "但求外敦和好,内要自强"

C. "师夷长技以制夷"

D. "变者天下之公理也"

8. 冯桂芬对洋务派兴办洋务事业的指导思想做出比较完整表述的著作是(　　)。

A.《仁学》　　B.《劝学篇》

C.《校邠庐抗议》　　D.《盛世危言》

9. 洋务运动时期,主要培养翻译人才的学校是(　　)。

A. 京师大学堂　　B. 工艺学堂

C. 船政学堂　　D. 京师同文馆

10. 洋务运动时期,当时国内最大的造船厂是(　　)。

A. 福州船政局　　B. 天津机器局

C. 湖北枪炮厂　　D. 上海江南制造总局

11. 戊戌维新时期,梁启超的主要著述是(　　)。

A.《日本变政考》　　B.《仁学》

C.《新学伪经考》　　D.《变法通议》

12. 戊戌维新时期，严复在天津主办的报纸是（　　）。
A.《国闻报》 B.《时务报》
C.《京报》 D.《大公报》
13. 戊戌维新时期，康有为主持的重要学堂是（　　）。
A. 京师大学堂 B. 广方言馆
C. 时务学堂 D. 广州万木草堂
14. 百日维新中，光绪皇帝颁布的政令要求各省书院改为（　　）。
A. 预备学校 B. 私塾
C. 高等学堂 D. 专业学会
15. 百日维新中，光绪皇帝颁布的政令要求裁减旧式绿营兵，改练（　　）。
A. 新式海军 B. 新式陆军
C. 新式炮兵 D. 新式骑兵
16. 戊戌政变后，新政措施大都被废除，被保留下来的是（　　）。
A. 京师大学堂 B. 准许旗人自谋生计
C. 改革财政 D. 改革行政机构
17.《天朝田亩制度》中规定，农副产品的生产与分配所依据的农村基层政权组织是（　　）。
A. 甲 B. 保
C. 两 D. 伍
18. 洋务运动中，左宗棠率领的用洋枪装备的军队是（　　）。
A. 鄂军 B. 淮军
C. 新军 D. 川军
19. 洋务运动后期，洋务派官僚张之洞反复强调封建的纲常伦理不可变的著述是（　　）。
A.《劝学篇》 B.《醒世恒言》
C.《盛世危言》 D.《天演论》
20. 戊戌政变后，慈禧太后重新"垂帘听政"的名义是（　　）。
A. "军政" B. "宪政"
C. "亲政" D. "训政"

二、多项选择题

1. 金田起义后，太平军从广西一直打到江苏，其间经过的省份有（　　）。
A. 湖南 B. 湖北
C. 江西 D. 安徽
E. 四川

2.《天朝田亩制度》反映了太平天国领导者想建立的理想社会的特征是(　　)。
A. 有田同耕,有饭同食　　B. 有衣同穿,有钱同使
C. 无处不均匀,无人不保暖　　D. 均贫富,等贵贱
E. 禁朋党之弊

3. 天京事变中发生的历史事件包括(　　)。
A. 陈玉成、李秀成等青年将领被提拔　　B. 杨秀清、韦昌辉被杀
C. 石达开出走　　D. 洪仁玕开始总领朝政
E. 洪秀全病故

4. 与太平军作战的外国军队包括(　　)。
A. "常胜军"　　B. "哥萨克旅"
C. "十字军"　　D. "常捷军"
E. "骑士团"

5. 洋务运动时期,封建统治阶级的成员包括(　　)。
A. 张之洞　　B. 奕䜣
C. 曾国藩　　D. 李鸿章
E. 左宗棠

6. 洋务运动时期,洋务派创办的工艺学堂培养的专门人才包括(　　)。
A. 电报　　B. 铁路
C. 海军　　D. 矿物
E. 西医

7. 洋务运动时期,洋务派设立的翻译机构翻译的西学书籍涉及的专业包括(　　)。
A. 近代物理　　B. 近代化学
C. 近代数学　　D. 近代天文
E. 近代地理

8. 洋务运动时期,康有为向光绪皇帝进呈的介绍外国变法经验教训的书籍是(　　)。
A.《日本变政考》　　B.《俄彼得变政记》
C.《波兰分灭记》　　D.《欧游心影录》
E.《新学伪经考》

9. 百日维新中,光绪皇帝颁布的政令要求撤销三省"督抚同城"的巡抚,三省是(　　)。
A. 湖南　　B. 湖北
C. 广东　　D. 云南
E. 广西

10. 戊戌六君子包括(　　)。

A. 谭嗣同　　　　B. 梁启超
C. 林旭　　　　D. 康广仁
E. 杨深秀

三、简答题

1.《天朝田亩制度》的颁布有什么意义？
2. 洋务运动期间创办的新式学堂主要有哪些类型？
3. 洋务运动的民用企业主要通过哪些方式创办？
4. 戊戌维新运动时期，由维新派主办的影响较大的报纸有哪些？
5. "戊戌变法"时期颁布的政令中有关军事方面的规定主要有哪些？

四、辨析题

1. 太平军所进行的战争，是一次反对清政府腐朽统治和地主阶级压迫、剥削的正义战争。
2.《资政新篇》是一个具有资本主义色彩的方案。
3. 洋务派主张改变封建科举制度，以培养洋务人才。
4. 维新派与守旧派的论战，主要围绕要不要变法；要不要兴民权、设议院、实行君主立宪；要不要废八股、改科举和兴西学等问题展开。
5. 戊戌维新是一场资产阶级性质的改良运动。

五、论述题

1. 太平天国起义的历史意义是什么？
2. 洋务运动失败的原因何在？
3. 维新派本身的局限性突出地表现在哪些方面？

六、材料分析题

1. 以下是一组洋务运动时期的言论：

材料1　曾国藩说："今日和议既成，中外贸易有无交通，购买外洋器物，尤属名正言顺。购成之后，访募覃思之士，智巧之匠，始而演习，继而试造，不过一二年，火轮船必为中外官民通行之物，可以剿发捻，勤远略。"

材料2　奕䜣说："就今日之势论之，发捻交乘，心腹之患也。俄国壤地相接，有蚕食上国之志，肘腋之患也。英国志在通商，暴虐无人理，不为限制则无以自立，肢体之患也。故灭发捻为先，治俄次之，治英又次之。"

材料3　冯桂芬说："以中国之伦常名教为原本，辅以诸国强富之术。"

请回答：

(1)曾国藩所谓的“剿发捻”和“勤远略”分别指什么？

(2)参考材料2和材料3说明，洋务派兴办洋务事业的指导思想是什么？

(3)结合上述材料说明，洋务派办洋务的目的何在？

2. 以下是一组维新运动时期的言论：

材料1 张之洞说：“民权之说，无一益而有百害。无益者一：将立议院欤？中国士民至今安于固陋者尚多，环球之大势不知，国家之经制不晓，外国兴学、立政、练兵、制器之要不闻，即聚胶胶扰扰之人于一室，明者一，暗者百，游谈呓语，将焉用之？且外国筹款等事重在下议院，立法等事重在上议院，故必家有中资者乃得举议员。今华商素鲜巨资，华民又无远志，议及大举筹饷，必皆推委默息，议与不议等耳。”

材料2 谭嗣同说：“生民之初，本无所谓君臣，则皆民也。民不能相治，亦不暇治，于是共举一民为君。夫曰共举之，则因有民而后有君；君末也，民本也。”

材料3 严复说：“国者，斯民之公产也。王侯将相者，通国之公仆隶也。”

请回答：

(1)张之洞为何认为“民权无益”？

(2)参考材料2和材料3说明，维新派在政治体制改革方面的立场何在？

(3)结合材料上述说明，维新派和守旧派论战的实质是什么？

参考答案

一、单项选择题

1. C　2. B　3. A　4. A　5. C　6. B　7. B　8. C　9. D　10. A　11. D　12. A　13. D　14. C　15. B　16. A　17. C　18. B　19. A　20. D

二、多项选择题

1. ABCD　2. ABC　3. BC　4. AD　5. ABCDE　6. ABDE　7. ABCDE　8. ABC　9. BCD　10. ACDE

三、简答题

1.《天朝田亩制度》是最能体现太平天国社会理想和这次农民起义特色的纲领性文件，是起义农民提出的一个以解决土地问题为中心的比较完整的社会改革方案。从根本上否定了封建社会的基础即封建地主的土地所有制,表现了广大农民要求平均分配土地的强烈愿望,是对以往农民战争"均贫富""等贵贱"和"均平""均田"思想的发展和超越,具有进步意义。

2. 洋务运动期间创办的新式学堂主要有翻译学堂,如京师同文馆,主要培养翻译人才;工艺学堂,培养电报、铁路、矿务、西医等专门人才;军事学堂,如船政学堂等,培养新式海军人才等。

3. 洋务运动的民用企业多数采取官督商办的方式,少数采取官办或官商合办的方式。其中最重要的官督商办企业有轮船招商局、开平矿务局、天津电报局和上海机器织布局。这些官督商办的民用企业,虽然受官僚的控制,发展受到很大限制,但基本上是资本主义性质的近代企业。

4. 戊戌维新运动时期,由维新派主办的影响较大的报纸有:梁启超任主笔的上海《时务报》、严复主办的天津《国闻报》、湖南的《湘报》等。

5."戊戌变法"时期颁布的政令中有关军事方面的规定主要有:裁减旧式绿营兵,改练新式陆军;采用西洋兵制,练洋操,习洋枪等。

四、辨析题

1. 正确。

太平军所进行的战争,是一次反对清政府腐朽统治和地主阶级压迫、剥削的正义战争。

2. 正确。

《资政新篇》是一个具有资本主义色彩的方案。

3. 错误。

洋务派主张培养洋务人才,但不愿改变封建科举制度。

4. 正确。

维新派与守旧派的论战,主要围绕要不要变法;要不要兴民权、设议院、实行君主立宪;要不要废八股、改科举和兴西学等问题展开。

5. 正确。

戊戌维新是一场资产阶级性质的改良运动。

五、论述题

1. 太平天国起义虽然失败了,但它具有不可磨灭的历史功绩和重大的历史意义。

第一,沉重打击了清王朝的反动统治,强烈撼动了清政府的统治根基。

第二,太平天国革命达到了中国旧式农民战争的最高峰。

第三,冲击了孔子和儒家经典的正统权威,这在一定程度上削弱了封建统治的精神支柱。

第四,有力地打击了外国侵略势力。

第五,在19世纪中叶的亚洲民族解放运动中,太平天国起义是其中时间最久、规模最大、影响最深的一次。它和其他亚洲国家的民族解放运动汇合在一起,冲击了西方殖民主义者在亚洲的统治。

2. 洋务运动是清朝封建统治阶级中的洋务派为了维护清朝的封建统治而实行的一场自救改革运动,既具有进步性,也具有落后保守性。

洋务运动失败的原因在于:

第一,洋务运动具有封建性。洋务运动的指导思想是"中学为体""西学为用",洋务派企图在不改变中国固有的制度与道德的前提下,以吸取西方近代生产技术为手段,来达到维护和巩固中国封建统治的目的,这就严重限制了洋务运动的发展。

第二,洋务运动对外国具有依赖性。西方列强依据种种特权,从政治、经济等各方面加紧对中国的侵略控制,他们并不希望中国真正富强起来,而洋务派处处依赖外国,企图以此来达到自强求富的目的,无异与虎谋皮。

第三,洋务企业的管理具有腐朽性。洋务企业虽然具有一定的资本主义性质,但其管理却是封建式的,企业内部充斥着营私舞弊、贪污中饱、挥霍浪费等腐败现象。

洋务运动的失败说明地主阶级不能担负起中国近代化的历史重任。

3. 戊戌维新运动的失败,主要是由于维新派自身的局限和以慈禧太后为首的强大的守旧势力的反对。

维新派本身的局限性突出表现在:

第一,不敢否定封建主义。他们在政治上不敢根本否定封建君主制度,在经济上,虽然要求发展资本主义,却未触及封建主义的经济基础——封建土地所有制。

第二,对帝国主义抱有幻想。他们大声疾呼救亡图存,却又幻想西方列强能帮助自己变法维新,结果是处处碰壁。

第三,惧怕人民群众。维新派的活动基本上局限于官僚士大夫和知识分子的小圈子。他们不但脱离人民群众,而且惧怕甚至仇视人民群众,因此,运动未能得到人民群众的支持。

戊戌维新运动的失败不仅暴露了中国民族资产阶级的软弱性,同时,也说明在半殖民地半封建的旧中国,企图走统治者自上而下的改良道路,是根本行不通的。要想争取国家的独立、民主、富强,必须用革命的手段,推翻帝国主义、封建主义联合统治的半殖民地半封建的社会制度。

六、材料分析题

1. (1)镇压人民革命,即太平军和捻军;为统治阶级解除外患。

(2)以中国封建伦理纲常所维护的统治秩序为主体,用西方的近代工业和技术为辅助,并以前者来支配后者。

（3）为了购买和制造洋枪洋炮以镇压农民起义，同时也有借此加强海防、边防，并乘机发展本集团的政治、经济、军事实力的意图。

2.（1）守旧派和洋务派要维护封建君主专制制度。

（2）要兴民权，设议院，实行君主立宪。

（3）实质是资产阶级思想与封建主义思想在中国的第一次正面交锋。

第三章

Chapter 3

辛亥革命与君主专制制度的终结

学习目标

通过本章的学习，了解辛亥革命爆发的历史条件，分析革命派与改良派论战的内容与结局，充分认识近代中国革命的必要性、正义性和进步性；了解三民主义和资产阶级共和国方案，正确认识其进步意义和历史局限性；了解辛亥革命的成功与失败，认识辛亥革命是近代中国的一次历史性巨变；分析其失败的原因和经验教训，正确认识资产阶段共和国方案在中国行不通。

学习要点

1. 正确认识资产阶级民主革命的必要性和正义性。
2. 正确认识资产阶级民主革命的局限性。
3. 正确认识辛亥革命是20世纪中国第一次历史性的巨变。
4. 如何理解辛亥革命的成功与失败？
5. 如何认识资产阶级共和国方案？

教学案例

【案例 1】

辛亥革命前危机四伏的中国社会

一场席卷全国的革命大浪潮的到来,如果不具备客观的历史需要,没有深刻的社会背景,任何人都无法凭自己的主观意志把它制造出来。辛亥革命前,中国社会已陷入严重的政治、经济危机之中,危机四伏的社会使得辛亥革命的爆发成为历史的必然。

镜头一:民族危机日益加深

鸦片战争后,中国逐步演变为半殖民地半封建国家。19 世纪和 20 世纪相交的时候,这种不断沦落的步伐大大加快了。十年间,在中国土地上接连发生了三场帝国主义国家发动的战争:中日甲午战争、八国联军侵华战争和日俄战争。前两次战争都以清朝政府签订丧权辱国的条约而告终:中国对外赔款将近七亿两白银,比当时全国八年财政收入的总和还多;中国的神圣领土台湾省被日本侵占;列强还取得从北京到山海关的驻军权。后一次战争竟是两个帝国主义国家在中国东北大地上的相互厮杀,居民惨遭屠戮,庐舍化为灰烬。在此期间,列强还在中国强行划分势力范围,攫取种种特权。中国人痛切地感到国家已面临被瓜分和灭亡的直接威胁。正如陈天华在《警世钟》中所写:“要革命的,这时可以革了,过了这时没有命了!”

作为中国封建专制统治的政治代表,慈禧竭力维护的是“大清王朝”的统治,而这时,“大清王朝”已成为历史前进的绊脚石。对清政府来说,有时为了“朝廷”的利益,可以完全不顾以至牺牲国家民族的利益。八国联军侵占北京后,慈禧为了维护“大清王朝”的统治,不仅急于签订丧权辱国的《辛丑条约》,而且竟在煌煌上谕中写下“量中华之物力,结与国之欢心”的话,听凭列强予取予求。既然清朝政府把自己的利益同帝国主义侵略者紧紧联结在一起,那么,民众自然也就把反对帝国主义的爱国救亡斗争同反对清朝政府紧紧联结在一起。

镜头二:政治骗局大失人心

孙中山和革命派中的不少骨干分子,一开始也曾试图通过和平手段来促使清政府改革。1894 年孙中山上书李鸿章,提出一整套改良方案,也是因为他对李鸿章还抱有希望。然而孙中山的热切愿望换来的是李鸿章的冷遇,于是孙中山“知和平之法无可复施”,才最终坚定了革命的决心。

1901 年《辛丑条约》签订后,面对革命形势的发展,清政府为了维护统治,不得不做一些变革,实施所谓“新政”和“预备立宪”。清王朝宣布“预备立宪”时,立宪派曾大喜过望。但清政府公布的《钦定宪法大纲》无非是把君主专制制度以成文的法律形式肯定下来,并加以强化。立宪派发动了颇具规模的请愿运动,要求清政府速开国会和成立责任内阁,尽快转入君主立宪的轨道。但清王朝不能容忍自己专制权力的任何削弱和丧失,一次又一次拒绝了这种请愿要求。到立宪派准备进行第四次请愿时,清政府更严令禁止,并变本加厉地强化集权统治,成立"皇族内阁"。这使立宪派大为愤怒,梁启超在报刊上撰文痛斥清政府是"祸国殃民之政府"和"妖孽之政府"。清政府的倒行逆施,将越来越多的立宪派人士推向革命方面。

镜头三:内部矛盾愈演愈烈

清政府内部满汉权贵之间、汉族官僚集团之间、中央与地方之间的矛盾愈演愈烈。清朝入关之后,虽然极力笼络汉族官员,但骨子里是把汉人当奴才看待的。清朝统治者对汉人军队的崛起充满了猜忌心理。袁世凯任直隶总督兼北洋大臣,练成北洋六镇新军后,权势炙手可热,实力迅速膨胀,使得皇族亲贵集团深有猛虎酣睡于卧榻之旁的忧虑。1908 年光绪皇帝、慈禧太后相继死后,3 岁的溥仪入继皇位,其父醇亲王载沣监国摄政。载沣妄图回归到建立清朝皇族私家军队的旧轨,他以袁世凯有足疾为名,勒令袁世凯回河南彰德养病,随即宣布成立禁卫军,由他统率,同时代皇帝为全国陆海军大元帅,并成立陆海军联合参谋机构军咨处,派满族大臣主持建军事务,任命大量满族子弟出任新军中高级将领。这引起了汉族官僚、军阀的不满和怨恨,他们对清王朝更加离心离德。

镜头四:社会经济全面崩溃

辛亥革命前夜,社会经济也到了崩溃的边缘。清政府支付赔款主要采取两个办法,一是向各省分摊,二是回过头来再向列强寻求高息借款。对于前一种办法,1904 年,18 名各省的督抚和将军曾联名给朝廷上书称:"各省分派赔款为数甚巨……种种筹款之法,历年皆经办过,久已竭泽而渔;若再痛加搜刮,民力既不能堪,赔款仍必贻误……总之,无论如何筹捐,无非取之于民。当此之时,民心为国家第一根本,以民穷财尽之时,倘再竭力搜刮追呼,以供外国赔款,必然内怨苛政,外愤洋人,为患不堪设想。"这份出自统治集团内部的奏折,用了"竭泽而渔""民穷财尽""竭力搜刮""苛政""为患不堪设想"等与革命派揭露他们的语言非常相近的词句,可见经济状况恶化的严重程度。清政府的后一种办法,实际上也要通过向各省摊派来支付巨额的借款利息。革命派一语道破了这种恶性循环的后果:"广借外债,浪费无纪,息浮于本,积重如山。犹不知警惧,任令疆臣各自募借,其所开销复无清算,收入愈多,亏空愈大……循此以往,国力将敝。"从 1900 年到 1911 年,清政府举外债高达白银 3.4 亿两,其中铁路借款占 76.86%,财政军火借款占 14.66%。1903 年清政府财政收入 10 492 万两白银,支出 13 492 万两,亏空 3 000 万两,赤字比 1900 年以前增加一倍以上。1910 年,清政府预算支出亏空达 4 169万两。为了解决财政困难,清政府把大量赔款、偿外债转嫁给地方,把经济危机引向整个社会,加重田赋、厘金等旧税的税收,并且增添了五花八门的新税,这无疑是一种自掘坟墓的手段,最终把民众逼到造反的路上。

镜头五:大厦将倾民变四起

20 世纪初,清王朝统治下的中国社会,百业凋敝,民不聊生。江西道监察御史叶芾棠在给朝廷的奏折中写道:"士为四民之首,近已绝无生路,农、工终岁勤动,难谋一饱,商贾资本缺之，揭借者多，获利维艰，倒闭相望。城市村落，十室九空，无业游民居其大半，弱者转丁沟壑，强者流为盗贼，土匪蠢动，此灭彼兴。民不聊生，何堪搜括。加以各省水旱蝗蝻，哀鸿遍野，徐、海饥民数百万，遮蔽江、淮，困苦流离，生无所赖。万一揭竿并起，滋蔓难图……大患岂堪设想。"民众无法生活下去，抗捐抗税、抢米风潮、会党与农民起义等遍布全国城乡，连绵不断。据不完全统计，1902～1911 年，全国各地彼伏此起的大规模民变多达 1 300 余起。它削弱了清政府的统治，为辛亥革命的爆发创造了客观的社会环境和群众基础。到辛亥革命前夕，人们对清王朝的这种不满和愤怒愈加发展。这连外国人也看出来了。长沙关税务司伟克非在给总税务司安格联的信中写道："毫无疑问，大多数老百姓是希望换个政府的，不能就说他们是革命党，但是他们对于推翻清朝的尝试是衷心赞成的。""我看在不久的将来，一场革命是免不了的，现在已经公开鼓吹革命，并且获得普遍的同情，而政府并没有采取任何预防措施，却尽在瞎胡闹。"当时的清政府，正如孙中山所形容的："可以比作一座即将倒塌的房屋，整个结构已从根本上彻底地腐朽了，难道有人只要用几根小柱子斜撑住外墙就能够使那座房屋免于倾倒吗？"革命形势已经成熟。

【资料来源】

[1]金冲及，龚书铎，李文海. 中国是怎样走向共和的？[N]光明日报，2003-08-12.

[2]李文海，刘仰东. 辛亥时期的志士仁人为什么选择了革命？——纪念孙中山先生诞辰130 周年[J]. 中国人民大学学报，1997(1)：54-60，126，127.

[3]金冲及. 辛亥革命：二十世纪中国的第一次历史巨变[N]. 人民日报，2001-10-09.

[4]沙健孙，龚书铎，李捷. "中国近现代史纲要"教师参考书[M]. 修订版. 北京：高等教育出版社，2008.

【思考讨论】

1. 辛亥革命前，中国社会严重的政治、经济危机有哪些具体表现？如何理解造成这种局面的原因？

2. 如何认识辛亥革命的爆发是历史的必然？

【案例 2】

清帝退位记

1912 年 2 月 12 日是历史上一个不寻常的日子。这天清晨，北风呼啸，天寒地冻，在紫禁城的养心殿上，清朝统治者举行了最后一次朝见仪式——颁发退位诏书。隆裕太后带着六岁的小皇帝溥仪端坐金銮宝座之上，接受胡惟德、赵秉钧、梁士诒等一班国务大臣及内阁成员的三鞠躬新礼，然后，由满面戚容、眼噙泪花的隆裕太后将三道退位诏书交给外务大臣胡惟德，颁布天下，从而结束了清朝 268 年的封建统治。

清帝的逊位与共和政体的创立，不仅是辛亥革命的伟大成果，也包含着一个封建统治集团内部争夺最高权位的错综复杂的斗争故事。

武昌起义发生后,各省闻风响应,纷纷独立。清廷无力控制局势,在列强及朝中亲袁势力的内外压力下,不得不起用闲置了数年的袁世凯为内阁总理,授以军政全权,来平息动乱。而袁氏久蓄取清室而自代的野心,趁此时机,一方面以清政府为工具压迫革命党,迫其就范投降;另一方面,又借革命力量威胁清政府,逼其交出一切权力。时人称之为新式曹操。袁世凯密令北洋军在拿下汉口、汉阳之后,即停战议和。南北议和其实只不过是革命党与袁世凯之间如何处置清廷的一桩交易罢了,其关键有两个互为前提的条件:一是南方许诺袁世凯为民国大总统;二是袁世凯答应迫使清帝退位。

袁世凯开始加紧进行“逼宫”,迫使清帝退位。

1月16日,袁世凯亲自出马。他以内阁总理的身份,率全体国务大臣联衔上奏清廷,宣称清廷大局岌岌可危。奏曰:“战地范围,过为广阔,几于饷无可筹,兵不敷遣,度支艰难,计无所出,筹款之法,罗掘俱穷……常此迁延,必有内溃之一日。倘大局至此,虽效周室之播迁,已无相容之地。”南方民军“万众之心,坚持共和,别无可议”。各国列强因此次战祸而贸易损失不小,“若其久事争持,则难免不无干涉”,希望清廷“俯鉴大势,以顺民心”,否则将出现法国革命那样不堪设想的后果。“读法兰西革命之史,如能早顺舆情,何至路易之子孙,靡有孑遗也。”革命党人事先得到袁世凯将入宫的消息,于是由张先培等11人执行任务,分3个行动小组,沿必经之路王府井丁字街两旁设下埋伏。就在袁世凯离宫回府的途中,张先培等人投下一枚炸弹,弹发不中,袁世凯乘机称病,不再入朝,隐于幕后操纵“逼宫”活动。

在袁世凯内阁要求下,从1月17日起,清廷即召开御前会议,商讨对策。贝子溥伦首先提出清帝“自行逊位”和让袁世凯做总统的主张,得到庆亲王奕劻的附和,而恭亲王溥伟等人则表示反对。隆裕毫无主意,唯抱宣统皇帝痛哭。19日,内阁开会。溥伟虽然高唱“乘胜痛剿”的调子,但无人敢和。胡惟德、赵秉钧和梁士诒诸人却奏称:“人心已去,君主制度恐难保全,恳赞同共和,以维大局。”隆裕遂于同日再开御前会议,胡、赵、梁又提出拟由袁世凯在天津另组临时政府之议,受到与会王公亲贵一致反对,结果不欢而散。

这时,朝廷内部亲袁与反袁的势力都围绕清帝退位和接受共和政体与否的问题大做文章。除内阁成员全属袁氏一派外,奕劻、溥伦、太监小德张等人也被袁世凯重金收买,他们对隆裕极尽威吓哄骗之能事,必欲其退位让权而后快。

主张抵制共和、排袁捍清的则是载泽(辅国公,前度支部大臣)、良弼(原禁卫军协统)等一群王公亲贵。早在武昌起义之初,他们就叫喊要以亲贵督师,大张挞伐,反对起用袁世凯。袁世凯上台后,始而将载泽等皇族排出内阁,继而又命冯国璋统禁卫军,收掉了亲贵们的兵权。于是,受到排挤的王公亲贵们结合为宗社党,内则煽动主要由满族官兵组成的禁卫军,外则勾结陕甘总督长庚和署理陕西巡抚升允,反对革命,也抗拒袁世凯。1月中旬,他们又组成君主立宪维持会,企图让袁世凯辞职,由载泽等重新组织皇族内阁,由良弼任总司令,进行垂死挣扎。

1月20日，南京政府正式向袁世凯提交了清帝退位的优待条件，促清室让权。22日，隆裕召开御前会议。与会的载沣、溥伟、载泽等亲贵王公皆力主君主立宪，反对民主共和。他们攻击奕劻误国，要隆裕太后以宫中金银器皿为战费，任用冯国璋破敌。但隆裕这时已失去了胆量，她说："胜了固然好，要是败了，连优待条件都没有，岂不是要亡国吗？"溥伟见太后不依，又不自量力地要求皇上赏兵"情愿杀敌报国"。可当太后问其兵力情况时，他却答称："奴才没有打过仗，不知道。"太后无奈，又不愿退位，于是寄希望于国会解决政体问题。

袁世凯见清廷不肯就范，忙向隆裕奏道："如改为国会议决国体，则优待皇室条件，似亦应由国会议定，能否照前优隆，臣未敢预决。"同时，暗示手下人掀起请愿共和的风潮。1月25日，杨度在京组成"共和促进会"，发表宣言，对阻挠共和的亲贵王公以猛烈抨击，声言唯有共和才能保全皇室和国家。次日，段祺瑞率领前线北洋将领46人联名电奏清廷，指斥溥伟、载泽阻挠共和，要求降旨宣示中外，立定共和政体。王公亲贵们接到这个电报，人人变色。无人敢有异词。当日晚，又发生了革命党人彭家珍炸毙良弼的事件，宗室王公益发人人自危，纷纷逃离北京。隆裕太后更是胆战心惊，对赵秉钧等人说："我母子二人性命，都在你三人手中，你们回去好好对袁世凯说，务要保全我们母子二人性命。"自此清廷彻底向袁世凯妥协。2月3日，隆裕授袁世凯以全权，与南京商酌退位条件。清廷完全把自己的命运交给了袁世凯。

4日，袁世凯将他改定的《大清皇帝优礼条件》电告伍廷芳，其第一款即有"大清皇帝尊号相承不替"的话。南京临时参议院经过讨论，将袁世凯送来的条件改称为《关于清帝逊位优待之条件》，在具体条文中，均特别点明"辞位"二字。双方经过进一步商榷后，最后确定优待条件八项，主要内容有：清帝辞位后，其尊号仍存不废，民国以待外国君主之礼待之；暂居故宫，日后移居颐和园；皇室岁费四百万两(元)，由民国拨给；其宗庙陵寝永远奉祀；其原有私产，由民国特别保护；原禁卫军归民国陆军部编制，额数俸饷仍如其旧。

此外，还规定了《关于清皇室待遇之条件》四条，《关于满蒙回藏各族待遇之条件》七条。这一优待条件虽然删除了"大清皇帝尊号相承不替"等字样，但仍然是革命党人与封建势力妥协的产物。

2月11日，隆裕认可优待条件，决定清帝退位，12日，以宣统皇帝名义下诏三道。第一是清帝退位诏，此诏由南方起草后电告北京，袁世凯蓄意加入"即由袁世凯以全权组织临时共和政府"之句，以示政权得自清室，并防革命党人不能践约让总统之位于他；第二诏是公布优待条件；第三诏是劝谕臣民。袁世凯在外交大楼正厅里恭恭敬敬地接过诏书，到场的100多位官员个个神色严肃。当天晚上，袁世凯令人剪去自己的辫子。次日，北京各家报纸争先恐后地把《清帝退位诏书》全文发表。于是，北京城内街头巷尾，人们拱手相告："共和了！""皇上退位了！"

北京城收起了龙旗，换成了五色旗。

【资料来源】

[1]程为坤.清帝退位记[J].紫禁城,1987(6):21.

[2]张海鹏,李细珠.中国近代通史:第5卷[M].南京:凤凰出版传媒集团,江苏人民出版社,2006.

[3]廖大伟.1912:初试共和[M].北京:学林出版社,2004.

【思考讨论】

1. 如何认识辛亥革命推翻封建帝制的历史意义?

2. 如何认识封建统治集团内部围绕清帝逊位问题展开的错综复杂的斗争?

【案例3】

民国初期南京留守府的建立和裁撤

1912年1月1日,以孙中山为首的革命派在南京建立具有划时代意义的临时政府。同年4月1日,在袁世凯等旧官僚和立宪派的压力下,孙中山正式辞职,临时政府北迁。南方革命派与北方守旧势力在第一轮的较量中处于下风。不过,袁世凯取得了总统的宝座,不等于就赢得了统治全国的实权;孙中山让出了总统的位置,也不等于革命势力就此消灭。南京留守府的建立和裁撤即是南北两派又一回合的斗争和较量。

同年3月10日,袁世凯在北京宣誓就职临时大总统。3月13日,唐绍仪被任命为内阁总理,由南北各派分享政权。但在内阁人员问题上,发生了争执,尤其是关键性的陆军总长一席。袁世凯及其亲信推出段祺瑞,并强硬提出"非段祺瑞长陆军,世凯即辞总统之职"。南方军政界则期望黄兴继任陆军总长一职。南北双方争执不下时,黄兴乃于3月28日传集各军将校,竭力劝说不要再争,竟至声泪俱下。3月29日,袁世凯任命段祺瑞为陆军总长,但慑于南方民气不可侮,同日又任命黄兴为参谋总长。袁世凯命令发布后,黄兴通电力辞。袁世凯乃于3月31日任命黄兴为南京留守。4月6日,南京留守府正式成立。按照4月13日公布的《南京留守条例》,南京留守"直隶大总统,有维持整理南方各军及南京地面之责",表面上似乎权力很大,但由于财政大权控制在袁世凯的手里,实际难有作为。同时,条例又规定,"俟南方军队整理就绪,即行裁撤",可见,留守府只是一个暂时的军事善后机关,袁世凯无非是想借黄兴之手,来裁遣南方军队。

南京留守府的成立是南北两派相互妥协的产物。辛亥革命中,南方起义各省建立了番号和称呼不一的军队。这些军队在辛亥革命过程中揭竿而起,仓促组成。总额达80个师,成分也较庞杂。在南京一带,陆军部就掌握了16个师及一些杂编军队,达20万人。如此庞大的军力令袁世凯不得不有所顾忌。为了防止南军不满而爆发不利于自己的行动,袁世凯需要深得南军拥护的黄兴来稳定南方的局势,并替他遣散南方的军队。

早在南京临时政府结束期间,黄兴即已着手整编军队。他先后将驻在苏、皖、浙、闽的军队编成26个师,5个军。4月11日南京兵变事件的发生,更坚定了他裁遣军队的想法。这天夜里,黄兴正在上海与唐绍仪商议要事,南京第七师所部赣军,因欠饷发生兵变,在白门桥、太平桥一带抢劫。待12月天明黄兴回到南京时,驻宁各军已及时镇压了兵变。黄兴严酷地处分了这次兵变,被判死刑者达二百多名。这一事件使黄兴懂得了有兵无饷的严重危险,因而加紧裁遣军队。在兵变后的一个月内,除将赣军缴械押回原籍外,又将桂军六大队及粤军一部遣散回籍,浙军全部调回原籍,同时也抓紧了江苏本地区的军队的裁遣。南京留守府在军饷极端困难的情况下,积极裁军,换来的却是袁系和拥袁势力的横加指责。他们诬称南京留守一职妨害统一,指责黄兴有割据东南的野心。袁世凯的参谋次长陈宦就曾扬言:"留守机关裁撤,民国即号称统一。"对于北方咄咄逼人的攻势,南方革命党人的反应却十分软弱。早在武昌首义成功后,南方革命派内部派系分歧和争权夺利就日益尖锐,消极涣散的态势也日趋明显。革命的暂时胜利使不少同盟会员的革命精神大大减弱。自南京临时政府被裁撤后,向袁世凯势力妥协的势头更占了上风,连革命派的领导人孙中山也决心专事"实业救国",为在10年内建成10万公里的铁路而奋斗;宋教仁则就职农林部长,谋求合法和平的政党政治。高层领导人对军权和军事斗争的麻痹和整个革命派进取意识的减弱,无法为南京留守府提供强有力的支持。虽然黄兴对于袁世凯排挤、打击、分化同盟会的种种手段不无愤慨,但他同样缺乏整军经武、备战应变的雄心,而且认为"南北一家,兄弟一体",故素怀归隐之志,打算功成身退。他希望"但能以政见相折冲,不愿以武力相角逐",何况中国再也受不了破坏的震荡,"倘再经一次破坏,波兰、埃及岂可免耶?"在这种思想支配下,面对无法解决的财政困难和反对派的攻击,黄兴于5月13日致电袁世凯,请求准予销职。

与此同时,黄兴对于江苏驻军的裁遣整编事宜做了规划,准备于两月内缩编兵数三分之一,将第一军、第二军划归陆军部直辖,其余除三十九旅划归山东外,交江苏都督统辖整顿。为了抵制列强利用借款监督中国财政的图谋,黄兴一面积极提倡国民捐,一面以爱国相号召,动员退伍。他的逻辑是,借款是因为财政困难,而财政困难又是因为军饷负担太重,因此,解甲归田就成了避免借债亡国的爱国行动了。至6月初,裁遣军队已达七八万人。但是,时局仍有隐忧,不能不多少考虑应变的问题。于是,革命党人为保存革命实力计,将所有遣散部队的优秀军官及精良武器组成一师,定名为第八师,该师从师长以下至营连长,都是在日本陆军士官学校和保定军官学校毕业的同盟会会员。然而,一方面号召爱国退伍,一方面又招兵充实基干部队,引起了军队中的思想混乱和不满情绪。结果,留守府被迫停止充实第八师,并将招兵的团长何遂撤职。

袁世凯表面上挽留黄兴,实际上则在考虑如何稳妥地接收留守府。北京政府与银行团的垫款合同签订后,袁世凯即于5月18日电告张謇准备裁撤留守府,拟派陆军部次长蒋作宾赴宁与黄兴面商善后,要张謇即日面商江苏都督程德全,考虑江苏方面接收留守府军队的办法。张謇因病仅以密电转告程德全。程德全得悉袁世凯拟裁撤留守府后,即电告袁世凯,黄兴处处力求收束,并无"积极"思想,要袁世凯不要操之过急,以免引起军队猜疑。于是,袁世凯以挽留黄兴为名派蒋作宾前往南京。

蒋作宾抵宁后,向黄兴出示了与银行团签订的垫款合同。黄兴获悉合同的严酷条件后,即通电表示强烈反对,并且与财政总长熊希龄发生严重冲突。但是,黄兴既然拒绝银行团借款,自无法再向财政拮据的中央政府要钱,军饷问题当然更无法解决,于是不得不坚决要求辞职。蒋作宾与程德全商量后,都不赞成他即时解职,决定由蒋作宾电袁世凯要求拨款。袁世凯虽然同意请黄兴暂时维持,但除垫款外根本拒绝拨款。蒋作宾不得不电商程德全,请他来宁接收留守机关,以便获得中央军费,抚绥充满危机的军队,黄兴也荐程自代,程德全最后同意了蒋作宾的办法。袁世凯遂于5月31日发布命令:"所有南京留守机关,俟程德全到宁接收后,准即取消。"

同盟会许多人对黄兴消极引退是不满的。陈其美亲由上海赶到南京,劝黄兴留任,并加紧活动,力求控制江苏。在他的主持下,苏州革命党人柳承烈等组织"洗程会",准备策动先锋营发难,推倒程德全,可惜事机不密,为程德全所破。同盟会老将谭人凤为挽救不利局面,特于6月4日致电袁世凯,要求收回成命,或改委留守为江苏都督。同盟会南京支部也相继采取同样步骤,要求任黄兴为江苏都督。但此时程德全的地位已无可动摇。6月14日,黄兴通电解职。

南方革命派一让总统,交出了政权;二辞留守,交出了兵权。南方军队的大量裁减,造成了军力北强南弱的对比形势。南京留守府的裁撤成为南北双方实力消长演变的重要分水岭。

【资料来源】

[1]李新,李宗一. 中华民国史:2编第1卷[M]. 北京:中华书局,1987.

[2]张爱华,欧七斤. 略论民初南京留守府[J]. 上海师范大学学报,2003(2):53-57.

[3]张宪文. 中华民国史:第1卷[M]. 南京:南京大学出版社,2005.

【思考讨论】

1. 为什么说民国初南京留守府的成立是南北两派相互妥协的产物?如何评价这种妥协?

2. 如何认识南京留守府被裁撤的原因?为什么说南京留守府的裁撤成为南北双方实力消长演变的重要分水岭?

课后习题

一、单项选择题

1. 下列各项中,不属于1901年清政府实行的"新政"内容的是(　　)。

   A. 派遣留学生　　　　B. 裁撤军机处

   C. 编练新军　　　　　D. 奖励实业

2. 1903年6月,(　　)在上海《苏报》发表《驳康有为论革命书》,批驳康有为所谓"中国之可立宪,不可革命"的谬论。

   A. 陈天华　　　　　　B. 邹容

C. 章炳麟　　D. 梁启超

3. 1903 年邹容写的(　　)是中国近代史上第一部宣传革命和资产阶级共和国思想的著作。

A.《猛回头》　　B.《警世钟》

C.《革命军》　　D.《驳康有为论革命书》

4. 中国近代第一个资产阶级革命政党是(　　)。

A. 强学会　　B. 兴中会

C. 同盟会　　D. 国民党

5. 同盟会的机关刊物是(　　)。

A.《民报》　　B.《新民丛报》

C.《苏报》　　D.《国民报》

6. 孙中山三民主义思想的核心是(　　)。

A. 驱除鞑虏　　B. 恢复中华

C. 创立民国　　D. 平均地权

7. 1905 年 11 月,孙中山在《民报》发刊词中将中国同盟会的政治纲领概括为(　　)。

A. 创立民国、平均地权　　B. 驱除鞑虏、恢复中华、创立合众政府

C. 民族主义、民权主义、民生主义　　D. 联俄、联共、扶助农工

8. 武昌起义前同盟会领导的影响最大的武装起义是(　　)。

A. 广州起义　　B. 萍浏醴起义

C. 镇南关起义　　D. 黄花岗起义

9. 辛亥革命爆发前,长期深入湖北新军做宣传组织工作的是(　　)。

①日知会　②兴中会　③文学社　④同盟会　⑤共进会　⑥保路同志会

A. ①⑤　　B. ④⑥

C. ③④　　D. ③⑤

10. 武昌起义的导火线是(　　)。

A. 黄花岗起义　　B. 萍浏醴起义

C. 保路运动　　D. 广州起义

11. 1912 年 1 月 1 日,孙中山在(　　)宣誓就职,宣告中华民国正式成立。

A. 北京　　B. 南京

C. 广州　　D. 上海

12. 中国历史上第一部具有资产阶级共和国宪法性质的法典是(　　)。

A.《钦定宪法大纲》　　B.《中华民国临时约法》

C.《中华民国约法》　　D.《试训政纲领》

13. 中华民国元年是(　　)。

A. 1910 年　　B. 1911 年

C. 1912 年　　D. 1913 年

14. 辛亥革命取得的最大成就是(　　)。

A. 推翻了封建帝制　　B. 促进了资本主义的发展

C. 使人民获得了一些民主自由权利　　D. 打击了帝国主义的殖民势力

15. 下列关于辛亥革命历史意义的表述,不正确的一项是(　　)。

A. 推翻了清王朝,结束了中国两千多年的封建制度

B. 打击了帝国主义侵略势力,使其难以在中国建立稳定的统治秩序

C. 为民族资本主义的发展创造了条件

D. 使民主共和观念深入人心

16. 1912 年 8 月,宋教仁为推行政党政治和建立责任内阁制,以同盟会为基础,联合其他党派在北京组成(　　)。

A. 中华革命党　　B. 国民党

C. 统一共和党　　D. 国民共进会

17. 二次革命失败的最重要原因是(　　)。

A. 革命党人军队不足　　B. 国民党力量涣散

C. 袁世凯军队强大　　D. 袁世凯得到帝国主义的支持

18. 1914 年 7 月孙中山在东京成立了(　　),组织武装反袁。

A. 中国同盟会　　B. 国民党

C. 兴中会　　D. 中华革命党

19. 1915 年,(　　)在云南率先举起反袁护国的旗帜,发动护国战争。

A. 黄兴　　B. 段祺瑞

C. 蔡锷　　D. 孙中山

20. 资产阶级革命派开展护国运动的主要原因是(　　)。

A. 袁世凯指使刺杀宋教仁　　B. 袁世凯强迫国会选举他为正式大总统

C. 袁世凯解散国会　　D. 袁世凯复辟帝制

21. 在 1840 年至 1919 年期间,比较完全意义上的资产阶级民主革命是(　　)。

A. 辛亥革命　　B. 戊戌维新运动

C. 太平天国革命　　D. 义和团运动

22. 袁世凯为复辟帝制不惜出卖主权,与日本签订了卖国的(　　)。

A. 中日共同防敌军事协定　　B. 承认外蒙自治

C. "二十一条"　　D. 出让川汉、粤汉铁路

23. 袁世凯死后,中国出现军阀割据局面的社会根源是(　　)。

A. 半殖民地半封建的社会性质　　B. 军阀拥有武装

C. 帝国主义扶植军阀　　D. 军阀派系之间的矛盾

24. 袁世凯死后,英美帝国主义扶植的军阀主要有( )。

①直系 ②皖系 ③奉系 ④滇系 ⑤桂系

A. ①②③ B. ②④⑤

C. ①④⑤ D. ②③

25. "府院之争"中,美国支持黎元洪反对中国参加第一次世界大战的目的是( )。

A. 加强中立国力量 B. 抵制皖系势力

C. 扶植黎元洪当总统 D. 防止日本独霸中国

26. 1917 年孙中山针对( )指出"以假共和之面孔,行真专制之手段",并举起"护法"旗帜。

A. 黎元洪 B. 张勋

C. 张作霖 D. 段祺瑞

27. 标志着整个中国民族资产阶级领导的旧民主主义革命终结的是( )。

A. 二次革命的失败 B. 护国运动的失败

C. 护法运动的失败 D. 保路风潮的失败

28. 辛亥革命爆发以后,英国乘机策动叛乱,企图分裂我国的( )。

A. 西藏 B. 新疆

C. 蒙古 D. 外蒙古

29. 一战期间,中国民族工业发展最快的是( )。

A. 化工和火柴 B. 纺织和面粉

C. 造纸和纺织 D. 榨油和制瓷

30. 20 世纪初主张"实业救国"的著名实业家楷模是( )。

A. 张謇 B. 周学熙

C. 荣宗敬 D. 荣德生

二、多项选择题

1.《辛丑条约》的签订,标志着( )。

A. 清政府政府彻底放弃了抵抗外国侵略者的念头

B. 清政府政府甘当"洋人的朝廷"

C. 国人对清政府更为失望

D. 中国半殖民地半封建社会的格局基本形成

2. 清末"新政"的内容包括( )。

A. 设立商部、学部、巡警部等中央行政机构

B. 裁撤绿营,建立新军

C. 颁布商法商律,奖励工商

D. 颁布新的学制

3. 20 世纪初,在民主革命思想传播过程中建立的资产阶级革命团体有(　　)。

A. 华兴会　　B. 光复会

C. 兴中会　　D. 同盟会

4. 20 世纪初,传播民主革命思想的书籍纷纷涌现,其中包括(　　)。

A.《革命军》　　B.《猛回头》《警世钟》

C.《变法通议》　　D.《驳康有为论革命书》

5. 20 世纪初,宣传资产阶级民主革命思想的主要人物有(　　)。

A. 康有为　　B. 章炳麟

C. 邹容　　D. 陈天华

6. 同盟会的政治纲领是(　　)。

A. "驱除鞑虏,恢复中华,创立民国,平均地权。"

B. 民族主义

C. 民权主义

D. 民生主义

7. 中国同盟会纲领中涉及的问题有(　　)。

A. 推翻满洲贵族的统治　　B. 建立资产阶级共和国

C. 驱逐占据中国的帝国主义势力　　D. 提出了资本主义的土地纲领

8. 1905 年至 1907 年间,资产阶级革命派与改良派论战的主要议题是(　　)。

A. 要不要以革命手段推翻清王朝　　B. 要不要推翻帝制,实行共和

C. 要不要社会革命　　D. 要不要废科举和兴西学

9. 策划武昌起义的革命党领导人是(　　)。

A. 黄兴　　B. 黎元洪

C. 蒋翊武　　D. 孙武

10.《临时约法》的内容包括(　　)。

A. 中华民国主权属于国民全体

B. 人民享有各项权利

C. 实行总统制,总统有行政、立法、司法权

D. 国家体制实行内阁制

11. 南京临时政府的局限性表现为(　　)。

A. 承认清政府与列强所订的一切不平等条约和一切外债有效

B. 没有提出任何可以满足农民土地要求的政策和措施

C. 维护封建土地制度以及官僚、地主所占有的土地财产

D. 主体是资产阶级革命派

12. 为了防范袁世凯的独裁野心,1912 年 2 月 14 日,临时大总统孙中山在给临时参议院的辞

职咨文中提出辞职的附加条件是(　　)。

A. 袁世凯承认共和
B. 临时政府设在南京
C. 新总统到南京就职
D. 新总统要遵守《中华民国临时约法》

13. 南京临时政府成立后,帝国主义列强对它采取的孤立和敌视政策是(　　)。

A. 公然要挟清政府派兵镇压
B. 不承认南京临时政府
C. 增派军队进行武力威胁
D. 扣留中国海关税收

14. 辛亥革命失败后,资产阶级革命派为挽救革命成果而进行的斗争主要有(　　)。

A. 二次革命
B. 护国运动
C. 护法运动
D. 保路风潮

15. 袁世凯篡夺辛亥革命胜利果实的主要原因是(　　)。

A. 帝国主义和国内封建势力的支持
B. 袁世凯拥有强大的军事力量
C. 袁世凯假意赞成共和
D. 资产阶级的软弱性

16. 以袁世凯为首的北洋军阀投靠帝国主义的表现为(　　)。

A. 出卖路权、矿权,大肆借款,并签订众多不平等条约
B. 与列强签订"善后大借款"合同,使列强控制和监督中国财政
C. 基本接受日本提出的严重损害中国权益的"二十一条"
D. 以各种手段兼并土地,对农民征收苛捐杂税

17. 袁世凯死后,北洋军阀分裂为(　　)。

A. 皖系
B. 直系
C. 奉系
D. 桂系

18. 得到日本支持的军阀有(　　)。

A. 段祺瑞
B. 冯国璋
C. 张作霖
D. 黎元洪

三、简答题

1. 简述资产阶级革命派形成的阶级基础。
2. 简述资产阶级革命派所进行的宣传和组织工作。
3. 三民主义学说的基本内容是什么?
4. 简述三民主义的影响。
5. 资产阶级革命派和改良派关于革命与改良的辩论的主要内容和意义是什么?
6. 简述资产阶级革命派和改良派的辩论所暴露出的革命派在思想理论方面的弱点。
7. 简述武昌起义和各省政权更迭过程中革命所蕴含的危机。
8. 袁世凯是怎样窃取辛亥革命胜利果实的?
9. 以袁世凯为首的北洋军阀的专制统治的主要表现是什么?

10. 简述孙中山为挽救共和进行的斗争。

四、辨析题

1. 辛亥革命胜利了又失败了。
2. 中国同盟会政纲是中国近代史上第一次提出的彻底的反帝反封建的革命纲领。
3. 辛亥革命是一次比较完全意义上的资产阶级民主革命。
4.《中华民国临时约法》是中国历史上第一部具有资产阶级共和国宪法性质的法典。
5. 袁世凯的去世是造成北洋军阀迅速分裂的根本原因。

五、论述题

1. 辛亥革命爆发的历史条件是什么?
2. 革命派和改良派论战中是如何论述革命的必要性、正义性、进步性的?
3. 为什么说孙中山领导的辛亥革命引起了近代中国的历史性巨大变化?
4. 论述辛亥革命是一次完全意义上的资产阶级民主革命。

六、材料分析题

材料1 自从一八四〇年鸦片战争失败那时起,先进的中国人,经过千辛万苦,向西方国家寻找真理。洪秀全、康有为、严复和孙中山,代表了在中国共产党出世以前向西方寻找真理的一派人物。那时,求进步的中国人,只要是西方的新道理,什么书也看。向日本、英国、美国、法国、德国派遣留学生之多,达到了惊人的程度。国内废科举,兴学校,好像雨后春笋,努力学习西方。我自己在青年时期,学的也是这些东西。这些是西方资产阶级民主主义的文化,即所谓新学,包括那时的社会学说和自然科学,和中国封建主义的文化即所谓旧学是对立的。学了这些新学的人们,在很长的时期内产生了一种信心,认为这些很可以救中国,除了旧学派,新学派自己表示怀疑的很少。要救国,只有维新,要维新,只有学外国。那时的外国只有西方资本主义国家是进步的,它们成功地建设了资产阶级的现代国家。日本人向西方学习有成效,中国人也想向日本人学。在那时的中国人看来,俄国是落后的,很少人想学俄国。这就是十九世纪四十年代至二十世纪初期中国人学习外国的情形。

——毛泽东:《论人民民主专政》(1949 年 6 月 30 日)

材料2 在救亡图存运动中,一些先进的中国人曾经把目光转向西方寻求救国救民的道路,在中国发动资产阶级民主革命。1911 年中国民主革命的先行者孙中山先生领导的辛亥革命,终结了统治中国两千多年的君主专制制度。但是,辛亥革命后试图模仿西方民主制度模式建立的资产阶级共和国,包括议会制、多党制等,并没有实现中国人民要求独立、民主的迫切愿望,很快就在中外各种反动势力的冲击下归于失败。时人悲愤地感叹道:"无量头颅无量血,可怜购得假共和。"中国人民仍然处于被压迫、被奴役、被剥削的悲惨境地。中国的出路在哪里?

中国人民在黑暗中思考着、摸索着、奋斗着。

——中华人民共和国国务院新闻办公室:《中国的民主政治建设》(2005 年 10 月 19 日)

请根据以上材料思考下列问题:

1. 试比较康有为、孙中山"向西方寻找真理"的途径和选择有何不同。

2. "日本人向西方学习有成效,中国人也想向日本人学"反映的是哪一派政治人物的主张?他们的主张是怎样实践的?结局如何?

3. 为什么辛亥革命"没有实现中国人民要求独立、民主的迫切愿望"?

参考答案

一、单项选择题

1. B 2. C 3. C 4. C 5. A 6. C 7. C 8. D 9. D 10. C 11. B 12. B 13. C 14. A 15. B 16. B 17. B 18. D 19. C 20. D 21. A 22. C 23. A 24. C 25. D 26. D 27. C 28. A 29. B 30. A

二、多项选择题

1. ABCD 2. ABCD 3. AB 4. ABD 5. BCD 6. ABCD 7. ABD 8. ABC 9. CD 10. ABD 11. ABC 12. BCD 13. BCD 14. ABC 15. ABCD 16. ABCD 17. ABC 18. AC

三、简答题

1. 19 世纪末 20 世纪初,中国民族资本主义得到了初步的发展。随着民族资本主义企业发展数量的增多和规模的扩大,民族资产阶级及与它相联系的社会力量也有了较大的发展。民族资产阶级为了冲破帝国主义、封建主义的桎梏,发展资本主义,需要自己政治利益的代言人和经济利益的维护者。这正是资产阶级革命派形成的阶级基础。

2. 历史进入 20 世纪,随着一批新兴知识分子的产生,各种宣传革命的书籍报刊纷纷涌现,民主革命思想得到广泛传播。

1903 年,章炳麟发表了《驳康有为论革命书》,反对康有为的保皇观点,强调中国人民完全有能力建立民主共和制度。邹容创作了《革命军》,阐述在中国进行民主革命的必要性和正义性,号召人民推翻清朝统治,建立"中华共和国"。陈天华创作了《警世钟》《猛回头》两本小册子,痛陈帝国主义侵略给中国带来的沉重灾难,揭露清政府已经成了帝国主义统治中国的工具,号召人民推翻清政府。

在资产阶级革命思想的传播过程中,资产阶级革命团体也在各地相继成立。从1904年开始,出现了10多个革命团体,其中重要的有华兴会、科学补习所、光复会等。这些革命团体的成立为革命思想的传播及革命运动的发展提供了不可缺少的组织力量。

3.“三民主义”即民族主义、民权主义、民生主义三大主义。

民族主义包括“驱除鞑虏,恢复中华”两项内容。一是要以革命手段推翻清朝政府,改变它一贯推行的民族歧视和民族压迫政策;二是追求独立,建立民族独立的国家。

民权主义的内容是“创立民国”,即推翻封建君主专制制度,建立资产阶级民主共和国。

民生主义即“平均地权”,也就是社会革命,它主张核定全国地价,其现有之地价,仍属原主,革命后的地价,则归国家,为民共享。国家还可以按原定地价收买地主的土地。

4. 三民主义学说初步描绘出中国的资产阶级共和国方案,是一个比较完整而明确的资产阶级民主革命纲领。它的提出,对推动革命的发展产生了重大而积极的影响。

5. 资产阶级革命派和改良派关于革命与改良的辩论的主要内容是要不要以革命手段推翻清王朝;要不要推翻帝制,实行共和;要不要社会革命。

资产阶级革命派和改良派关于革命与改良的辩论的意义:论战划清了革命与改良的界限,传播了民主革命思想,促进了革命形势的发展。

6. 没有提出明确的反帝主张,对“革命是否会招致帝国主义干涉”的问题不敢做出理直气壮的正面回答,只是希望通过“有秩序的革命”来避免动乱和帝国主义的干涉。

没有发动广大人民群众,他们所说的“国民”,主要还是指资产阶级及其知识分子,而不是广大的劳动群众。

没有提出符合中国国情的土地改革制度,他们对封建地主土地所有制是否应该改革的问题也是语焉不详,并且反对贫苦农民“夺富人之田为己有”。

总之,这些理论和认识的局限性不可避免地会影响辛亥革命的进程和结局。

7. 在武昌起义和各省政权更迭的过程中,资产阶级革命派既表现出了革命性和勇敢精神,又暴露出了软弱性和妥协态度。在一些地方,开始是由革命派发动新军或会党举行武装起义、宣布“独立”的。可是当反动势力反扑时,他们却不敢发动群众保卫已经夺得的政权,致使政权落到了立宪派或旧官僚、旧军官的手里。

在一些省份,旧官僚和立宪派实际上改头换面地维持着旧政权。

有的地方虽是革命党人掌权,但这些人很快蜕变为新军阀、新官僚。这就意味着,革命是很快地发展了,但它的基础并不牢固,在它的内部和外部都潜伏着深刻的危机。

8. 武昌起义后,袁世凯以武力压迫革命派,并命其党羽联名通电,宣称“若以少数意见采用共和政体,必誓死抵抗”。

帝国主义列强调动军舰在长江游弋,为袁世凯助威,并攻击孙中山“缺乏管理国家的经验”。

在革命高潮中附从革命的立宪派、旧官僚等则从内部施加压力,大造大总统职位“非袁莫属”的舆论,力主袁世凯上台,以便早日结束革命。一些革命党人甚至主张只要袁世凯能逼清帝退位，就应该让他当大总统。

在这种情况下，孙中山不得不表示只要清帝退位、袁世凯宣布拥护共和，就可以把临时大总统的职位让给他。

袁世凯在得到这些许诺后，即加紧“逼宫”。1912年2月12日，清帝退位。第二天，袁世凯致电临时政府，宣布“共和为最良国体”。同日，孙中山向参议院提出辞职咨文，但附以南京为首都、总统在南京就职、遵守约法三个条件，力图以此制约袁世凯。袁世凯不肯离开北京老巢，指使部下发动“兵变”，西方列强也调兵进京配合，以迫使革命派让步。革命派再次妥协。3月10日，袁世凯在北京就任临时大总统。

4月1日，孙中山正式卸去临时大总统职务。随后，临时参议院议决将临时政府迁往北京。辛亥革命成果就此被袁世凯窃取。

9. 以袁世凯为首的北洋军阀的专制统治的主要表现是：

第一，在政治上，北洋政府实行军阀官僚的专制统治。

第二，在经济上，北洋政府竭力维护帝国主义、地主阶级和买办资产阶级的利益。

第三，在文化思想方面，尊孔复古思潮猖獗一时。

总之，北洋军阀政府从政治上、经济上和文化思想上对辛亥革命进行了全面的反攻倒算。中国重新陷入了黑暗的深渊。

10. 1913年宋教仁被刺后，他开始看清了袁世凯的真面目，毅然发动武装反袁的“二次革命”。

1914年，孙中山在日本组织中华革命党，坚持反袁武装斗争。在段祺瑞拒绝恢复《临时约法》和国会的情况下，孙中山举起了“护法”的旗帜，以此反对北洋军阀。

孙中山具有顽强的革命精神，他首先喊出“振兴中华”的口号，不断摸索救国救民的道路，并始终坚持奋斗，不愧是中国民主革命的伟大的先行者。他在领导人民推翻帝制、建立共和国的斗争中建立了历史功勋，是20世纪初期推动中国发生历史性巨变的主要代表。

四、辨析题

1. 正确。

辛亥革命胜利了是指辛亥革命推翻了统治中国260多年的清王朝，结束了延续两千多年的封建君主专制制度，建立了资产阶级共和国。辛亥革命失败是指由于资产阶级革命派软弱妥协，使袁世凯篡夺了中华民国临时政府的权力，中华民国名存实亡，中国的社会性质仍然是半殖民地半封建社会。辛亥革命没有完成反帝反封建的民主革命任务。

2. 错误。

中国同盟会政纲是一个比较完全的资产阶级民主革命纲领，但不是一个彻底的资产阶级民主革命纲领。它没有提出明确反帝的口号，缺乏彻底反对封建主义的内容，又缺乏依靠和发动人民的精神。中国共产党第二次全国代表大会提出的民主革命纲领是中国近代史上第一次提出的彻底的反帝反封建的民主革命纲领。

3. 正确。

辛亥革命以第一个资产阶级革命政党——同盟会为领导；有第一个资产阶级民主革命纲领——三民主义作为思想指导；通过革命推翻了清王朝，建立了第一个资产阶级性质的政权——南京临时政府；颁布了第一部具有资产阶级共和国宪法性质的法律——《中华民国临时约法》。所以辛亥革命是一次比较完全意义上的资产阶级民主革命。

4. 正确。

《中华民国临时约法》规定，“中华民国之主权，属于国民全体”，而“以参议院，临时大总统，国务员，法院行使其统治权”。《中华民国临时约法》规定，增设国务总理，作为政府首脑。内阁辅佐临时大总统，为行政机关，行使行政权；增设立法院，行使司法权，参议院为立法机关，行使立法权，参议院还有弹劾大总统和国务员的权利。《中华民国临时约法》还规定，中华民国国民一律平等，享有人身，财产，机会，结社，出版，言论等自由，享有请愿，陈述，考试，选举和被选举等民主权利。这样，《中华民国临时约法》以根本大法的形式废除了两千年来的封建君主专制制度，确认了资产阶级共和国的政治制度。因此，它是中国历史上第一部具有资产阶级共和国宪法性质的法典。

5. 错误。

袁世凯去世，北洋军阀失去总头目，固然是造成北洋军阀迅速分裂的重要原因，但根本上在于帝国主义划分势力范围的分裂剥削政策和地方性农业经济为军阀割据提供了物质基础。

五、论述题

1. 辛亥革命爆发的历史条件主要由以下几个方面：

第一，民族危机加深，社会矛盾激化是辛亥革命爆发的主要原因。

20世纪初，帝国主义列强对中国的侵略日益扩大。为对外支付巨额赔款，腐朽的清政府加剧了对人民的盘剥，致使民怨沸腾，社会矛盾进一步激化。在中外反动派的严重压迫下，20世纪初各阶层人民的斗争遍及全国，资产阶级开始成为主要的角色。

第二，清末“新政”的破产是辛亥革命爆发的重要原因。

为了摆脱困境，清政府先后宣布实行“新政”和预备立宪。由于其根本目的在于延续其反动统治，清政府不断借改革之名加强皇权，最终使统治集团内部分崩离析，没激化了社会矛盾，加重了统治危机。

第三，资产阶级革命派形成，并成为革命的阶级基础和骨干力量。

19世纪末20世纪初，中国民族资本主义得到了初步的发展。随着民族资本主义企业发展数量的增多和规模的扩大，民族资产阶级及与它相联系的社会力量也有了较大的发展。民族资产阶级为了冲破帝国主义、封建主义的桎梏，发展资本主义，需要自己政治利益的代言人和经济利益的维护者。这就为资产阶级革命派的形成奠定了阶级基础。

资产阶级革命派的骨干是一批资产阶级、小资产阶级知识分子。他们更多地接触到了西方的政治思想，而且对世界大势与国内民族危机有了更敏锐的认识。在民族危难加深、群众自发斗争高涨形势的推动下，开始摸索救国救民的新道路。这些青年知识分子，成为辛亥革命的中坚力量。

2. 1905 年至 1907 年间，围绕中国究竟是采取革命手段还是改良方式这个问题，革命派与改良派分别以《民报》《新民丛报》为主要舆论阵地，展开了一场大论战。革命派在论战中论述了革命的必要性、正义性、进步性。

第一，清政府是帝国主义的“鹰犬”，因此，爱国必须革命。只有通过革命，才能“免瓜分之祸”，获得民族独立和社会进步。

第二，进行革命固然有牺牲，但是，不进行革命，而容忍清王朝在中国的统治，中国人民就不能免除痛苦和牺牲。革命虽不免流血，但可“救世救人”，是疗治社会的良药。

第三，人们在革命过程中所付出的努力，乃至做出的牺牲，是以换取历史进步为补偿的。革命本身正是为了建设，破坏与建设是革命的两个方面。

3. 辛亥革命是资产阶级领导的以反对君主专制制度、建立资产阶级共和国为目的的革命，是一次比较完全意义上的资产民主革命。在近代历史上，辛亥革命是中国人民救亡图存、振兴中华而奋起革命的一个里程碑，它使中国发生了历史性巨变。

第一，辛亥革命推翻了封建势力的政治代表、帝国主义在中国的代理人——清王朝的统治，沉重地打击了中外反动势力，使中国反动统治者在政治上乱了阵脚。

第二，辛亥革命结束了统治中国两千多年的封建君主专制制度，建立了中国历史上第一个资产阶级共和政府。

第三，辛亥革命给人们带来一次思想上的解放。

第四，辛亥革命促使社会经济、思想习惯和社会风俗等方面发生了新的积极变化。

第五，辛亥革命不仅在一定程度上打击了帝国主义的侵略势力，而且推动了亚洲各国民族解放运动的高涨。

4. 第一，辛亥革命有一个全国性的统一的资产阶级革命政党的领导。1905 年建立了中国历史上第一个资产阶级革命政党——中国同盟会。同盟会有自己的章程，有明确的革命宗旨和一套比较健全的组织机构，并在国内外成立支部。在斗争中同盟会的领导核心地位逐步确立，并对整个辛亥革命的进程产生了巨大的影响，这是以往的革命组织所无法比拟的。

第二，辛亥革命有一套比较完整的资产阶级民主主义革命纲领的指导。辛亥革命提出了系统的反映资产阶级政治要求的“民族、民权、民生”三民主义政纲，它是中国近代第一个较完整的、明确的资产阶级民主革命纲领。它比较全面地反映了中国半殖民地半封建的主要矛盾，并在长期斗争的基础上建立了资产阶级共和国。

第三，辛亥革命推翻了统治中国 260 多年的清王朝，结束了在中国延续 2 000 多年的君主专制制度，使中国人民的反封建斗争跨出了重大一步，这是辛亥革命的最大功绩。辛亥革命进一步传播了资产阶级民主思想,使民主共和观念深入人心,是中国人民在近百年的前进道路上经历的第一次历史性巨变。

第四,辛亥革命促进了中国民族资本主义经济的发展,使民族资本主义近代工业获得了显著的增长,中国工人阶级队伍得到壮大。

第五,辛亥革命有力地打击了帝国主义在中国的侵略势力,客观上有力地冲击了帝国主义在东方的殖民体系,对整个亚洲乃至全世界都产生了重大影响。

辛亥革命尽管暴露出许多弱点和不足之处,但这些特点说明了它已达到中国旧民主主义革命的最高水平。所以说,辛亥革命是一次完全意义上的资产阶级民主革命。

六、材料分析题

1. 康有为对西方资本主义文明有了初步的了解,并试图以中国传统文化的外壳来宣传西学,以日本为楷模,走改良的道路;孙中山对西方资本主义文明有较全面的认识,主张以美国的民主政治为楷模,建立资产阶级民主共和国。

2. 反映的是以康有为为代表的维新派的政治主张。他们曾经以日本明治维新为楷模,在光绪帝的支持下,在中国发动了一场百日维新。由于封建守旧势力的阻挠和破坏以及资产阶级改良派自身力量的薄弱、策略的失误等原因致使维新变法运动以失败告终。

3. 辛亥革命的胜利果实被袁世凯篡取,中国开始进入北洋军阀的黑暗腐朽统治时期,北洋军阀对内图谋武力统一导致军阀混战不休、对外投靠帝国主义。辛亥革命没有完成反帝反封建的革命任务,中国的社会性质没有改变,仍然处于半殖民地半封建社会。

中编　从五四运动到新中国成立

（1919—1949）

综 述

天翻地覆的三十年

学习目标

认识新民主主义革命时期中国所处的时代和国际环境，懂得中国新民主主义革命与新的时代条件和国际环境的密切关联。认识新民主主义革命时期中国人民所受的“三座大山”的重压，懂得中国共产党领导人民进行新民主主义革命，推翻“三座大山”的必要性和正义性。了解新民主主义革命时期中国社会的三种主要的政治力量及其政治代表，围绕“两个中国之命运”而展开的斗争，懂得只有中国共产党的建国方案才符合社会发展的方向和广大人民的利益，才能为中国实现争取民族独立、人民解放的任务指明道路。

学习要点

1. 十月革命的世界意义。
2. 十月革命对中国的影响。
3. 战后世界政治形势出现新情况。
4. 战后世界逐步形成了美苏两极的政治格局。

教学案例

第三条道路的幻灭

张东荪的第三条道路政治主张及破灭：

抗战胜利后，在宣传和提倡中间路线的知识分子中，张东荪是个可圈可点的重要代表人物。

张东荪（1886—1973），浙江杭县（今余杭）人，中国现代哲学家、政治活动家、政论家、报人。毕业于东京帝国大学。主要著作有《新哲学论丛》《认识论》《道德哲学》《知识与文化》，并主编《唯物辩证法论战》。曾任中国公学大学部学长兼教授，国立政治大学、私立光华大学、北京大学、燕京大学教授、广东学海书院院长。曾为研究系、中国国家社会党、中国民主社会党领袖之一，曾任中国民盟中央常委、秘书长。1941 年参加中国民主政团同盟（1944 年 9 月改称中国民主同盟），先后任华北支部委员、主任委员。1944 年 9 月被选为中国民主同盟中央执行委员，1946 年 1 月，作为民盟代表之一，出席重庆政治协商会议。1946 年 8 月，国家社会党与民宪政党合并，组成中国民主社会党，为主要领导人之一。在此前后，著文反对蒋介石的独裁统治，宣扬走"中间道路"。1948 年曾参与北平和平解放的活动。建国后，曾任中央人民政府委员、全国政协委员、政务院文化教育委员、民盟常务委员等职。1951 年 6 月因涉入"叛国案"，被撤销了民盟内外一切职务，并于 1953 年 5 月被开除出民盟。1973 年 6 月 2 日在北京病逝。

张东荪的中间路线的基本思想萌芽于 20 世纪 30 年代，而明确提出中间路线则是在抗战胜利之后。内战的全面爆发让张东荪陷入了痛苦的思索：中国究竟应该走怎样的道路？和当时许多知识精英一样，他认为中国应该走一条既不同于欧美、又异于苏联的"第三条道路"。1946 年 5 月，他在题为《一个中间性的政治路线》的讲演中将自己的主张公之于众。他说："中间路线"就是"在所谓资本主义与社会主义之间我们想求得一个折中方案"。同年 6 月 8 日，张东荪在《我们的路线》一文中，把这种思想解释为"修正的民主主义"。22 日，他又在《再生》发表了《一个中间性的政治路线》一文，明确提出"中间性的政治路线"的主张："中国必须于内政上建立一个资本主义与共产主义中间的政治制度，——在政治方面比较上多采取英美式的自由主义与民主主义；同时在经济方面比较上多采取苏联式的计划经济与社会主义。从消极方面来说，即采取民主主义而不要资本主义，同时采取社会主义而不要无产专政的革命。我们要自由而不要放任，要合作而不要斗争。"他把这一"第三条道路"被写入所谓"中国自由主义的大宪章"——中国民主同盟的宣言和主张之中，成为 40 年代中国社会民主主义的总纲。对于这种将民主主义与社会主义折衷调和而合熔于一炉的方案，张东荪还著专书进行理论上的阐述。之后，他又在《时与文》《观察》等刊物上发表了一系列文章阐述他的思想。其要点有三：一是调和资本主义和共产主义两大制度，建立"中间性的政制"；二是改变国共两大党性质，建立联合政府，走民主之路；三是在国际上调和美苏关系，谋求世界的安定与中国的和平。张东荪的讲演与文章引起了许多知识分子的反响和共鸣，尤其是在40年代后期，自由主义运动在中国民主政团同盟成立之后形成了大规模的、有组织的浪潮。在当时舆论界掀起了一股鼓吹"中间路线"的政治思潮，张氏本人成为当时国际国内舆论关注的焦点人物。

然而，张东荪提倡的"第三条道路"在国民党统治下的中国注定是走不通的。1947年10月，国民党下令解散民盟，抗战后逐步形成的第三方面势力瓦解，一度轰轰烈烈的"中间路线"的改良运动最终宣告破产。

【资料来源】

蔡尚志. 中国现代思想史资料简编：第5卷[M]. 杭州：浙江人民出版社，1983.

【思考讨论】

1. 张东荪等主张的第三条道路的本质何在？
2. 张东荪代表的中间力量所主张的第三条道路为什么在中国走不通？
3. 张东荪为代表的中间势力最后为什么会选择中国共产党的领导？

课后习题

一、单项选择题

1. 第一次世界大战后，帝国主义国家建立的战后新秩序是（　　）。
   A. "凡尔赛－华盛顿"体系　　B. 布雷顿森林体系
   C. 雅尔塔体系　　D. 美苏两极格局
2. 1928年，国民党名义上统一了中国，其标志性事件是（　　）。
   A. 国民会议的召开　　C.《训政时期约法》的颁布
   B. 南京国民政府的成立　　D. 东北"易帜"
3. 第一次世界大战期间，中国民族资本主义经济发展出现"黄金时代"的主要原因是（　　）。
   A. 中国封建经济的解体　　B. 帝国主义放松对华经济侵略
   C. 北洋政府颁布一系列法令　　D. 外国对华投资的刺激
4. 在中国现代史上，中国民族资产阶级提出的建国方案是（　　）。
   A. 半殖民地半封建国家　　B. 社会主义

C. 资产阶级共和国
D. 人民共和国

5. 20 世纪 30 年代，中国从国共内战走向全民族抗战的根本原因是(　　)。
A. 半殖民地半封建国家
B. 国民党内部的矛盾
C. 中共政治路线的调整
D. 中日民族矛盾上升为中国社会主要矛盾

6. 国民党建立的南京国民政府的性质是(　　)。
A. 大地主大资产阶级的政权
B. 民族资产阶级的政权
C. 地主、资产阶级的联合政权
D. 资产阶级、买办的政权

7. 近代以来，中国人民总结历史经验而得出的最主要的科学结论是(　　)。
A. 发展生产力，实现中华民族的复兴
B. 没有共产党，就没有新中国
C. 建立一个独立、富强、民主、文明的现代中国
D. 只有社会主义才能发展中国

二、多项选择题

1. 国民党政权建立后，垄断经济命脉的四大家族是指(　　)。
A. 蒋介石
B. 宋子文
C. 孔祥熙
D. 陈果夫、陈立夫

2. 在中国现代史上，中国主要政治力量提出的建国方案有(　　)。
A. 买办地主阶级的专政
B. 资产阶级共和国
C. 经由新民主主义走向社会主义
D. 封建帝制

3. 第一次世界大战的影响表现在(　　)。
A. 欧洲为世界中心的地位大大动摇
B. 引发十月革命
C. 国际秩序发生新变化
D. 美国、日本崛起

4. 第二次世界大战使国际格局发生深刻变化，这体现在(　　)。
A. 殖民体系走向瓦解
B. 社会主义越出一国范围
C. 民族解放运动高涨
D. 两极格局形成

5. 中国工人阶级受到的剥削最为深重，这来自(　　)。
A. 帝国主义
B. 封建主义
C. 资本家
D. 知识阶层

三、材料分析题

1. 阅读下列材料，结合所学知识，回答问题。

但是,现时中国的资产阶级民主主义的革命,已不是旧式的一般的资产阶级民主主义的革命,这种革命已经过时了,而是新式的特殊的资产阶级民主主义的革命。这种革命正在中国和一切殖民地半殖民地国家发展起来,我们称这种革命为新民主主义的革命。这种新民主主义的革命是世界无产阶级社会主义革命的一部分。

——摘自毛泽东:"中国革命和中国共产党",《毛泽东选集》第2卷

请回答:

(1)为什么说新民主主义革命是新式的特殊的资产阶级民主主义的革命?

(2)为什么说新民主主义革命是世界无产阶级社会主义革命的一部分?

参考答案

一、单项选择题

1. A　2. D　3. B　4. C　5. D　6. A　7. B

二、多项选择题

1. ABCD　2. ABC　3. ABCD　4. ABCD　5. ABC

三、材料分析题

1. 答案要点:

(1)①中国半殖民地半封建社会的性质和中国革命的任务决定了中国革命的性质是资产阶级民主主义革命,而不是无产阶级社会主义革命。新民主主义革命和社会主义革命不同:革命对象不是一般的资产阶级,而是帝国主义和封建主义;革命措施不是一般地废除私有财产而是保护私有财产,革命的结果是既有社会主义因素的发展,又有资本主义因素的发展。所以,新民主主义革命不是无产阶级社会主义的,而是资产阶级民主主义的。

②新民主主义革命不是旧式的、一般的资产阶级民主主义革命,而是新式的特殊的资产阶级民主主义革命:革命不再由资产阶级来领导,而是由无产阶级及其政党来领导;革命的指导思想不是西方资产阶级民主思想,而是马克思主义;革命的前途不是建立资产阶级专政,而是无产阶级专政的社会主义。

(2)①新民主主义革命坚决反对帝国主义即国际资本主义。它在政治上是几个革命阶级联合起来对于帝国主义者和汉奸反对派的专政,反对把中国改造成资产阶级专政的社会。它在经济上是把帝国主义者和汉奸反对派的大资本大企业收归国家经营,把地主阶级的土地分

配给农民所有，同时保存一般的私人资本主义的企业，并不废除富农经济。因此，新民主主义革命一方面是替资本主义扫清道路，但另一方面又是替社会主义创造前提。

②毛泽东认为第一次世界大战和俄国的十月革命改变了世界历史的方向。一方面，帝国主义加紧了对殖民地的控制；另一方面，社会主义国家已经建立并积极扶持一切殖民地半殖民地国家的民族解放运动。在这样的时代里，任何殖民地半殖民地国家发生的反对帝国主义的革命都属于世界无产阶级社会主义革命的范畴。中国的新民主主义革命发生在十月革命以后，是世界无产阶级社会主义革命的一部分。

第四章

Chapter 4

开天辟地的大事变

学习目标

本章主要讲述1919年五四运动到1927年大革命失败这一段历史。五四运动是中国新民主主义革命的开端。中国共产党的成立成为中国历史上开天辟地的大事变。了解中国先进分子对资产阶级民主主义产生怀疑的原因，了解他们在十月革命以后怎样经过比较、探求选择了马克思主义，认识举起马克思主义旗帜的巨大而深远的意义。了解工人阶级政党的产生是近代中国社会发展和革命发展的客观要求，了解中国共产党是马克思列宁主义与中国工人运动相结合的产物，认识它的创建是开天辟地的大事变。联系第一次工人运动的高潮特别是大革命的兴起和发展的历史情况，认识中国共产党一经成立就使中国革命的面貌焕然一新。

学习要点

1. 北洋军阀的统治。
2. 新文化运动的基本口号和基本内容。
3. 十月革命与马克思主义在中国的传播。
4. 五四运动的爆发。
5. 五四运动的历史特点(意义)。
6. 中国共产党的创建。
7. 中国共产党成立的历史特点和意义。

8. 国共合作的形成。

9. 大革命的意义、失败原因和教训。

教学案例

【案例 1】

新文化运动的总体历程

新文化运动是1919年五四运动爆发前后由胡适、陈独秀、鲁迅、钱玄同、李大钊等一些受过西方教育(当时称为新式教育)的人发起的一次"反传统、反孔教、反文言"的思想文化革新、文学革命运动。1919年5月4日前夕,陈独秀在其主编的《新青年》(原名《青年杂志》)刊载文章,提倡民主与科学(旧称"德先生"与"赛先生")。这次运动沉重打击了统治中国2 000多年的传统礼教,启发了人们的民主觉悟,推动了现代科学在中国的发展,为马克思主义在中国的传播和五四爱国运动的爆发奠定了思想基础。

辛亥革命后,袁世凯在进行帝制复辟活动之时,还大力提倡尊孔读经。

他刚登上总统宝座,就大搞尊孔祭天。1913年6月亲自发表"尊孔令",鼓吹了"孔学博大"。1914年又发布《祭圣告令》,通告全国举行"祀孔典礼"。为支持袁世凯帝制复辟活动,中外反动派掀起了一股尊孔复古逆流,1912年起,他们在全国各地先后成立了"孔教会""尊孔会""孔道会"等,出版《不忍杂志》和《孔教会杂志》等。康有为还要求定孔教为"国教",宣扬"有孔教乃有中国,散孔教势无中国矣"。面对这股反动逆流,资产阶级和小资产阶级知识分子,有的和封建势力同流合污,有的偃旗息鼓,许多人则感到彷徨苦闷,找不到出路。但以陈独秀、李大钊、鲁迅为代表的激进民主主义者却发动了一次反封建的新文化运动,大张旗鼓地宣传资产阶级民主思想,同封建尊孔复古思想展开了激烈的斗争。这个运动是从1915年9月15日《青年杂志》在上海创刊开始的。陈独秀任主编,李大钊是主要撰稿人并参与编辑工作。

陈独秀是一名激进民主主义者,他仇视当时的封建军阀统治,要求实现真正的民主;他批判了封建社会制度和伦理思想,认为要实现民主制度,必须消灭封建宗法制度和道德规范。李大钊则反对复古尊孔,要求思想自由,号召青年不要留恋将死的社会,要努力创造青春的中国。该杂志于1916年9月出版第二卷第一期时,迁往北京并改名为《新青年》。进步知识分子团结在《新青年》周围,高举民主和科学两面大旗,从政治观点、学术思想、伦理道德、文学艺术等方面向封建复古势力进行猛烈的冲击。他们集中打击作为维护封建专制统治思想基础的孔子学说,掀起"打倒孔家店"的潮流。他们还主张男女平等,个性解放。1917年起他们又举起"文学革命"的大旗,提倡白话文,反对文言文,提倡新文学,反对旧文学。随着新文化运动的发展,《新青年》实际上成了新文化运动的思想领导中心。

1916年初，袁世凯称帝，在此之前，美国人古德诺发表了《共和与君主论》，杨度发表了《君宪救国论》等文章，散布中国宜于实行君主制，没有君主便要“灭亡”的谬论。《新青年》针对这种情况，发表了陈独秀的《一九一六年》《吾人最后之觉悟》，李大钊的《民彝与政治》《青春》等主要论文，揭露了君主专制的危害。

《新青年》从1918年1月出版第四卷第一号起改用白话文，采用新式标点符号，刊登一些新诗，这对革命思想的传播和文学创作的发展，起着重要的作用。特别是伟大的文学家、思想家和革命家鲁迅，1918年5月在《新青年》上发表了中国现代文学史上第一篇白话小说《狂人日记》，对旧礼教、旧道德进行了无情的鞭挞，指出隐藏在封建仁义道德后面的全是“吃人”二字，那些吃人的人“话中全是毒，笑中全是刀”，中国2 000多年封建统治的历史就是这吃人的历史，宣告“将来容不得吃人的人，活在世上”。这篇小说奠定了新文化运动的基石。在《新青年》的影响下，一些进步刊物改用白话文。这又影响到全国用文言文的报纸，开始出现用白话文的副刊，随后短评、通迅、社论也都采用白话文和新式标点。所有这些文学改革，使全国报纸面貌为之一新。1917年爆发了伟大的俄国十月社会主义革命，震动了全世界，也照亮了中国革命的道路。《新青年》应社会形势发展的需要，以大量篇幅发表了宣传俄国十月革命的经验和社会主义理论文章。1918年11月，《新青年》发表了李大钊同志写的《庶民的胜利》《布尔什维主义的胜利》两篇著名论文，热烈欢呼俄国社会主义革命的胜利。

在陈独秀、李大钊等人的领导下，提倡科学，反对迷信，提倡民主，反对独裁，提倡白话文，反对文言文的新文化运动，宣传了西方的进步文化。以后，又传播了社会主义思想，反映了新型的革命阶级的要求，在社会上产生了巨大的反响。

这一运动的深入发展，吸引了许多年轻人，特别是青年学生集合在反帝反封建的旗帜下，为迎接一场彻底的反帝反封建的政治斗争做好了思想准备。

这次运动的主要缺点是其领导人没有把运动普及到群众中去，只是局限在知识分子圈子里，他们除了一般的政治口号外，没有提出实现民主政治的具体办法。同时，他们形式主义地看问题，不能正确地对待中国文化遗产。但这个运动在政治上和思想上给了封建主义一次前所未有的沉重打击，在思想界形成了一次新的思想解放潮流，为五四运动奠定了思想基础。当十月革命给中国送来马列主义的时候，新文化运动发生了根本的变化，由一个资产阶级文化革命运动转变为一个广泛宣传马列主义的运动，《新青年》也逐渐变成宣传马列主义的刊物。

1915年9月，陈独秀在上海创办《青年杂志》，大量发表抨击尊孔复古的文章，标志着新文化运动的兴起。从1916年第二卷第一号起，《青年杂志》改名为《新青年》，1917年初迁到北京出版。主要撰稿人除陈独秀外，还有李大钊、胡适等。此后，《新青年》的影响越来越大，成为新文化运动的主要阵地。

《新青年》受到广大青年知识分子的普遍欢迎，被视为青年人的“良师益友”。他们说：“青年得此，如清夜闻钟，如当头一棒。”

【资料来源】

李新,李宗一.中华民国史:第2编第1卷[M].北京:中华书局,1987.

【思考讨论】

1.思考新文化运动与辛亥革命及五四运动的关系。

2.通过分析本案例,谈谈如何认识新文化运动的历史意义。

【案例2】

中国民众热烈反响苏俄政府对华宣言

1917年俄国十月革命的胜利,开辟了世界无产阶级社会主义革命的新时代,对全世界产生了重大影响,也给中国革命指明了一条新的出路。

俄国十月革命后,新生的苏俄政府于1919年7月25日发表《俄罗斯苏维埃联邦社会主义共和国对中国人民和中国南北政府的宣言》(以下简称《宣言》),表明自己的对华政策。1920年春,《宣言》在中国传开,随即引起广大民众的热烈反响。

《宣言》写道:"苏俄政府代表俄国人民向全世界人民倡议建立巩固持久的和平,这种和平的基础应当是决不侵犯他国领土,决不强行吞并其他民族,决不勒索赔款。每一个民族不论大小,不论居住何地,不论它至今是否独立自主或被迫附属他国,在自己的内部生活中均应享有自由,任何政权都不得把它强留在自己的领域之内。"《宣言》还申明,"苏维埃政府废弃一切特权",任何一个俄国官员、牧师和传教士不得干预中国事务,如有不法行为,应依法受当地法院审判。"苏俄政府准备与中国人民的全权(代表)就一切其他问题达成协议,并永远结束前俄国政府与日本及协约国共同对中国采取的一切暴行和不义行为。"

消息传来,"中国人民心理上起了一个极大的震动。这几天以来,各团体对于俄国劳农政府的通告,都有极诚恳而有力的表示"。这两句评论出自1920年4月14日上海《民国日报》,评论是符合实际的。对此,仅以《新青年》第7卷第6号(1920年5月1日出版)刊登的有关内容为例。1920年4月,《中华劳动公会致苏俄政府电》写道:"我们中华的人民,接着你们的通告,非常的喜欢;知道你们的革命,是要恢复我们劳动者的权利,是为世界人类谋真正的自由平等底(笔者注:原文如此)幸福,知道你们全俄的农民、工人和红卫兵,是世界上最可爱的人类。中华全体的平民,都钦佩你们创造的势力和牺牲的精神。我们劳动界尤其欢欣鼓舞,愿与你全俄的农民、工人和红卫兵提携,立在那人道正义的旗帜下面,一齐努力,除那特殊的阶级,实现那世界的大同。"同月,《全国各界联合会致苏俄政府电》表示:吾人前此,以中外报章传闻复杂,无从悉俄国之真相。"今读俄国通牒,一种正义人道之主张流露言表。吾人更信中国人民除一部分极顽朽之官僚武人政客外,皆愿与俄国人民携手。中华民国全国各界联合会,用敢代表中国人民,答复俄国人民暨俄国劳农政府之盛意。"

同月11日,全国学生联合会也致电苏俄政府。电文写道:"你们这一次的大举动,足为世界革命史开一新纪元。我们实在是钦佩得很。我们自当尽我们所有的能力，在国内一致主张，与贵国正式恢复邦交；并敢以热烈的情绪，希望今后中俄两国人民在自由平等、互助的正义方面，以美满的友谊戮力于芟除国际的压迫，以及国家的种族的阶级的差别，俾造成一个真正平等、自由、博爱的新局面。"

基于中国民众对这一《宣言》的热烈反响，1920年9月2日，苏俄政府发表第二次对华宣言，即《俄罗斯苏维埃联邦社会主义共和国对中国政府的宣言》。其中强调："为了两国的幸福起见，有必要发展前次宣言的原则。"为此，苏俄政府向中华民国外交部提出了缔结中俄友好协定的8个要点。《宣言》表示："苏俄方面将尽一切力量以求建立双方最密切、最真诚的友谊。"苏俄政府发表第一次对华宣言，以及中国民众对《宣言》的热烈反响，是苏俄与中国关系史上浓墨重彩的一页。它从一个方面说明了十月革命后中国所处的新的时代和国际环境。

【思考讨论】

1. 中国民众热烈反响苏俄政府对华宣言的原因是什么？

2. 中国的新民主主义革命是在什么时代条件下及国际环境中发生和发展的？这给中国革命带来了哪些影响？

课后习题

一、单项选择题

1. 五四运动是（　　）。

A. 近代中国民族民主革命的开端　　B. 中国资产阶级民主革命的开端

C. 中国新民主主义革命的开端　　D. 中国社会主义革命的起点

2. 第一次世界大战后，帝国主义国家建立的战后新秩序是（　　）。

A. "凡尔赛－华盛顿"体系　　B. 布雷顿森林体系

C. 雅尔塔体系　　D. 美苏两极格局

3. 新文化运动兴起的标志是（　　）。

A. 陈独秀在上海创办《青年》杂志

B. 蔡元培聘请陈独秀为北京大学文科学长

C. 上海共产主义小组的成立

D.《新青年》编辑部由上海迁到北京

4. 新文化运动的主要内容是（　　）。

A. 提倡进化论和唯物论　　B. 提倡新文学

C. 提倡民主和科学　　D. 提倡个性解放

5. 新文化运动中，新文学运动的第一篇白话文小说是(　　)。

A.《阿Q正传》　　B.《狂人日记》

C.《祥林嫂》　　D.《孔乙己》

6. 中国最先由民主主义者转变为共产主义者的是(　　)。

A. 陈独秀　　B. 李大钊

C. 毛泽东　　D. 李达

7. 五四运动爆发的导火线是(　　)。

A. 陈独秀被捕　　B. 北大校长蔡元培辞职

C. 巴黎和会上中国外交的失败　　D. 新文化运动的深入发展

8. "六三"大逮捕后，五四运动的中心从北京转到(　　)。

A. 天津　　B. 青岛

C. 上海　　D. 广州

9. "六三"大逮捕后，五四运动的主力从学生转为(　　)。

A. 农民　　B. 工人

C. 知识分子　　D. 小资产阶级

10. 中国新民主主义革命的伟大开端是(　　)。

A. 辛亥革命　　B. 太平天国

C. 中国共产党的成立　　D. 五四运动

11. 中国共产党成立的标志是(　　)。

A. 上海共产主义小组的成立

B. 北京共产主义小组的成立

C. 五四运动的爆发

D. 中国共产党第一次全国代表大会的召开

12.《共产党宣言》第一个中译本的翻译者是(　　)。

A. 陈独秀　　B. 李大钊

C. 陈望道　　D. 李达

13. 1920年，中国最早的共产党组织建立于(　　)。

A. 北京　　B. 长沙

C. 武汉　　D. 上海

14. 1920年11月，李中主持成立的共产党早期组织领导的第一个产业工会是(　　)。

A. 上海机器工会　　B. 上海纺织工会

C. 上海印刷工会俱乐部　　D. 北京的长辛店工人

15. 中共一大通过的决议规定，党成立后的中心任务是(　　)。
A. 进行武装斗争　　B. 开展工人运动
C. 开展议会斗争　　D. 组织农民运动
16. 在中国近现代历史上第一次明确提出了反帝反封建的民主革命纲领是在(　　)。
A. 中共一大　　B. 中共二大
C. 中共三大　　D. 中共四大
17. 中国工人运动第一个高潮的起点是(　　)。
A. 1922 年 1 月香港海员罢工　　B. 安源路矿工人大罢工
C. 京汉铁路工人总同盟罢工　　D. 开滦煤矿工人罢工
18. 1921 年 9 月，沈定一等人成立的第一个农民协会是(　　)
A. 海丰县总农会　　B. 浙江省萧山县衙前村农民协会
C. 湖南省农民协会　　D. 湖北省农民协会
19. 1923 年 6 月，中国共产党第三次全国代表大会在广州举行，大会讨论的中心议题是(　　)。
A. 关于无产阶级领导权问题　　B. 关于工农联盟问题
C. 关于建立国共合作的统一战线问题　　D. 关于武装斗争问题
20. 第一次国共合作的政治基础和革命统一战线的共同纲领是(　　)。
A. 三民主义　　B. 新三民主义
C. 中共二大的最低纲领　　D. 中共二大的最高纲领
21. 新三民主义和中共在民主革命时期的纲领(　　)。
A. 在基本原则上是一致的　　B. 在基本原则上是不一致的
C. 在基本原则上是完全一致的　　D. 在基本原则上是完全不一致的
22. 第一次国共合作正式形成的标志是(　　)。
A. 中共杭州西湖会议　　B. 中国共产党第三次全国代表大会
C. 中国国民党第一次全国代表大会　　D. 中国国民党第二次全国代表大会
23. 1924 年，中国工人运动由低潮转向高涨的信号是(　　)。
A. 广州沙面租界工人罢工　　B. 青岛纱厂工人罢工
C. 香港海员工人罢工　　D. 上海码头工人罢工
24. 1924 年 11 月，孙中山应冯玉祥的邀请北上，并发表《北上宣言》，主张召开(　　)。
A. 国民会议　　B. 国民参政会
C. 各界民众代表会议　　D. 国民善后会议
25. 中国共产党从理论上初步说明无产阶级领导权和工农联盟的会议是(　　)。
A. 中共二大　　B. 西湖会议
C. 中共一大　　D. 中共四大

26. 国民革命兴起后，全国出现了农村大革命的高潮，其中心在(　　)。

A. 湖南　　B. 湖北

C. 浙江　　D. 江西

二、多项选择题

1. 第一次世界大战的影响表现在(　　)。

A. 欧洲为世界中心的地位大大动摇

B. 引发十月革命

C. 帝国主义形成了维护战胜国利益和维护战后和平的新秩序

D. 亚洲、非洲、拉丁美洲人民逐步觉醒

2. 新文化运动的主要阵地是(　　)。

A. 北京大学　　B.《新青年》编辑部

C.《劳动界》　　D. 北京大学马克思学说研究会

3. 新文化运动的主要内容是(　　)。

A. 提倡民主

B. 提倡科学

C. 提倡白话文，反对文言文

D. 提倡新文学，反对旧文学，主张文学革命

4. 五四运动是全国规模的具有广泛群众性的爱国政治运动，参加这场运动的有(　　)。

A. 工人阶级　　B. 学生

C. 城市小资产阶级　　D. 民族资产阶级

5. 五四运动的直接斗争目标是(　　)。

A. 罢免亲日派官僚曹汝霖、章宗祥、陆宗舆的职务

B. 拒签巴黎和约

C. 取消"二十一条"

D. 反对华北自治

6. 五四运动中，爱国学生提出的口号有(　　)。

A. "外争主权、内除国贼"

B. "拒绝和约签字"

C. "还我青岛"

D. "诛卖国贼曹汝霖、章宗祥、陆宗舆"

7. 中国早期接受、宣传马克思主义的主要包括(　　)。

A. 五四运动前新文化运动的精神领袖

B. 五四运动中的左翼骨干

C. 一部分原中国同盟会会员及辛亥革命时期的活动家
D. 小资产阶级知识分子中的左翼

8. 1920 年春，在中国最早酝酿筹建中国共产党的是(　　)。
A. 周恩来　　B. 李大钊
C. 陈独秀　　D. 毛泽东

9. 各地共产主义小组创办的、专供工人阅读的刊物有(　　)。
A.《劳动音》　　B.《劳动界》
C.《劳动者》　　D.《劳动与妇女》

10. 五四运动后，研究和宣传马克思主义的社团纷纷出现，主要有(　　)。
A. 马克思学说研究会　　B. 马克思主义研究会
C. 觉悟社　　D. 新民学会

11. 1920 年底，挑起关于社会主义论战的人是(　　)。
A. 胡适　　B. 梁启超
C. 黄凌霜　　D. 张东荪

12. 中共一大选举产生的中央局成员是(　　)。
A. 李大钊　　B. 陈独秀
C. 张国焘　　D. 李达

13. 中共二大宣言规定了中国共产党的最低纲领，其基本内容是(　　)。
A. 消除内乱，打倒军阀，建设国内和平
B. 推翻国际帝国主义的压迫，达到中华民族完全独立
C. 统一中国为真正的民主共和国
D. 实现社会主义、共产主义

14. 在第一次工人运动高潮中，影响较大并且取得胜利的罢工斗争有(　　)。
A. 开滦煤矿工人罢工　　B. 香港海员罢工
C. 安源路矿工人罢工　　D. 京汉铁路工人罢工

15. 1924 年改组后的国民党成为几个阶级的革命联盟，这几个阶级是(　　)。
A. 工人阶级　　B. 农民阶级
C. 小资产阶级　　D. 民族资产阶级

16. 1924 年 11 月，孙中山发表《北上宣言》，提出的政治主张是(　　)。
A. 召开国民善后会议　　B. 召开国民会议
C. 联合世界各国　　D. 废除不平等条约

17. 国民革命军发动北伐，其直接目标是军阀(　　)。
A. 张作霖　　B. 吴佩孚
C. 孙传芳　　D. 段祺瑞

18. 北伐中，中国人民收回的英租界有（　　）。

A. 汉口　　B. 芜湖

C. 九江　　D. 上海

19. 国民革命时期，在国民党开办的农民运动讲习所中主持过工作的共产党人有（　　）。

A. 毛泽东　　B. 彭湃

C. 刘少奇　　D. 阮啸仙

20. 1926 年 3～5 月，蒋介石先后制造的打击共产党员和工农革命力量的事件有（　　）。

A. 中山舰事件　　B. 暗杀廖仲恺事件

C. 整理党务案　　D. 商团事件

三、简答题

1. 简述第一次世界大战的性质与国际影响。
2. 简述新文化运动的主要内容及历史意义。
3. 简述"五四"以前新文化运动的局限性。
4. 为什么说"十月革命一声炮响，给我们送来了马克思列宁主义"？
5. 简述五四运动爆发的原因和意义。
6. 简述早期马克思主义思想运动的特点。
7. 各地早期共产党组织成立后，为中共一大的召开做了哪些准备工作？
8. 简述中共二大制定的民主革命纲领的内容与意义。
9. 简述中国国民党第一次全国代表大会的历史意义。

四、材料分析题

1. 阅读下列材料，结合所学知识，回答问题。

材料一　"自竞争人权之说兴，机械资本之用广，其害遂演而日深：政治之不平等，一变而为社会之不平等；君主贵族之压制，一变而为资本家之压制。此近世文明之缺点，无容讳言者也。"

——摘自《蔡和森文集》，人民出版社 1980 年版

材料二　"此次战争，使欧洲文明之权威大生疑念。欧人自己亦对于其文明之真价不得不加以反省。"

——摘自《周恩来书信选集》，中央文献出版社 1988 年版，第 41、46 页

材料三　"中国人向西方学得很不少，但是行不通，理想总是不能实现。多次奋斗，包括辛亥革命那样全国规模的运动，都失败了。国家的情况一天比一天坏，环境迫使人们活不下去。怀疑产生了，增长了，发展了。"

——摘自毛泽东：《论人民民主专政》，《毛泽东选集》第 4 卷，人民出版社 1991 年版，第 1 470 页

请回答：

(1)新文化运动中，中国先进分子对西方资产阶级民主主义的态度怎样？

(2)新文化运动中，中国先进分子持这种态度的原因是什么？

五、论述题

1. 为什么说五四运动是中国新民主主义革命的开端？

2. 试述革命统一战线形成的过程。

参考答案

一、单项选择题

1. C　2. A　3. A　4. C　5. B　6. B　7. C　8. C　9. B　10. D　11. D　12. C　13. D　14. A　15. B　16. B　17. A　18. B　19. C　20. B　21. A　22. C　23. A　24. A　25. D　26. A

二、多项选择题

1. ABCD　2. AB　3. AB　4. ABCD　5. AB　6. ABCD　7. ABC　8. BC　9. ABCD　10. ABCD　11. BD　12. BCD　13. ABC　14. BC　15. ABCD　16. BD　17. ABC　18. AC　19. ABD　20. AC

三、简答题

1. (1)第一次世界大战的性质：它是帝国主义两大军事集团协约国和同盟国为重新瓜分殖民地、势力范围和争夺世界霸权，而展开的一场侵略的、掠夺的帝国主义战争。

(2)第一次世界大战的国际影响表现在四个方面：一是欧洲衰落，美日崛起，欧洲主宰世界的局面从此宣告结束；二是战争引发了一系列革命，俄国爆发十月革命，建立了人类历史上第一个社会主义国家；三是战争严重削弱了帝国主义国家的殖民体系，亚、非、拉民族解放运动兴起；四是战胜国在全球范围内建立了重新分割世界、维护战胜国利益和维护战后和平的新秩序，即“凡尔赛－华盛顿体系”。

2. 1915 年 9 月，陈独秀在上海创办《青年》杂志(后改名为《新青年》)，成为新文化运动兴起的标志。

(1)新文化运动的主要内容：

第一，提倡民主和科学。民主主要是指资产阶级的民主思想和民主制度。倡导造就法国式的资产阶级共和国;民主还提倡个性解放,平等自由,造就自主、自由的人。科学主要是指自然科学。提倡以科学的精神和科学的方法来研究社会。新文化运动把攻击的矛头集中指向以维护封建专制为宗旨和基本内容的孔学,以进化论观点和个性解放思想为主要武器,猛烈抨击封建纲常礼教,大力提倡新道德,反对旧道德。新文化运动还对妇女解放、家庭问题、婚姻恋爱等进行了热烈讨论,宣传男女平等和资产阶级自由、民主思想。新文化运动的倡导者并没有因为批判孔学就否定中国的全部传统文化。

第二,提倡白话文、新文学,反对文言文、旧文学,主张文学革命,文学革命包括文学的内容和形式两个方面的革命。1918 年 5 月,鲁迅发表《狂人日记》,这是新文学运动的第一篇白话文小说。其后的《阿 Q 正传》等作品为中国新文学的发展奠定了基础。

(2)"五四"前的新文化运动是一场由民主主义知识分子领导的资产阶级民主主义革命性质的思想启蒙运动,具有重要的历史意义:

第一,它是资产阶级民主主义的新文化同封建主义的旧文化的斗争,是辛亥革命在思想文化领域的延续。它以磅礴的气势沉重打击了封建专制主义。

第二,它大力宣传了民主和科学,启发了人们的民主主义觉悟,将人们从封建专制所造成的蒙昧中解放出来,开启了思想解放的潮流。

第三,它为中国的先进分子接受马克思主义准备了适宜的土壤,为以五四运动为开端的中国新民主主义革命创造了思想文化上的条件。

3. 由于历史条件的局限,"五四"以前的新文化运动也存在明显的缺点:

(1)新文化运动的倡导者没有揭示封建专制主义得以存在的社会根源;把资产阶级共和国方案失败的根本原因归之于思想文化,是错误的。他们提倡的资产阶级民主主义,并不能为人们提供一种思想武器去认识中国,并有效地对中国社会进行改造。

(2)他们把改造国民性置于优先地位,但是又脱离了改造社会大环境的革命实践,没有把运动普及到工农群众中去,仅仅依靠少数人的呐喊,其目标就难以实现。

(3)他们中不少人在思想方法上存在绝对肯定或绝对否定的形式主义偏向。这种形式主义地看问题的方法,影响了这个运动后来的发展。

4. (1)"十月革命一声炮响,给我们送来了马克思列宁主义。"十月革命推动中国的先进分子从资产阶级民主主义转向社会主义。

(2)十月革命给予中国人的一个启示是:经济、文化落后的国家也可以用社会主义思想指引自己走向解放之路。

(3)十月革命后,苏维埃俄国号召反对帝国主义,以新的平等姿态对待中国,推动了社会主义思想在中国的传播。

(4)十月革命中工人和士兵的广泛发动并由此赢得胜利的事实,昭示着中国的先进分子以新的方法开展革命,十月革命后,中国思想界产生了一批赞成十月革命、具有初步共产主义思想的知识分子。李大钊最先由民主主义者转变为共产主义者,在中国大地率先举起马克思主义旗帜。他的《法俄革命之比较观》《庶民的胜利》《Bolshevism 的胜利》，讴歌十月革命是“二十世纪中世界革命的先声”，确信“将来的环球，必是赤旗的世界”。

5. (1) 1919 年的五四运动是在新的时代条件和社会历史条件下发生的。

第一，它发生在俄国十月革命所开辟的世界无产阶级社会主义革命的新时代。

第二，第一次世界大战期间，中国的民族资本主义经济得到短暂而又迅速的发展，中国的工人阶级和民族资产阶级的力量也进一步壮大起来，1919 年五四运动前夕，中国产业工人已达 200 万左右，成为一支日益重要的社会力量。

第三，新文化运动掀起的思想解放潮流，为五四运动准备了最初的群众基础和骨干力量。

(2) 五四运动具有以辛亥革命为代表的旧民主主义革命所不具备的历史特点和历史意义。

第一，五四运动是中国近代史上一次彻底的反帝反封建的革命运动，表现了反帝反封建的彻底性，把中国人民反帝反封建的斗争提升到一个新的水平上。

第二，五四运动广泛动员和组织了群众，是一场真正的群众性的革命运动，青年学生起了先锋作用；中国工人阶级开始登上政治舞台，在运动后期发挥了主力军作用。

第三，五四运动促进了马克思主义在中国的广泛传播，促进了马克思主义同中国工人运动的结合，为中国共产党的成立做了思想上的准备，一方面，中国先进的知识分子在运动中充分领略了工人阶级的伟大力量，从而促使他们在行动上探索马克思主义与工人阶级相结合的方式，促进工人阶级进一步认识自己的历史使命；另一方面，具有初步共产主义思想的知识分子在实际斗争中经受了锻炼，并自觉进行了自身的改造，逐步转变成为马克思主义者。

第四，五四运动是中国新民主主义革命的伟大开端。五四运动发生在俄国十月革命之后，中国革命逐渐成为世界无产阶级社会主义革命的一部分。五四运动以后，无产阶级逐渐代替资产阶级成为近代中国民族民主革命的领导者。

6. 早期马克思主义思想运动有以下几个特点：

(1) 重视对马克思主义基本理论的学习，明确地同第二国际的社会民主主义划清界限，中国的马克思主义思想运动一开始就坚持了马克思主义的革命原则和正确方向。

(2) 注意从中国的实际出发，学习、运用马克思主义的理论。中国早期马克思主义者已经在实际上初步形成了马克思主义应当与中国实际相结合的思想，尽管在当时还没有明确提出这个命题。

(3) 开始提出知识分子应当同劳动群众相结合的思想，李大钊主张知识分子要忠于民众，做民众的先驱，要到民间去，到农村去。

7. 各地早期共产党组织成立后，着重进行了以下几方面的工作：

(1) 研究和宣传马克思主义。

早期共产党组织的成员注重从马克思、恩格斯、列宁的原著中学习马克思列宁主义，宣传马克思主义和俄国革命的经验。为了扩大马克思主义的宣传阵地，早期共产党组织的成员同反马克思主义的思潮进行了三次论战：第一次是同胡适围绕“问题与主义”的论战，划清了革命与改良的界限;第二次是同张东荪、梁启超关于社会主义的论战,强调资本主义道路在中国走不通,中国的出路只能是社会主义;第三次是同无政府主义者的论战,指出必须以革命的手段夺取政权,建立无产阶级专政,才能保护劳动者的利益,最终消灭阶级和阶级差别,通过这些论战,马克思主义的阵地进一步扩大,马克思主义者的队伍进一步壮大。

(2)到工人中去开展宣传和组织工作。

各地早期共产党组织成立后,大力组织和开展工人运动,他们纷纷出版工人的通俗刊物,如上海的《劳动界》,北京的《劳动音》和《工人周刊》,广东的《劳动者》和《劳动与妇女》,济南的《济南劳动月刊》等。各地早期共产党组织还创建了工会和劳动学校。1920 年 11 月,李中主持成立了早期共产党组织领导的第一个产业工会——上海机器工会,出版《机器工人》。此外,较有影响的还有上海的印刷工会、纺织工会和小沙渡劳工半日学校,北京的长辛店劳动补习学校和工人俱乐部(工会),长沙的湖南第一师范工人夜校等。1921 年 1 月,由李启汉、俞秀松负责的职工运动委员会成立。这些都推动了马克思主义与中国工人运动的初步结合。

(3)进行关于建党问题的讨论和实际组织工作。

1920 年 11 月,上海共产党发起组制定了《中国共产党宣言》,阐述了共产主义者的理想、目的和阶级斗争的现状。与此同时,在早期共产党组织的领导下,社会主义青年团在上海成立,成为共产党的后备力量,在上海发起组的推动下,各地早期共产党组织开展了建党问题的讨论。蔡和森在给毛泽东的信中强调必须首先要建立共产党,作为革命运动的发起者、宣传者、先锋队和作战部。

(4)各地早期共产党组织的活动,进一步促进了马克思主义同中国工人运动的结合,在中国创建统一的工人阶级先锋队组织——中国共产党的条件进一步具备了。

8.(1)中共二大宣言中规定了中国共产党的最高纲领和最低纲领。党的最高纲领是:实现社会主义、共产主义。党的最低纲领,即党在当前阶段也就是民主革命阶段的纲领是:消除内乱,打倒军阀,建设国内和平;推翻国际帝国主义的压迫;达到中华民族完全独立;统一中国为真正的民主共和国。这是在中国半殖民地半封建社会条件下走向社会主义、共产主义不可超越的一个阶段。

(2)中共二大在中国近现代历史上第一次明确提出了反帝反封建的民主革命纲领。近代以来的中国民族民主革命,长期没有明确革命的对象和动力,没有解决分清敌友这个革命的首要问题。中国共产党成立仅一年,就基本解决了这一问题。历史证明,只有用马克思主义武装起来的中国共产党才能为中国革命指明方向。中共二大后,中国共产党提出的这个纲领很快传播开来,并广为人们所接受。“打倒列强,除军阀”逐渐成为广大群众的共同呼声。

9.(1)中国国民党第一次全国代表大会接受了中共反帝反封建的政治主张,确定了联俄、联共、扶助农工的三大政策,把旧三民主义发展为新三民主义,奠定了国共合作的政治基础。

(2)大会坚持联共方针,决定共产党员、青年团员以个人身份加入国民党和努力在工农中发展党员,把国民党改造成为工人、农民、城市小资产阶级和民族资产阶级的民主革命联盟,成为国共合作的革命统一战线的组织形式。

(3)大会的召开标志着以国共合作为基础的革命统一战线的正式形成和第一次国共合作的实现，从而在政治上、组织上和政策上为新的革命高潮的到来奠定了基础。

四、材料分析题

1.(1)五四以前的新文化运动中，中国一些先进分子在宣传西方资产阶级民主主义时，就已经开始对它有所怀疑和保留了。

(2)①在帝国主义时代，资本主义制度的内在矛盾已经比较充分地暴露出来。②1914年至1918年的第一次世界大战，以极端的形式进一步暴露了资本主义制度固有的不可克服的矛盾。③中国人学习西方的努力屡遭失败的事实，更使他们对资产阶级共和国方案在中国的可行性产生了极大的疑问。

五、论述题

1.(1)五四运动是在新的时代和新的社会历史条件下发生的。具有以辛亥革命为代表的旧民主主义革命所不具备的历史特点和历史意义。

(2)五四运动是中国近代史上一次彻底的反帝反封建的革命运动，表现了反帝反封建的彻底性，把中国人民反帝反封建的斗争提升到一个新的水平上。

(3)五四运动广泛动员和组织了群众，是一场真正的群众性的革命运动。运动中青年学生起了先锋作用；中国工人阶级开始登上政治舞台，在运动后期发挥了主力军作用。

(4)五四运动促进了马克思主义在中国的广泛传播，促进了马克思主义同中国工人运动的结合，为中国共产党的成立做了思想和干部上的准备。一方面，中国先进的知识分子在运动中充分领略了工人阶级的伟大力量，从而促使他们在行动上探索马克思主义与工人阶级相结合的方式，促进工人阶级进一步认识自己的历史使命；另一方面，具有初步共产主义思想的知识分子在实际斗争中经受了锻炼，并自觉进行了自身的改造，逐步转变成为马克思主义者。

(5)五四运动是中国新民主主义革命的伟大开端，五四运动发生在俄国十月革命之后，中国革命逐渐成为世界无产阶级社会主义革命的一部分。五四运动以后，无产阶级逐渐代替资产阶级成为近代中国民族民主革命的领导者。

2.(1)根据中共二大的决议，1922年8月，中共中央在杭州西湖召开特别会议，会议决定在孙中山按照民主原则改组国民党的条件下，共产党员、青年团员可以个人名义加入中国国民党，以推动革命统一战线的建立。

(2)1923年6月，中国共产党在广州召开第三次全国代表大会，集中讨论了国共合作、建立革命统一战线的问题，决定全体共产党员以个人名义加入国民党，以建立各民主阶级的统一战线；同时强调，在共产党员加入国民党时，党必须在政治上、思想上、组织上保持自己的独立性，中共三大正确制定了建立革命统一战线的方针政策，有力推动了第一次国共合作的形成。

(3)在国民党方面,1922年6月陈炯明叛变后,孙中山受到极大打击,陷入困境。在中国共产党和苏俄政府、共产国际的帮助下,孙中山于1923年元旦发表《中国国民党宣言》。强调革命必须依靠民众,表明他实现了从依靠地方军阀到依靠广大民众的转变。1月26日,孙中山同苏俄政府代表越飞发表《孙文越飞宣言》,正式确立联俄政策,孙中山还吸收共产党人参与国民党的改组工作。

(4)1924年1月,中国国民党第一次全国代表大会在广州召开,大会通过的宣言对三民主义做了新的阐释:民族主义突出了反对帝国主义的内容,强调对外争取中华民族的完全独立,同时主张国内各民族一律平等;民权主义强调民权为一般平民所共有,不应为"少数人所得而私";民生主义在"平均地权"的基础上增加了"节制资本"的原则,并提出改善工农的生活状况。这样,旧三民主义发展成为新三民主义,新三民主义和中共在民主革命时期的纲领在基本原则上是一致的,因此成为国共合作的政治基础和革命统一战线的共同纲领。

(5)国民党一大实际上确立了联俄、联共、扶助农工的三大政策,成为第一次国共合作的政治基础,大会的成功召开,标志着以第一次国共合作为基础的革命统一战线正式形成。改组后的国民党,从原来的代表资产阶级的政党改变为工人阶级、农民阶级、小资产阶级和民族资产阶级的革命联盟。

第五章

Chapter 5

中国革命新道路

学习目标

通过学习大革命失败的经验教训，深入理解中国共产党工农武装割据的必然性；通过学习长征的过程和意义，了解中国共产党坚忍不拔的革命精神，深入理解马克思主义中国化命题提出的历史背景和意义，使学生认识到中国共产党是一个能把马克思主义普遍真理和中国革命具体实践结合起来的政党，是能够与时俱进的政党。

学习要点

1. 中国红色政权存在和发展的原因与条件。
2. 遵义会议的内容和历史意义。
3. 红军长征胜利的伟大意义和“长征精神”的基本内容。
4. 中国革命新道路的基本内容及其理论和现实意义。
5. 新民主主义革命时期党内三次“左”倾错误的主要表现及产生的原因。

教学案例

【案例 1】

同红军在一起:“真正的”红军

我幸亏接受了他的劝告。我要是没有接受他的劝告,我在离开保安时就仍旧不明白红军不可战胜的声誉从何而来,仍旧不相信正规红军的年轻、精神、训练、纪律、出色的装备,特别是高度的政治觉悟,仍旧不了解红军是中国唯一的一支从政治上来说是铁打的军队。

要了解这些所谓的土匪,最好的方法也许是用统计数字。因为我发现红军对全部正规人员都有完整的数据。下面的事实,我觉得极有兴趣和意义,是一方面军政治部主任、能说俄语的 29 岁的杨尚昆从他的档案中找出来的。除了少数例外,这个统计材料限于我有机会进行观察核实的一些问题。

首先,许多人以为红军是一批顽强的亡命之徒和不满分子。我自己也有一些这样的模糊观念。不久,我就发现自己完全错了。红军的大部分是青年农民和工人,他们认为自己是为家庭、土地和国家而战斗。

据杨尚昆说,普通士兵的平均年龄是 19 岁。这很容易相信。虽然许多红军士兵已经作战七八年甚至十年,但大量还只是十多岁的青年。甚至大多数“老布尔什维克”,那些身经百战的老战士,现在也只有 20 刚出头。他们大多数是作为少年先锋队员参加红军的,或者是在 15 岁或 16 岁时入伍。

在一方面军中,共有 38% 的士兵,不是来自农业无产阶级(包括手工业者、赶骡的、学徒、长工等)就是来自工业无产阶级,但 58% 是来自农民。只有 4% 来自小资产阶级——商人、知识分子、小地主等的子弟。在一方面军中,包括指挥员在内的 50% 以上的人,都是共产党员或共青团员。

60% ~70% 的士兵是有文化的——这就是说,他们能够写简单的信件、文章、标语、传单等。这比白区中普通军队的平均数高得多了,比西北农民中的平均数更高。红军士兵从入伍的第一天起,就开始学习专门为他们编写的红色课本。进步快的领到奖品(廉价笔记簿、铅笔、锦旗等,士兵们很重视这些东西),此外,还做出巨大的努力来激励他们的上进心和竞赛精神。

像他们的指挥员一样,红军士兵是没有正规薪响的。但每一个士兵有权取得一份土地和这块土地上的一些收入。他不在的时候,由他的家属或当地苏维埃耕种。然而,如果他不是苏区本地人,则从“公田”(从大地主那里没收而来)的作物收益中取出一份作报酬,公田的收益也用于红军的给养。公田由当地苏维埃区的村民耕种。公田上的无偿劳动是义务的,但在土地重新分配中得到好处的农民，大多数是愿意合作来保卫改善了他们的生活的制度的。

红军中军官的平均年龄是24岁。这包括从班长直到军长的全部军官，尽管这些人很年轻，平均都有八年的作战经验。所有的连长以上的军官都有文化，虽然我遇见过几位军官，他们参加红军以前还不能认字写字。红军指挥员约有1/3以前是国民党军人。在红军指挥员中，有许多是黄埔军校毕业生、莫斯科红军大学毕业生、张学良的"东北军"的前军官、保定军官学校的学生、前国民军("基督将军"冯玉祥的军队)的军人，以及若干从法国、苏联、德国和英国回来的留学生。我只见到过一个美国留学生。红军不叫"兵"(在中国这是一个很遭反感的字)，而称自己为"战士"。

红军的士兵和军官大多数未婚。他们当中许多人"离了婚"——这就是说他们丢下了妻子和家人。在有几个人身上，我真的怀疑。这种离婚的愿望事实上可能同他们参加红军有些关系，但这也许说得太刻薄了。

从在路上和在前线的许多交谈中，我所得的印象是这些"红军战士"大多数依然是童男。在前线和军队在一起的女人很少，她们本人几乎全都是苏维埃干部或同苏维埃干部结了婚的。

就我所能看到或知道的，红军都以尊重的态度对待农村妇女和姑娘，农民对红军的道德似乎都有很高的评价。我没有听到过强奸或污辱农村妇女的事件，虽然我从一些南方士兵那里了解到丢在家乡的"爱人"的事情。红军很少有人吸烟、喝酒；烟酒不沾是红军"八项注意"之一，虽然对这两种坏习惯没有规定特别的处罚，但我在墙报上的"黑栏"上看了好几宗对有吸烟恶习的人提出严厉的批评。喝酒不禁止，但也不鼓励。对于喝得酩酊大醉的事情，就我的见闻来说，却没有听到过。

彭德怀司令员曾任国民党将军，他告诉我说，红军极其年轻，说明它为什么能够吃苦耐劳，这是很可信的。这也使得女伴问题不太严重。彭德怀本人在1928年率领国民党军队起义参加红军后，就没有见过自己的妻子。

红军指挥员中的伤亡率很高。他们向来都同士兵并肩作战，团长以下都是这样。一位外国武官曾经说，单单是一件事情就可以说明红军同拥有极大优势的敌人作战的能力了。这就是红军军官习惯说的："弟兄们，跟我来！"而不是说："弟兄们，向前冲！"在南京发动的第一次和第二次"最后清剿"中，红军军官的伤亡率往往高达50%。但红色军不能经受这样的牺牲，因此后来采取了多少要减少有经验的指挥员的生命危险的战术。虽然这样，但在第五次江西战役中，红军指挥员的伤亡率还是平均在23%左右。关于这一点，在红区中，人们可以看到许多证据。通常可以看到，20刚出头的青年就丢了一只胳臂或一条腿，或者是手指被打掉了，或者是头上或身上留有难看的伤痕——但是他们对于革命依然是高高兴兴的乐观主义者！

在红军的各支队伍里，几乎中国各省的人都有。在这个意义上，红军或许是中国唯一的真正的全国性军队了，它也是"征途最辽阔"的军队！老兵们走过18个省份。他们也许比其他任何军队更加熟悉中国的地理。在长征途中，他们发现大多数的旧中国地图了无用处，于是红军制图员重新绘制了许许多多英里的区域地图，特别是在土著居民地区的西部边疆地区。

一方面军约有3万人，南方人占的百分率很高，约有1/3来自江西、福建、湖南或贵州。将近40%来自西部的四川、陕西和甘肃等省。一方面军包括一些土著居民（苗族和彝族），此外还有一支新组织起来的回民红军。在独立部队中，当地人的百分率还更高，平均占总数的3/4。

从最高级指挥员到普通士兵，吃的穿的都一样。但是，营长以上可以骑马或骡子。我注意到，他们弄到美味食物甚至大家平分——在我和军队在一起时，这主要表现在西瓜和李子上。指挥员和士兵的住处，差别很少，他们自由地往来，不拘形式。

有一件事情使我感到迷惑。共产党人是怎样给他们的军队提供吃的、穿的和装备呢？像其他许多人一样，我原以为他们一定是完全靠劫掠来维持生活。我已经说过，我发现这种臆想是错误的，因为我看到，他们每占领一个地方，就着手建设他们自己的自给经济，单单是这件事实，就能够使他们守住一个根据地而不怕敌人的封锁。此外，对于中国无产阶级军队能够靠几乎不能相信的极少经费活下去，我也是没有认识的。

红军声称他们80%以上的枪械和70%以上的弹药是从敌军那里夺来的。如果说这是难以置信的话，我可以作证，我所看到的正规军基本上是用英国、捷克斯洛伐克、德国和美国机关枪、步枪、自动步枪、毛瑟枪和山炮装备起来，这些武器都是大量地卖给南京政府的。

我看见红军使用的唯一俄国制步枪，是1917年造的产品。我直接从几个前马鸿逵将军的士兵口中听到，这些步枪是从马将军的军队那里夺来的。而国民党手中的宁夏省残余部分的省主席马将军又是从冯玉祥将军那里把这些步枪接过手来的，冯将军在1924年统治过这个地区，曾从外蒙古得到一些武器。红军正规军不屑使用这些老式武器，我看见只有游击队员的手中才有这种武器。

我在苏区时，要想同俄国的武器来源发生任何接触，客观上是不可能的。红军为总数将近40万的各种敌军所包围，而且敌人控制着每一条通向外蒙古、新疆或苏联的道路。别人老是指责他们从俄国那里得到武器，我想，要是有一些这样的武器居然从天而降，他们是乐意得到的。但是，只要看一看地图就十分明白，在中国共产党人往北方和西方扩大更多的面积以前，莫斯科没法供应任何订货，姑且假定莫斯科有意这么做，但那是大可怀疑的。

【资料来源】

节选自《红星照耀中国（西行漫记）》第八篇，作者：埃德加·斯诺，译者：胡愈之，林淡秋，梅益，等. 东方出版社，2010年11月1日.

【思考讨论】

1. 中国红军是一支什么样的军队？
2. 中国红军对中国红色政权能够存在的意义是什么？
3. 中国红军对中国革命事业的意义是什么？

【案例2】

不屈的共产党人

大革命失败后,中国共产党和革命人民遭到血腥镇压,中国革命转入低潮。在严峻的考验面前,一些为中华民族解放事业和共产主义远大理想而奋斗的中国共产党人,经受住了严酷的考验,许多人用生命和鲜血捍卫了共产主义信念。

广州起义的领导人之一周文雍,因工作需要曾与共产党员陈铁军假扮夫妻,从事地下工作。1928年初,两人被捕。周文雍在牢房的墙壁上写下了:“头可断,肢可折,革命精神不可灭。壮士头颅为党落,好汉身躯为群裂。”1928年2月6日,周文雍、陈铁军被解往刑场。开枪之前,面对大批围观的百姓,陈铁军发表了人生最后一次演说。她说:“我和周文雍同志假扮夫妻,共同工作了几个月,合作得很好,也建立了深厚的感情。但是由于专心于工作,我们没有时间谈个人的感情。现在,我们要结婚了。就让国民党刽子手的枪声,作为我们结婚的礼炮吧!”

共产党员郭亮,是1928年被国民党杀害的。他的头颅被悬挂在城门上,以警告革命群众不要追随共产党。郭亮就义时年仅27岁。他在就义前给妻子李灿英写了一封遗书,书中写道:“灿英吾爱:亮东奔西走,无家无国。我事毕矣。望善抚吾儿,以寄余志。此嘱。”郭亮在就义时,还念念不忘告诫妻子,要教育孩子,来继承革命的遗志。表现了一个共产党员,无论在什么情况之下,都把人类最崇高的理想——共产主义,放在第一位。这种精神是任何精神都不能比拟的,是值得我们后一代永远学习的。

共产党员夏明翰在就义前留下了“砍头不要紧,只要主义真,杀了夏明翰,还有后来人”的壮丽诗句。

党的早期创始人蔡和森,牺牲时非常惨烈,他被敌人摊开四肢,钉在墙上,仍坚贞不屈,表现了共产党人的确是用特殊材料制成的。敌人把他的胸膛戳得稀烂。牺牲时他只留下一句话:“最后胜利一定是属于我们的!”

蔡和森的夫人、湖北省委书记向警予,在汪精卫背叛革命后,有人劝她离开湖北,向警予回答:“的确,我的处境有困难,可唯有这样,我更不能离开。”后来由于叛徒出卖,她被关进了监狱,最后敌人决定杀一儆百,将她游行示众,她却利用机会对群众发表演说:“我是中国共产党党员向警予,为解放工农劳苦大众奋斗,不惜流血牺牲,无产阶级团结起来!打倒国民党!打倒国民党政府!中国共产党万岁!”

方志敏同志曾在死牢里写下光耀千秋的诗句:“敌人只能砍下我们的头颅,决不能动摇我们的信仰!因为我们信仰的主义,乃是宇宙的真理!”

在严峻的考验面前,中国共产党人表现了坚定的革命立场和大无畏的英雄气概。他们并没有被吓倒、被征服、被杀绝。他们从地上爬起来,揩干净身上的血迹,掩埋好同伴的尸首,又继续投入战斗了。一些追求进步、向往真理的人士,在革命的危急时刻加入了共产党的队伍。

年逾半百的教育家徐特立,文学家郭沫若,在国民革命军中担任过领导职务的贺龙、彭德怀等,都在这时加入了中国共产党。受尽压迫的工农群众,重新在它的周围逐步聚集起来。在黑暗的中国,中国共产党独立高举起反帝反封建的革命旗帜。

徐特立当时已经50多岁了,他认为自己能加入中国共产党是真正地获得了新生。他最初是一个教育救国论者,又成为康有为、梁启超的信徒,后又转变为信奉三民主义,成为共产主义者。他说:"我在旧社会做过一些事,想对国家和人民贡献一点力量,但摸索了几十年,找不到出路。"他坚信只有马克思主义才能救中国。大革命失败后,一位朋友劝他离开革命队伍,另谋出路,并给他一笔路费,他十分气愤,当场把钞票抛给他的朋友,对他说:"革命成功的时候,多一个人少一个人无所谓,正是因为革命遭到了挫折,我们才得干,逃跑算什么!"

贺龙,湖南桑植人,出身贫苦农民家庭,立志改变黑暗社会。参加北伐战争时,他英勇善战,任讨贼军第一师师长。大革命失败后,汪精卫、蒋介石拉拢他,共产党也关注他,听哪个党的话,走哪条路,贺龙做出了正确的选择,毅然参加南昌起义,担任总指挥,许多人问他:"现在国民党一统天下,势大力强,你为什么要当红脑壳(共产党)呢?你当过镇守使,当过军长,你是有前程的,你当共产党图个啥?脱下将军服换上粗布装,脱下皮鞋,穿草鞋,你图的是什么!"贺龙回答:"我贺龙找真理,找个好领导,找了半辈子,现在总算找到了,我要跟着共产党走到底!我要的不是个人前程,我要的是国家民族和劳苦大众的前程,你们看着吧!共产党一定会成功!蒋介石一定会垮台。"

我们对徐特立、贺龙等,用这样的诗句来形容他们:"疾风知劲草,岁寒知松柏。"中国有这样的人,革命杀不退。

【资料来源】

西安交通大学《中国近现代史纲要》"精彩一课"案例素材

【思考讨论】

为什么共产党人会视死如归?我们今天应向他们学习什么?

【案例3】

国民党政权的反动性质

由于国民党政府是在帝国主义支持下建立的,因此中国没有摆脱帝国主义压迫,反而使外国垄断资本不断深入中国,从而牢牢控制了中国的经济命脉。

我们来看下面的数据:抗战前夕,在重工业方面,外国资本就控制了煤产量的55.2%,新法采煤量的77.4%,冶铁工业的95%,石油工业的99%,发电量的77.1%。在中国的现代工业和运输业中,外国资本占到了71.6%,外国银行资产也要比华商银行多1/3。

依靠帝国主义的结果,必然导致屈辱的外交,国民党政府对南京惨案和济南惨案的处理,集中反映了这一点。

南京事件的处理：1927 年 3 月 24 日，北伐军攻占南京。英美帝国主义借口侨民受到迫害，为保护侨民，他们制造了炮轰南京事件，毁坏了许多房屋财产，中国军民死伤 2 000 余人。1928 年 3 月，国民党政府外交部长黄郛交涉的结果，竟不是要外国帝国主义向中国道歉、赔款，而是蒋介石代表中国政府向各国政府及侨民表示歉意，赔偿各国“损失”数十万元，还为帝国主义强盗屠杀中国人民辩解，说这乃是“不得已之自卫手段”，甚至下令通缉率领国民革命军第六军攻克南京的共产党员林伯渠，替帝国主义惩办凶手。

济南惨案的处理：1928 年 5 月，日本侵略者为了阻止蒋介石军队“北伐”奉张，出兵侵占济南，屠杀中国军民 6 000 多人。尤其令人发指的是，日本军国主义践踏国际法准则，残杀了国民党政府山东特派交涉员及 16 名外交人员。日军于 5 月 3 日深夜包围并强行搜查了山东交涉署，特派交涉员蔡公时用日语表示抗议：“我们是外交官，这里是非战斗单位，不许搜查。”日军却毫不理睬，将蔡捆绑起来，把他的耳朵和鼻子割去。蔡公时坚持民族气节，怒斥日军暴行，日军大怒，又将他的舌头、眼睛挖去，并对其他人百般摧残。最后，除一人侥幸逃脱外，其余的人全部被日军杀害。其状之惨，令人目不忍睹。

日本帝国主义杀死交涉人员，占我领土，杀我人民，可以说是奇耻大辱，激起全国人民的义愤。但是，蒋介石不但不组织反击，反而训令部下：“对于日本，绝对不开枪，为救一日人，虽杀十人亦可。”面对日军制造的惨案，蒋介石采取了退让方针，命令北伐军“忍辱负重”，撤出济南，绕道北伐。后来，在国民党政府与日本就济南惨案进行的谈判达成的议定书中，竟然把日本帝国主义侵占我国领土、屠杀我国军民和造成无数财产损失的罪责一笔勾销，日本反而要求中国政府负责保护在华日人之生命财产。

维护地主土地所有制

旧中国的土地制度非常不合理，占农村人口 80% 的贫农没有或有很少的土地，而占农村人口不到 5% 的地主、富农却占有 80% 的土地。当时中国最广大的人民——贫苦农民迫切要求获得土地。中国共产党代表中国最广大人民的根本利益，提出了土地革命路线，打土豪，分田地，促进了生产力的发展。而国民党维护地主阶级的利益，拒绝在农村进行土地改革，严重阻碍了社会生产力的发展，从而使广大农民处于水深火热之中。

国民党新军阀比旧军阀更反动

第一，实行一党专政。这时的国民党，不仅背叛了国民党一大的宗旨，也背叛了同盟会时的政治主张，在全国建立法西斯专制统治。这首先表现为国民党的一党专政。

1928 年 8 月，国民党召开二届五中全会，宣告“军政时期”结束，“训政时期”开始。10 月，国民党中央通过《训政纲领》规定：在训政时期，由“国民党全国代表大会代表国民大会，领导国民行使政权”，大会闭会期间，“以政权付托国民党中央执行委员会执行之”。这样，国民党不仅背叛了孙中山的新三民主义，而且，就连北洋军阀时期还在形式上存在的议会制度也被彻底废除了。

第二，强化特务统治。特务统治是国民党法西斯专制的突出表现。蒋介石的特务组织有两个系统，一个是以陈果夫、陈立夫为首的国民党中央执行委员会调查统计局(简称中统)，另一个是以贺衷寒、戴笠、康泽为首的国民党军事委员会调查统计局(简称军统)。这两个特务组织专门从事侦缉、绑架、暗杀等法西斯活动，以最野蛮、最恐怖的手段迫害共产党人和革命人民。他们狂热鼓吹一个主义、一个政党、一个领袖，积极推行法西斯统治。他们控制了国民党党、政、军的各个要害部门。他们渗透到全国各个角落，使国民党统治下的中国成为一个特务统治的恐怖世界。

第三，推行保甲制度。保甲制度是国民党加强对人民的控制和监视的基层统治网。保甲制度规定以户为单位，十户为甲，设甲长；十甲为保，设保长。实行各户互相监视、互相告发的连坐法。保甲内人民没有一点权力和自由，甚至婚丧嫁娶之事都要一一呈报政府，否则就要受罚。保长和甲长大多由地方的土豪劣绅把持，成为当地的土皇帝。保甲制度在国统区普遍实行，人民深受其害。当时流传着这样的民谣：保甲、保甲，人人披锁又戴枷。

第四，拥有近代化武器装备的庞大的反动军队。国民党建立了一支庞大的反革命武装，其常备军数量之多，超过了当时世界上的任何一个国家。据 1929 年国民党官方提供的材料，当时“全国军额达二百余万，年需军费约三万万余元”，占国民党政府总支出的 75% 以上。军队是国民党独裁统治的重要支柱，蒋介石一方面利用这支军队血腥镇压人民的反抗，另一方面利用这支军队进行军阀混战，排除异己。

第五，用政治强制和军事掠夺的手段，逐步地形成了官僚资本，作为这个统治的经济基础。国民党统治集团凭借国家权力，用政治强制和军事掠夺的办法，对人民巧取豪夺，采取了种种超经济的掠夺手段，如苛捐杂税、滥发公债、举借外债、垄断金融业等手段，聚敛了大量财富，逐步形成以蒋(介石)、宋(子文)、孔(祥熙)、陈(立夫、果夫)四大家族为代表的国民党官僚资本，垄断了全国的经济命脉，成为国民党政权的经济基础。

第六，在思想文化领域内，实行文化专制主义。为了控制舆论，剥夺人民的言论和出版自由，国民党还厉行文化专制主义。大批进步书刊被查禁，许多进步作家被监视、拘捕乃至枪杀。

【资料来源】

中国人民抗日战争纪念馆和互联网

【思考讨论】

大革命失败后，中国共产党有没有必要去推翻国民党政权？

【案例 4】

爬雪山、过草地与红军长征的胜利

中央红军占领泸定城后继续北上，于 1935 年 6 月 8 日突破敌人芦山、宝兴防线，随后翻越了长征路上第一座大雪山——夹金山。

红军指战员大多来自气候炎热、潮湿的南方亚热带地区，好多人以前从未见过大雪山，更不用说爬了。一开始见到雪山，的确非常壮观。白雪皑皑，一片银色，雪连天，天连雪，全是雪的世界。可真正爬起来，却一点儿也不觉得美了。夹金山被当地老百姓称为神仙山。他们告诉红军，只有神仙才能登越夹金山。如果你能在山上张开嘴，山神就会把你掐死。总之，夹金山是一座不可思议的山，鸟儿都飞不过去，人最好是别靠近它，但无畏的红军偏偏要与命运抗争。

到了夹金山的跟前，从山下就可看到覆盖山顶的冰雪，而且看上去这一大片一大片的积雪并不远。开始，人们根本意识不到要爬这么高。数月行军，粮食不足，人也筋疲力尽。爬山起初似乎还很顺利，后来突然进入了冰雪世界。雪光刺得人们睁不开眼睛，又没有路，人们在冰上滑行，摔倒了，要站起来，浑身无力，有的红军战士就这样永远地躺倒在雪山的怀抱里了。

6 月 12 日，中央红军先头部队终于翻过几座大雪山，在北进途中与红四方面军先头部队胜利会师。红一方面军和红四方面军会师后，红军的实力大大增强，总兵力达 10 万余人，士气高昂，又有了正确的战略方针，局势是十分有利的。但那时红四方面军有 8 万多人，而红一方面军只有 3 万多人，红四方面军领导人张国焘自恃掌握的兵力多，个人野心大大膨胀起来，以种种借口延误红四方面军主力北上，并以改组党中央和红军总部相要挟。为维护红军的团结，并争取张国焘本人，党中央于 7 月 18 日发出通知，任命张国焘为红军总政委，随后又对红军序列进行了一系列调整。

两河口会议后，身为红军总政委的张国焘口头上表示同意北上的方针，但仍暗中酝酿南下四川、西康。8 月 3 日，红军总部将红军分成左、右两军：左路军由红军总司令朱德、总政委张国焘率领，经阿坝北进；右路军由前敌总指挥徐向前、政委陈昌浩率领，经班佑北上。党中央、中革军委随右路军行动。8 月 20 日，中共中央政治局在毛儿盖召开会议，批评了张国焘的错误主张，决定以主力迅速占领洮河流域地区，并以此向东发展取得陕甘。

随后，右路军进入茫茫的毛儿盖大草原，这又是人类历史上的一次大挑战。美国革命作家史沫特莱在她的著作《伟大的道路》中，勾画了这一令人毛骨悚然的可怕地带："大草地位于康藏交界地区的高地上，一望无垠，广袤达数百英里，全是没有路的沼泽地带。走了一天又一天，极目四顾，红军所看到的，除了无边无际的野草外，没有别的东西，而野草下面则是浑水深达数英尺的沼泽。死草堆上又长出了大片野草，谁也说不上是不是几百年来就如此。大树小树一概没有，看不到鸟类飞翔，听不到虫声唧唧，甚至连一块石头都找不到。这里什么东西都没有，只有无边无际的野草，夏天任凭狂风暴雨冲打，冬天任凭大雪覆盖。天空永远密布乌云，把大地衬托成灰暗而阴沉的地狱。"（《伟大的道路——朱德的生平和时代》，三联书店 1979 年版，第 386 页）红军走出草地的时候，只剩下"一支褴褛不堪、瘦得只有骨头架子的部队"。（《伟大的道路——朱德的生平和时代》，三联书店 1979 年版，第 389 页）

右路军红军将士以藐视一切困难的革命精神，克服了常人难以想象的困难，历尽艰辛，终于在 8 月底以前走出草地，到达班佑、巴西地区，等待左路军前来会合。然而，张国焘却提出种种借口，不愿北上，并要右路军南下。9 月 9 日，他背着中共中央电令陈昌浩率右路军南下，并企图以武力分裂和危害党中央。为了贯彻北上方针，并避免红军内部可能发生的冲突，毛泽东立即召集周恩来、张闻天和博古等人紧急磋商，决定连夜率红一、红三军团和军委纵队先行北上。当时红四方面军有的干部不明真相，主张武力阻拦。红四方面军总指挥徐向前坚决制止了这种行动，维护了红军的团结。9 月 12 日，中共中央政治局在俄界召开扩大会议，通过了《关于张国焘同志错误的决定》，并决定红一方面军主力先行北上。

1935 年 9 月 13 日，红一、红三军团和军委纵队从俄界、罗达地区出发，继续北上。部队冒着雨雪交加的严寒，沿着白龙江源头险峻的山道，进入甘南境内。此时，甘南的敌人只有鲁大昌的第 14 师及王均的第 3 军第 12 师。红一方面军主力乘虚急速前进，于 16 日击溃敌第 14 师一个团，逼近天险腊子口。腊子口位于甘肃境内，是四川通往甘肃岷县的必经之路。隘口只有 30 多米宽，两边是千丈悬崖峭壁，中间是水深流急的腊子沟，河上架有一座木桥，这是进入腊子口的唯一通道。鲁大昌在此部署了两个营的兵力，桥头筑有碉堡，从山口往里，直到岷县，还纵深配置了 3 个团的兵力，不消灭该敌并攻占腊子口，红军就无法前进。因此，毛泽东亲自制定了攻打腊子口的方案，具体任务交给了红 4 团。这支英雄的部队与红 1 团一起，在长征中一直担任着开路先锋。当晚，红 4 团一部向腊子口发起进攻，但由于地形不利，几次进攻均未奏效。红 4 团当即调整部署，决定正面由政委杨成武指挥，用一个连的兵力疲惫与消耗敌人，并乘机夺取木桥；另派两个连，由团长王开湘率领，沿右岸的峭壁迂回到敌人侧后，协同正面的部队歼灭守敌。战斗紧张而激烈。敌桥头堡前，纷飞的弹雨和敌人扔下的手榴弹构成了一张严密的火网，担任正面进攻的 6 连始终接近不了桥头。与此同时，担任迂回任务的 1 连和 2 连，由一名苗族战士带领，沿峭壁攀藤而上，悄悄爬上石岩峭壁的后坡，似神兵天降一般对敌发起攻击。敌人措手不及，在红军两面夹击下，狼狈逃窜，红军乘胜穷追四十余公里。这一仗，不但打开了腊子口，还缴获了几十万公斤粮食和 1 000 公斤食盐，这对于当时刚出草地不久的红军来说，可谓无价之宝。

红一方面军主力通过腊子口后，继续北进，于 1935 年 10 月 19 日到达陕甘苏区吴起镇。10 月 22 日，中共中央政治局在此召开扩大会议，宣告红军主力的长征胜利结束，指出今后的战略任务是保卫和扩大西北的根据地，领导全国革命斗争，并以陕、甘、晋为发展的主要区域。

红一方面军在历时一年的艰苦转战中，长驱二万五千里，纵横十几个省，粉碎数十万敌军的围追堵截，战胜无数艰难险阻，实现了空前的战略大转移，胜利地完成了震惊中外的长征。

【资料来源】

黄宏《长征精神》，余琦《划破夜幕的红星：讲述红军长征的故事》

【思考讨论】

怎样发扬红军的长征精神？

【案例5】

遵义会议——历史性的转折

自1930年冬到1933年夏，蒋介石在江西连续发动四次对中央苏区的"围剿"，由于红军有毛泽东等人的正确指挥，蒋介石的"围剿"均告失败。

1933年9月下旬，蒋介石调集了100多万军队和200余架飞机，对红军各根据地发动了第五次"围剿"。可惜此时红军已失去了以毛泽东为首的正确领导，被王明等"左"倾领导者所把持，红军没能打破敌人的"围剿"，最终被逼上了远征的道路。

开始长征时，"左"倾领导人在军事行动中犯了逃跑主义错误，使红军受到重大损失。当时中央红军第五军团，自离开中央根据地起，长期成为掩护全军的后卫，保护着骡马、辎重，沿粤桂湘边境向西转移。中央红军全军8万多人马在山中羊肠小道行进，拥挤不堪，常常是一夜只翻一个山坳，非常疲劳。而敌人走的是大道，速度很快，红军怎么也摆脱不掉追敌。

经过20多天的作战，红军先后突破了敌人的3道封锁线。这时蒋介石已判明红军西进的企图，任命湖南军阀何键为"追剿"军总司令，指挥25个师的兵力，分五路"追剿"红军，同时令贵州"剿共"总指挥王家烈派出主力部队到湘黔边界堵截，企图将红军歼灭于湘江以东地区，并手谕前线国民党军各部队：力求全歼，毋容匪寇再度生根。红军遇到了长征中最残酷的一仗：湘江战役。

敌人利用宽阔的湘江构成了第四道封锁线。红军前有湘江阻拦，左有广西军，右有湖南军，后有中央军和广东军阀穷追不舍，处境万分险恶。面临敌人的重兵，执行"左"倾错误的中央领导人更是一筹莫展，只是命令部队硬攻硬打，企图夺路突围。11月25日，中革军委发布抢渡湘江的作战命令，令中央红军分四路纵队，迅速抢渡湘江，通过敌第四道封锁线。红军与优势之敌苦战5昼夜，终于撕开了敌重兵设防的第四道封锁线，粉碎了蒋介石围歼红军于湘江以东的企图。但红军也付出了极为惨重的代价，渡过湘江后，中央红军和中革军委两纵队，已由出发时的8.6万人锐减到3万人。

红军广大干部、战士眼看第五次反"围剿"以来，红军屡次失利，现在又几乎濒于绝境，与前四次反"围剿"的情况对比，逐渐觉悟到这是排斥了以毛泽东为代表的正确路线、贯彻执行了错误的路线所致，部队中明显地滋长了怀疑不满和积极要求改变领导人的情绪。这种情绪，随着红军的失利日益显著，湘江战役后，达到了顶点。

这时，红二、六军团为了策应中央红军，在川黔湘边界展开了强大攻势。蒋介石为了阻挡红军会师，忙调重兵堵截、追击。如果红军不放弃原来的计划，就必须与五六倍于己的敌人决战。但部队的战斗力又空前减弱，要是仍旧采用正面直顶的笨战法，和占优势的敌人打硬仗，显然就有全军覆没的危险。

正是在这危急关头，毛泽东挽救了红军。他力主放弃会合红二、六军团的企图，改向敌人力量薄弱的贵州前进，争取主动，打几个胜仗，使部队得以稍事休整。他的主张得到大部分同志的赞同。于是,部队在占领湖南西南边境之通道后,立即向贵州前进,一举攻克了黎平。

中共中央政治局在黎平召开了会议,决定向敌人力量薄弱的贵州前进。部队在黎平整编后,立即出发,于1935年1月强渡乌江,打下了遵义城。

1935年1月15日至17日,中共中央在遵义召开了具有伟大历史意义的政治局扩大会议,这就是中国共产党历史上著名的“遵义会议”。

遵义会议明确回答了红军战略战术方面的是非问题,指出了博古、李德军事指挥上的错误,同时改变了中央的领导特别是军事领导,解决了党内所面临的最迫切的组织问题和军事问题,结束了“左”倾教条主义错误在中央的统治,确立了毛泽东在中央和红军的领导地位。而这些成果,又是在中国共产党同共产国际中断联系情况下独立自主地取得的。这次会议,在极端危急的历史关头,挽救了党,挽救了红军,挽救了中国革命。这是党的历史上生死攸关的转折点,正是由于这一转折,红军和党才胜利地结束了长征,在长征的极端艰险的条件下,保存并锻炼了党和红军的基干力量,同时克服了张国焘的退却逃跑路线和分裂党的阴谋,胜利到达陕北,促成了抗日民族统一战线,推动了抗日高潮的到来。

遵义会议的精神被传达到部队中,全军振奋,好像拨开重雾,看见了久违的阳光,一切疑虑不满的情绪被一扫而光。经过十多天的休整,部队体力稍见恢复,又进行了整编,立即移师北上。

遵义会议以后,红军一反以前的情况,仿佛忽然获得了新的生命,迂回曲折,穿插于敌人重兵集团之间,以为红军向东却又向西,以为红军渡江北上却又远途回击,处处主动,生龙活虎,左右敌人。红军一动,敌又必须摆好阵势,因而红军得以从容休整,发动群众,扩大队伍。待敌部署就绪,红军却又打到别处去了,弄得敌人扑朔迷离,处处挨打,疲于奔命。这些情况和“左”倾路线统治时期相对照,使全军指战员更深刻地认识到:毛泽东的正确路线和高度发展了的马克思主义的军事指挥艺术,是使红军立于不败之地的唯一保证。四渡赤水战役中,中央红军在毛泽东等的正确指挥下,将运动战的特长发挥得淋漓尽致,在5天之内取桐梓、夺娄山关、重占遵义城,共歼敌20个团,毙、伤、俘敌五千余人,缴获大批军用物资,取得了红军长征以来的最大一次胜利,极大地鼓舞了红军的士气。“战士双脚走天下,毛主席用兵真如神”,一段《长征组歌》歌词,道出了红军将士对毛泽东高超军事指挥艺术的赞叹。

【资料来源】

黄宏《长征精神》,余琦《划破夜幕的红星:讲述红军长征的故事》

【思考讨论】

为什么说遵义会议是中国共产党历史上一个生死攸关的转折点?

【案例6】

苏区土地革命的回忆

1929年4月，毛泽东率领部分红军到了兴国。毛泽东在兴国文昌宫制定了《兴国土地法》，还在崇圣祠办了土地革命干部训练班。在训练班上毛泽东主要讲了土地问题。他说：中国的土地制度极不合理，占农村人口不到10%的地主、富农，占了80%的土地，而占人口80%的中农、贫农，却只占有20%～30%的土地。地主、富农就是通过占有的土地来对农民进行残酷的经济剥削。因此，只有实行土地革命，推翻地主阶级，消灭剥削制度，农民才能翻身得解放。

……

1930年3月，兴国县普遍开始了打土豪分田地的斗争。这次分田，政府首先派出干部到各村去召开群众大会，宣传平田废债的好处和方法。然后，乡政府土地科长带着土地干事，到各村去调查各家各户有多少土地，并造册登记。调查完了，就在群众大会上宣布。

接着，就以原耕地为基础，按人口平均分配，田多的抽出来补给田少的。这次分田，多数地区是按土地面积来分，也有的地方根据土地的好坏折成钱或产量来分。比如有一块田面积是六担，但因为土质差，只能收三担谷子，那么这块田就以三担分配。

……

通过土地斗争，打倒了地主，广大农民的土地要求得到了解决。不过，分田中也存在一些问题。主要问题是还设有划分阶级，不明确依靠谁、团结谁、打击谁。因此，有的地主、富农钻进苏维埃政府，掌握了分田大权，把持肥田，把坏田抽出去平分。甚至有的包庇地主、富农，打击贫农。

其次，多数地区以村为单位分田，富农往往利用姓氏观念欺骗农民，隐瞒成分和土地。

再次，把地主和反水富农"扫地出门"，赶到赣州等白区去了，这样便于他们同反动派勾结在一起，等待时机，进行反扑。毛泽东了解到这种情况后，就说："你们现在把地主赶到白区去，将来全国解放了，把地主赶到哪里去呢？不要把地主赶走，而是要强迫他们参加劳动。"

同时，还有些"左"的做法，比如把给地主做过长工的也当作地主的狗腿子看待，甚至杀头。

还有一条，就是这次分田是以原耕为基础抽多补少，而没有抽肥补瘦，所以富农仍然把持着好田，贫、雇农分进的都是坏田，没有彻底解决农民的土地问题。

另外一个错误就是"地主不分田，富农分坏田"。不给地主分田，他们就没有生路。于是，有的地主上山为匪，或逃往白区；有的则讨饭度日。群众说："地主过去收谷租，现在收饭租，还是我们养活地主。"

1930年8月，兴国进行了第二次分田。这次分田，划分了阶级。首先内部摸底，然后交贫农团讨论，再出榜公布。由于划分了阶级，明确了依靠对象、团结对象和打击对象，因此，群众也就发动起来了,广泛深入地开展了阶级斗争。土豪劣绅和地主威风扫地,中农、贫农当家做主。

这次分田,绝大多数地方都是以乡为单位,按人口平均分配。这样,就避免了因为田多的村不肯拨田给田少的村,而造成的一乡之内各村所分土地悬殊不匀的现象;同时,地主、富农也不能用宗族观念蒙骗群众,达到隐瞒成分和土地的目的。

这次分田,在以原耕为基础,抽多补少的基础上,加上了“抽肥补瘦”政策。这样,富农再也不能把持肥田了,做到了好歹搭匀,贫、雇农得到了肥田,也就满意了。

……

还有重要的一条,就是这次分田充分发动了群众。宣传发动群众的方法很多,写标语口号,大造声势,召开各种会议进行动员,演文明戏,出板报等。群众发动起来,他们和豪绅地主做斗争,分地主的土地、山林和房屋,分地主的财产。

兴国县经过两次分田,打倒了豪绅地主,消灭了剥削制度,此后,通过查田运动,彻底消灭了封建势力,清除了混入政权机关和革命队伍的阶级敌人,广大农民在经济上翻了身,政治上出了头,贫、雇农真正得到了土地革命的利益,也迸发出高度的革命热情。

对于土地革命给农民带来的好处,毛泽东在第二次全国苏维埃代表大会的报告中,做了如下的概括和总结:土地革命后,“生产结果落在自己的手里,因此,现在农民的生活比较国民党时代是至少改良了一倍。农民的大多数,过去一年中有许多时候吃不饱饭,困难的时候有些竟要吃树皮,吃糠秕,现在则一般不但没有饥饿的事,而且生活一年比一年丰足了。过去大多数农民每年很少有吃肉的时候,现在吃肉的时候多起来了。过去大多数农民衣服很烂,现在一般都改良了,有些好了一倍,有些竟好了两倍”。

摆脱了封建地主残酷压迫剥削、获得了土地、政治上经济上翻了身的苏区广大农民,革命热情空前高涨。他们都亲切地称苏维埃政权为“老苏”“老埃”“埃政府”,他们深切地知道,只有保障革命战争胜利,保住苏维埃政权常在,才能维护土地革命的胜利果实,维护农民的翻身解放与自由幸福。因之,苏区广大贫苦农民将自己的前途命运与苏维埃政权的前途命运紧紧地联系在一起,倾其所有,全力支持革命,支持苏维埃政权。

踊跃报名参军参战。据统计,赣南苏区(含游击区)当时仅有人口240余万人,其中参加主力红军和地方红军的人数就有32万余人;参加赤卫队、担架队、慰劳队、洗衣队等支前作战的达60余万人。上杭县才溪乡每100个青壮年中有88个当了红军或外出参加革命工作,兴国县长冈乡每100个青壮年中有80个当红军或参加革命工作,1933年5月,兴国模范师5 000多人上了前线。兴国人民还积极参加工人师和少共国际师,成为扩大红军的模范县。

积极支持革命战争。苏区翻身农民除积极报名参加红军外,还在物质上积极支持革命战争。当时,中央苏区平均每15个农业人口就要负担一个红军和工作人员的费用开支,此外还要负担庞大的红军战费。苏区的翻身农民为了支援革命战争、保卫苏维埃政权,不惜一切,倾其所有,奉献出自己的物资和钱财。尤其是反“围剿”战争最紧张时期,苏区人民除完成应交的土地税、公债款外，还要另外节约大量的粮食，捐助大量的经费给前线，每次支前运输的苦力、人工数量更是成千上万，无法统计。

努力发展生产，多打粮食确保军需。土地革命调动了农民的生产积极性，极大地解放了生产力。在农村大量青壮年劳力外出当红军参加革命工作的情况下，苏区克服劳力不足、耕牛缺乏等困难，组织起互助合作社、帮工组、耕田队，动员妇女参加生产，想方设法办起犁牛站、犁牛合作社，解决耕牛不足的困难。各地农民还大力兴修水利，开垦荒田荒山，推广良种，广积肥料，努力提高单位面积产量，使苏区农业生产连年喜获丰收，不仅确保了军需民食，而且每年还有大宗粮食出口到白区，换回苏区急需的物资。

参加苏维埃国家管理，努力建设苏维埃政权。中央苏区省、县、区、乡各级干部，绝大多数都是翻身后的贫苦农民。他们与其他工人干部、知识分子干部团结在一起，为苏维埃事业努力工作，英勇奋斗，贡献了自己的一切甚至生命。其中有许多人后来都成长为党和国家的各级领导骨干。广大农民群众充分运用苏维埃国家给予自己的民主权利，积极参加苏区的历次选举运动，支持和监督苏维埃干部的工作，使各级苏维埃政府都成为真正为工农劳苦大众谋利益的机关，使广大苏区干部成为人民的公仆。

【资料来源】

陈毅，肖华. 回忆中央苏区[M]. 南易：江西人民出版社，1981.

【思考讨论】

1. 结合江西兴国两次分田的具体情况，谈一谈土地革命战争时期中国共产党制定的土地革命的路线、方针、政策。

2. 结合本案例，试谈土地革命对解决农民问题、对走农村包围城市、武装夺取政权的中国革命新道路的重要作用。

【案例 7】

从数字看长征

长征，从 1934 年 10 月开始，1936 年 10 月结束，历时两年，四支长征部队总行程 6.5 万余里，足迹遍布江西、福建、广东、河南、湖北、湖南、广西、贵州、云南、四川、西康、甘肃、青海、陕西 18 省，沿途占领 62 座城镇，翻越雪山 21 座，红军经过的省份人口在 2 亿以上（当时全国总人口为 4.5 亿），并成功通过苗、壮、瑶、藏、回、彝 6 个少数民族地区。其中，行程最长的是中央红军，共 25 000 余里；红二方面军其次，行程 20 000 余里；红四方面军行程 10 000 余里，红 25 军行程近 10 000 里。四路红军部队长征途中共转战 14 个省份，走遍了大半个中国。红军共爬了十八座山脉。其中五座是终年积雪的雪山；渡过了 24 条河流，其中，红一方面军四渡赤水河，巧渡金沙江，强渡大渡河，飞夺泸定桥；红二、六军团转战乌蒙山；红四方面军激战嘉陵江；红二十五军血战独树镇……击退了上百万穷凶极恶的追兵阻敌；穿过了被称为“死亡陷阱”的茫茫草地，红军过荒无人烟的沼泽泥潭草地时，仅一方面军就走了六天六夜。

红军开始长征时，共有18万余人；结束长征时还有3万余人。具体情况为：中央红军（第一方面军）长征开始时86 000余人，1935年10月陕甘支队到达陕北时还有7 000余人；红二方面军开始长征时17 000余人，三大主力会师时13 300余人；红四方面军嘉陵江战役后80 000余人，三大主力会师时有33 000余人（随后，红四方面军主力2万余人渡过黄河组成西路军，1937年春失败后仅剩千余人）；红25军长征开始时2 980余人，1935年9月到达陕甘一带时有3 400余人。

长征中，中央红军平均每天行军34公里。在共计368天的行军途中，有235天用在白天行军上，18天用于夜行军，15个整天在打重大战役，平均每天都有一次遭遇战。途中红军只休息44天，平均走365里才休整一次，日平均行军74里。长征中，各部队主要战役战斗总共有590多次。其中，中央红军长征进行大的战役战斗380次，击溃反动军队410个团和无数地方武装，总共歼灭国民党军17万余人，占领过54个城镇。红二方面军进行重要战斗120多次；红四方面军大的战役战斗有80多次；红二十五军进行大的战斗16次。

长征途中，牺牲营以上干部430人，其中师职干部约有80多人。从瑞金出发到陕北平均每行1公里，就有4名红军战士死亡，大约每12人中只有1人到达陕北。共歼灭和击溃国民党地方武装百余个团，俘虏2万余人。

为消灭长征中的红军，蒋介石调集了国民党中央军、粤军、湘军、桂军、黔军、滇军、川军、东北军、西北军、马家军及少数民族中反动头人武装等10多支部队数十万大军，竭尽围追堵截之能事。

四支长征部队有女红军2 200多人。其中中央红军有邓颖超、康克清、蔡畅、贺子珍、刘英、邓六金等32名女红军，她们经艰难险阻，胜利完成了长征，途中没有一人掉队，没有一人牺牲，可谓中国妇女运动史上的一个奇迹。

长征途中，红军师以上干部的年龄绝大部分都在二三十岁，红军将领的平均年龄仅25岁。参加长征的年龄最长者为徐特立，58岁（1877年出生），其次为谢觉哉（1884年出生），还有林伯渠、董必武、朱德等均为1886年出生，前四位被尊为“长征四老”。参加长征年龄最大的女红军是蔡畅，时年35岁。参加长征年龄最小者为向轩，1926年出生，7岁加入红军，9岁随部队长征；参加长征年龄最小的女红军是王新兰，1924年出生，9岁成为红军中的宣传员，11岁随红四方面军长征。

1955年至1965年授衔的中将以上的254名将帅中，有222人参加过长征。十大元帅中除陈毅留在南方坚持游击斗争外，其余9人都参加了长征，十员大将中除粟裕同陈毅元帅留下打游击、许光达赴苏联学习外，其余8人皆参加了长征，57位上将中的48位参加了长征。

长征途中，红军师以上干部的年龄绝大部分都在二三十岁，红军将领的平均年龄仅25岁。以长征开始时计算他们的平均年龄，9位元帅为36.5岁，8位大将为31.7岁，48位上将为25.9岁，157位中将为23.8岁。后来成为中国共产党总书记的胡耀邦在长征时只有18岁，同样是18岁的还有肖华,其他著名的将领如杨得志24岁,李先念25岁,王震26岁,杨尚昆27岁,罗瑞卿28岁,许世友29岁,陈云29岁。这样年轻的将领行列,在世界战争史上都令人震惊,找不到可类比的历史以及曾经发生过的史事。

目睹两万五千里长征的艰苦卓绝和惊天逆转,甚至连敌人都不得不感佩。1936年10月,红军长征三大主力会师陕北,蒋介石喟然长叹:"六载含辛,未竟全功。"

【资料来源】

数字长征[J].政协天地,2006(10).

【思考讨论】

1.由上述数字我们可以体会到什么?

2.长征对我们今天有什么启示?

课后习题

一、单项选择题

1.大革命失败后,中国国内阶级关系发生变化,主要是指(　　)。

A.国民党新军阀统治取代了北洋军阀统治

B.民族资产阶级成为革命的对象

C.国共对峙取代了南北对峙

D.封建军阀已经被打倒

2.南昌起义的最大意义是(　　)。

A.确立党对军队的绝对领导

B.开始与国民党反动派武装对抗

C.建立了第一个无产阶级革命政权

D.开创了"工农武装割据"的革命道路

3.南昌起义、秋收起义、广州起义的最重要意义是(　　)。

A.打响了反抗国民党统治的第一枪

B.建立了第一个苏维埃政权

C.中国共产党开始有了独立武装力量

D.确立了党对军队的绝对领导

4.八七会议前后,中国共产党发动的几次大规模武装起义均以夺取大城市为目标,这种情况表明(　　)。

A. 中国共产党在城市拥有相对强大的革命力量

B. 敌人在某些大城市力量不足

C. 中国共产党的革命道路脱离实际

D. 中国共产党尚未充分认识到农民是革命的动力

5. 井冈山革命根据地的建立与巩固(　　)。

A. 确立了党对军队的绝对领导

B. 是中国共产党独立领导武装斗争的开端

C. 开辟了农村包围城市武装夺取政权的道路

D. 是土地革命战争时期的开始标志

6. 1927 年下半年,中国革命呈现出的根本趋势是(　　)。

A. 中国共产党的工作重心开始由城市转移到农村

B. 中国共产党发动武装起义夺取城市

C. 中国共产党发动了一系列罢工,反对国民党统治

D. 中国共产党内出现了“左”倾机会主义错误

7. 中国革命必须走农村包围城市最后夺取城市的道路,主要取决于(　　)。

A. 中国农民人口多　　B. 中国革命的发展趋势

C. 中国半殖民地半封建的社会性质　　D. 敌人在农村力量薄弱

8. 土地革命战争时期,红色政权能够存在和发展的根本原因是(　　)。

A. 中国是一个经济政治发展极端不平衡的半殖民地半封建大国

B. 国民革命的政治影响及良好的群众基础

C. 全国革命形势的继续发展

D. 相当力量的正式红军的存在以及共产党组织的坚强有力和正确领导

9. 毛泽东实际上否定了“城市中心论”,确立了“以乡村为中心”的思想的文章是(　　)。

A.《星星之火,可以燎原》　　B.《中国的红色政权为什么能够存在?》

C.《反对本本主义》　　D.《井冈山的斗争》

10. 毛泽东在《中国的红色政权为什么能够存在?》一文中提出了(　　)。

A. 工农武装割据的思想

B. 以农村包围城市,武装夺取政权道路的理论

C. 实行党对军队绝对领导的原则

D. 以乡村为中心的思想

11. 土地革命战争前期,中国共产党建立的革命根据地主要集中在江南地区,主要是因为这一地区(　　)。

A. 中外反动势力力量较弱　　B. 国民大革命时期有良好的群众基础

C. 一直是中共中央所在地　　D. 地理环境适宜建立农村革命根据地

12. 确立党对人民军队的绝对领导这个根本原则是在(　　)。

A. 三湾改编　　B. 古田会议

C.《中国革命战争的战略问题》　　D.《战争和战略问题》

13. 中国民主革命的基本问题是(　　)。

A. 武装斗争问题　　B. 党的建设问题

C. 统一战线问题　　D. 农民问题

14. 八七会议上,中国共产党提出了开展土地革命的方针,(　　)。

A. 这表明中共决定将工作重心转移到农村

B. 主要是为了配合夺取大城市的武装起义

C. 是毛泽东人民战争路线的正确反映

D. 是中国共产党独立开创夺取革命胜利道路的开端

15. 从 1927 年到 1930 年上半年,中国共产党领导的农村革命根据地和红军得到了迅速发展,其根本措施是(　　)。

A. 肃清右倾投降主义路线　　B. 工农武装割据波浪式推向全国

C. 纠正"左"倾军事冒险计划　　D. 开展"打土豪、分田地"的土地革命

16. 土地革命战争时期,共产党领导的土地革命取得胜利的根本保证是(　　)。

A. 制定了正确的土地革命路线　　B. 调动了一切反封建的因素

C. 得到了广大农民的拥护　　D. 消灭了土地私有制

17. 土地革命战争时期,中国共产党领导下的土地革命(　　)。

A. 实行地主减租减息,农民交租交息的政策

B. 实行耕者有其田的土地政策

C. 变半封建的土地所有制为农民的土地所有制

D. 变封建的土地所有制为人民的土地所有制

18. 20 世纪 30 年代初,中国共产党在土地革命中建立的农村土地所有制实质上是(　　)。

A. 初步社会主义性质的所有制关系　　B. 劳动农民的集中土地公有制

C. 苏维埃政权的土地公有制　　D. 劳动农民个体土地所有制

19. 下列土地政策符合 1931 年毛泽东制定的土地革命路线的是(　　)。

A. 一切私有土地完全归组织或苏维埃国家的劳动平民所公有

B. 农民分得的土地不得转让买卖

C. 没收公共土地及地主阶级土地分配给农民所有

D. 没收富农土地,归苏维埃国家所有

20. 中国革命历史上制定的第一个土地法是(　　)。

A. 兴国土地法　　B. 井冈山土地法

C. 中国土地法大纲　　D. 土地问题

21. 从规模和次数上看,土地革命战争时期的工人运动不如第一次国内革命战争时期,其主要原因是(　　)。

A. 中国共产党斗争策略的改变　　B. 城市里的反动势力过于强大

C. 王明"左"倾错误的影响　　D. 产业工人的队伍没有壮大

22. 1928 年在莫斯科召开的中共六大认为,民族资产阶级是最危险的敌人之一,国民党的各个派别都是一样的反革命。这一观点表明(　　)。

A. 中国共产党着力纠正"左"倾思想　　B. 中国共产党认清了革命的对象与动力

C. 大会纠正了右倾主义路线　　D. 大会仍未肃清"左"倾思想

23. 20 世纪 30 年代,中国共产党内最早提出反对教条主义的领导人是(　　)。

A. 毛泽东　　B. 刘少奇

C. 周恩来　　D. 张闻天

24. 第五次反"围剿"的失败充分证明了(　　)。

A. 良好的群众基础是红色政权存在的重要条件

B. 全国的革命形势对红色政权的影响巨大

C. 相当力量的正式红军的存在,是造成工农武装割据的重要条件

D. 中国共产党的正确领导是红色政权存在的最重要条件

25. 结束王明"左"倾冒险主义在党中央的统治的会议是(　　)。

A. 瓦窑堡会议　　B. 遵义会议

C. 中共六大　　D. 晋绥干部会议

26. 遵义会议是中国共产党从幼稚走向成熟的标志,主要由于它(　　)。

A. 结束了"左"倾错误在中央的统治

B. 在军事上确定了以毛泽东为核心的新的党中央的正确领导

C. 在生死关头妥善地处理了党内当时最主要的问题

D. 保证了长征转移的胜利

27. 陈独秀的右倾投降主义和王明"左"倾冒险主义都给中国带来了严重危害,这两次错误路线产生的根源在于(　　)。

A. 共产国际错误指导

B. 错误领导人排挤毛泽东

C. 中国共产党处于幼年时期,理论思想尚不成熟

D. 国民党分化破坏活动

28. 下列关于遵义会议的表述错误的是(　　)。

A. 事实上确立了毛泽东为核心的正确领导

B. 彻底清算了王明"左"倾错误路线

C. 在危急的情况下挽救了党和红军
D. 取消了李德的军事最高指挥权

29. 毛泽东首次提出“枪杆子里面出政权”的著名论断是(　　)。
A. 党的五大　　B.《湖南农民运动考察报告》
C. 八七会议　　D.《战争和战略问题》

30. 国民革命失败以后,中国革命的直接斗争目标是推翻(　　)。
A. 地主阶级　　B. 国民党反动统治
C. 资产阶级　　D. 帝国主义

31. 中国革命的主要斗争形式是(　　)。
A. 议会斗争　　B. 文化斗争
C. 经济斗争　　D. 武装斗争

32. 开始确立党指挥枪的原则,奠定建设新型人民军队的基础是(　　)。
A. 南昌起义　　B. 广州起义
C. 三湾改编　　D. 八七会议

33. 毛泽东关于农村包围城市、武装夺取政权的革命道路理论的提出,标志着毛泽东思想(　　)。
A. 开始萌芽　　B. 初步形成
C. 达到成熟　　D. 继续发展

34. 中国民主革命的主力军是(　　)。
A. 工人阶级　　B. 农民阶级
C. 城市小资产阶级　　D. 民族资产阶级

35. 中国民主革命的基本内容是(　　)。
A. 开展武装斗争　　B. 进行土地革命
C. 建立农村根据地　　D. 建立统一战线

36. 中国共产党独立领导革命战争和创建人民军队开始于(　　)。
A. 南昌起义　　B. 秋收起义
C. 广州起义　　D. 百色起义

37. 土地革命战争时期,中国共产党建立的第一个农村革命根据地是(　　)。
A. 井冈山革命根据地　　B. 中央革命根据地
C. 鄂豫皖革命根据地　　D. 左右江革命根据地

38. 1931 年 11 月,中华苏维埃共和国临时中央政府成立于(　　)。
A. 井冈山　　B. 上海
C. 瑞金　　D. 广州

39. 1930 年 6 ~ 9 月,中国共产党内出现的“左”倾冒险主义的代表是(　　)。

A. 王明　　B. 李立三

C. 瞿秋白　　D. 张国焘

40. 1936 年 10 月，红军三大主力结束长征，会师的地点是（　　）。

A. 陕北地区　　B. 甘肃会宁、静宁地区

C. 陕甘宁地区　　D. 川陕地区

二、多项选择题

1. 周恩来指出："革命靠军阀的部队是靠不住的，我们必须建立自己的武装来打倒反革命。现在，我们起义成功了。这里的军队归共产党领导。"这表明中国共产党（　　）。

A. 已开展土地革命，武装反抗国民党反动派

B. 明确了掌握军队，开展武装斗争的重要性

C. 创建了工农革命军

D. 确立了党对军队的领导地位

2. 以下关于"八七"会议表述正确的是（　　）。

A. 避免了"左"的错误

B. 纠正了陈独秀的右倾投降主义错误

C. 毛泽东提出"政权是由枪杆子中取得的"

D. 会议确定土地革命和武装斗争的方针

3. 土地革命战争时期，中国的红色政权能够存在与发展的条件有（　　）。

A. 几个帝国主义国家间接统治的政治经济发展不平衡的半殖民地半封建的大国

B. 第一次国内革命战争的影响，全国革命形势的继续向前发展

C. 相当力量的正式红军的存在

D. 共产党组织的坚强有力和政策的正确

4. 毛泽东在《星星之火，可以燎原》一文中阐述的主要内容是（　　）。

A. 批评了"城市中心论"的思想

B. 强调了坚持农村根据地建设的意义

C. 提出了红色政权巩固和扩大的路线

D. 提出了"工农武装割据"的总概念

5. 武装斗争、土地革命、根据地建设在"工农武装割据"中各自的地位是（　　）。

A. 武装斗争是主要形式，土地革命是基本内容

B. 根据地是开展武装斗争和土地革命的战略依托

C. 以建立和扩大根据地为中心工作

D. 土地革命是中心工作

6. 毛泽东指出："如果不帮助农民推翻封建地主阶级，就不能组成中国革命最强大的队伍而推

翻帝国主义的统治。"它的实质含义是(　　)。

A. 农民是中国革命最可靠的同盟军

B. 农民阶级是中国革命的领导阶级

C. 农民阶级反帝反封建态度最坚决,是新的社会生产力的代表者

D. 没有农民阶级参加,中国革命就不能取胜

7. 毛泽东从1928～1930年提出并阐述了农村包围城市、武装夺取政权道路理论的主要文章是(　　)。

A.《中国的红色政权为什么能够存在?》

B.《井冈山的斗争》

C.《星星之火,可以燎原》

D.《反对本本主义》

8. 在新民主主义革命时期,中国共产党的建设面临的特殊困难是(　　)。

A. 党的理论长时期准备不足

B. 中国社会封建思想的影响

C. 农民和小资产阶级出身的革命者大量入党,使党处于小资产阶级思想的包围之中

D. 共产国际在一段时期内存在的教条主义倾向对中国共产党的影响

9. 把民主革命和社会主义革命"毕其功于一役"的错误在于(　　)。

A. 忽视民主革命和社会主义革命的区别

B. 割裂了民主革命和社会主义革命的联系

C. 混淆了民族矛盾和阶级矛盾的区别

D. 混淆了民主革命和社会主义革命的不同性质

10. 陈独秀右倾机会主义和王明"左"倾机会主义错误产生的共同原因是(　　)。

A. 对革命急于求成

B. 中国共产党不够成熟,缺乏理论修养和实践经验

C. 主观主义

D. 共产国际的错误指导

11. 八七会议与遵义会议的相同点是(　　)。

A. 毛泽东都参加了会议并提出正确主张

B. 会议从政治上、军事上、思想上全力纠正了错误

C. 在危急关头挽救了党

D. 中国共产党独立自主解决自己问题的开始

12. 1927年大革命失败以后,国民党蜕变成了一个代表(　　)利益的政党。

A. 地主阶级　　B. 民族资产阶级

C. 买办性的大资产阶级　　D. 城市小资产阶级

13. 国民革命失败后，标志着中国共产党进入创建红军新时期的重要武装起义是(　　)。

A. 南昌起义　　B. 秋收起义

C. 广州起义　　D. 平江起义

14. 毛泽东提出的“工农武装割据”思想的内容是(　　)。

A. 土地革命　　B. 武装斗争

C. 党的建设　　D. 农村根据地建设

15. 遵义会议主要解决的问题是(　　)。

A. 政治路线问题　　B. 军事问题

C. 组织问题　　D. 经济问题

16. 遵义会议后中共中央成立的三人军事指挥小组的成员是(　　)。

A. 张闻天　　B. 毛泽东

C. 周恩来　　D. 王稼祥

17. 参加长征的红军三大主力部队是(　　)。

A. 红一方面军　　B. 红二、六军团

C. 红三方面军　　D. 红四方面军

三、简答题

1. 简析南京国民政府统治初期的经济政策。
2. 为什么中国革命只能以长期的武装斗争为主要形式？
3. 中国红色政权存在和发展的原因和条件是什么？
4. 为什么说中国无产阶级领导的革命是一场农民革命？
5. 简述土地革命的阶级路线、土地分配方法及意义。
6. 遵义会议的内容和历史意义是什么？
7. 红军长征胜利的伟大历史意义是什么？
8. “长征精神”的基本内容是什么？

四、辨析题

1. 民主革命时期，中国共产党党员的绝大多数来自农民，因而它不是工人阶级先锋队。
2. 在新民主主义革命时期，只有当民族资产阶级拥护革命时，才要保护民族资本主义。
3. 中国的新民主主义革命属于世界无产阶级社会主义革命的一部分，具有无产阶级社会主义革命的性质。
4. 1928 年有人主张，既然中国革命的动力是无产阶级，那么革命本身就是无产阶级革命。
5. 中共四大前后，党内有人认为，中国的资产阶级不敢出来做领导、打先锋，中国工人阶级天然是国民革命的领导者。

五、论述题

1. 以毛泽东为代表的中国共产党人是如何探索和开辟中国革命新道路的？
2. 试析中国革命新道路的基本内容及其理论和现实意义。
3. 结合中国革命的实际，试说明中国革命必须分两步走。
4. 20 世纪 20 年代后期和 30 年代前中期，中国共产党内先后出现了三次“左”倾错误，试分析其错误观点及一再出现的原因。
5. 中国共产党是如何总结历史经验、加强党的思想理论建设的？

六、材料分析题

材料 1　红军、游击队和红色区域的建立和发展，是半殖民地中国在无产阶级领导之下的农民斗争的最高形式和半殖民地农民斗争发展的必然结果，并且无疑义的是促进全国革命高潮的最重要因素。

（摘自毛泽东 1930 年 1 月《星星之火，可以燎原》）

材料 2　现在就全国看来，农民运动的发展比城市的工人运动要快得多，在这一种情势之下，若我们依然是将大部分的力量都用在城市中，实不如用在农村中的为好。革命势力占据了广大农村之后，可以结合起来包围城市，封锁城市，用广大的农村革命势力向城市进攻，必然可以得到胜利。

（摘自中共中央机关刊物 1930 年 5 月《红旗》）

请回答：

(1) 分析材料 1、材料 2，说明中国革命新道路的基本内容。

(2) 结合上述材料和所学知识，论述中国革命的实质。

参考答案

一、单项选择题

1. C　2. B　3. C　4. C　5. C　6. A　7. C　8. D　9. A　10. A　11. B　12. B　13. D　14. B　15. D　16. A　17. C　18. D　19. C　20. B　21. A　22. D　23. A　24. D　25. B　26. B　27. C　28. B　29. C　30. B　31. D　32. C　33. B　34. B　35. B　36. A　37. A　38. C　39. B　40. B

二、多项选择题

1. BD　2. BCD　3. ABCD　4. ABC　5. ABD　6. AD　7. ABCD　8. ABCD　9. AD　10. BCD

11. AC　12. AC　13. ABC　14. ABD　15. BC　16. BCD　17. ABD

三、简答题

1. 南京政府建立初期，推出了一系列的经济政策和措施。

第一，大力整顿金融、税收、财政：建立了“四行二局”的国家金融体系，统一货币，改革币制，实行了法币政策。统一税制，裁撤厘金，实行统税，整理田赋、盐税。

第二，推行新的产业政策，重点发展国家资本工业，对采矿、冶金、机械、化工、电器等行业大力投资，初步奠定了国营重工业基础。同时，鼓励民族工业的发展，在一定程度上推动了中国现代产业的发展。

第三，推动农业经济的发展，进行农业新技术的推广和普及，推行农村信用合作，实行租佃改良等，对农村经济的发展起了一定的作用。

国民政府尽管在整顿经济上采取了一系列政策和重大措施，并在一定程度上改变了北洋政府后期经济发展停滞的状况，但是，也存在严重的问题。主要表现在：其一，国家垄断资本主义的发展和膨胀，影响和遏制了中国民族工商业的发展；其二，没有改变外国资本控制中国经济的局面；其三，国民政府出台的经济政策和措施虽然很多，但很多措施并没有落到实处。

2. 第一，半殖民地半封建的中国社会的基本国情，决定了中国革命只能以长期的武装斗争为主要形式。近代中国是一个半殖民地半封建社会，在其内部没有民主制度，外部没有民族独立，因此，中国革命无议会可利用，无组织工人罢工的合法权利。这种特殊的国情，决定了无产阶级及其政党一开始就面临着组织武装斗争的任务。

第二，中国革命的敌人异常强大，也是异常凶残的，这就决定了中国革命必须用武装的革命反对武装的反革命。

第三，敌我力量对比、帝国主义和国内各派军阀之间的矛盾、国内反动统治集团之间的矛盾以及中国政治经济发展的不平衡的状态，决定了中国革命的武装斗争将不可避免地要经历一个长期而曲折的过程。

3. 中国红色政权存在和发展的原因有：

第一，近代中国经济发展不平衡，没有统一的资本主义经济，自给自足的地方性农业经济广泛存在，这为红色政权的存在提供了必要的物质条件。

第二，近代中国政治发展不平衡，广大农村是反动统治的薄弱环节，而农民又是革命的主力军，这又使红色政权获得了浓厚的阶级基础。

第三，帝国主义国家的间接统治和相互间的斗争，造成了军阀割据的局面和连绵不断的军阀混战，这使红色政权获得了存在和发展的缝隙。

第四，中国是一个大国，革命力量有广泛的回旋余地。

中国红色政权存在和发展的条件有：

第一，几个帝国主义国家间接统治的政治经济发展不平衡的半殖民地半封建的大国。

第二,第一次国内革命战争的影响,有良好的群众基础。

第三,全国革命形势的继续向前发展。

第四,相当力量的正式红军的存在。

第五,共产党组织的有力量和它的政策的正确。

4. 第一,中国是一个半殖民地半封建的农业大国,农民是中国社会的主要群众,是反帝反封建的主力军,无产阶级对革命的领导权,主要是落实在对广大农民的领导上。

第二,中国民主革命的主要任务之一就是反封建,而反封建的核心是解决农民的土地问题,因而农民问题是中国革命的中心问题。

5. 毛泽东在革命实践中不断总结经验,逐步形成了中国共产党的比较完整的土地革命路线。

经过实践中的反复摸索,到 1931 年,中国共产党在总结土地革命经验的基础上,逐步形成了一条比较完整的土地革命阶级路线和正确进行土地分配的方法,即:依靠贫农,联合中农,限制富农,保护中小工商业者,消灭地主阶级,变封建半封建的土地所有制为农民的土地所有制;以乡为单位,按人口平均分配土地,在原耕地基础上,实行抽多补少,抽肥补瘦。

土地革命,是中国农村真正的社会大变动,它要摧毁延续两千多年的封建土地制度,从政治经济上解放广大农民,调动了农民的生产和革命的积极性,使中国共产党获得了雄厚的群众基础。

6. 内容:集中全力纠正博古等人在军事上和组织上的"左"倾错误;肯定了毛泽东的正确军事主张;选举毛泽东为中央政治局常委;取消博古、李德的军事最高指挥权。

历史意义:遵义会议结束了王明"左"倾错误在中央的统治,在事实上确立了以毛泽东为核心的新的党中央的正确领导。这是中国共产党第一次独立自主地运用马克思主义原理解决自己的路线、方针和政策问题,妥善地处理了党内长期存在的分歧和矛盾,是中国共产党从幼稚走向成熟的标志。这次会议在极其危急的情况下,挽救了党,挽救了红军,挽救了革命,成为党的历史上一个生死攸关的转折点。

7. 红军长征的胜利,具有伟大的历史意义:长征是在纠正了"左"倾冒险主义的错误和反对了张国焘的分裂主义,在遵义会议确立以毛泽东为代表的新的中央正确领导下取得胜利的。它充分表现了中国共产党人的艰苦卓绝的斗争精神。正如毛泽东同志所宣称的那样,"长征是宣言书,长征是宣传队,长征是播种机","长征是以我们胜利、敌人失败的结果而告结束",它预示着中国革命新的局面的开始。长征用铁的事实表明,用马克思列宁主义、毛泽东思想武装起来的中国共产党和中国工农红军具有战胜任何困难的无比坚强的生命力,是国内外任何反动势力所不可战胜的。

8. 长征精神,就是把全国人民和中华民族的根本利益看得高于一切,坚持革命的理想和信念,坚持正义事物必然胜利的精神;就是为了救国救民,不怕任何艰难险阻,不惜付出一切的精神;就是坚持独立自主,实事求是,一切从实际出发的精神;就是顾全大局,严守纪律,紧密团结的精神；就是紧密依靠人民群众，同人民群众生死相依，患难与共，艰苦奋斗的精神。

长征精神，是中国共产党和人民军队革命风范的生动反映，是中华民族自强不息的民族品格的集中展示，是以爱国主义为核心的民族精神的最高体现。长征精神为中国革命不断从胜利走向胜利提供了强大的精神动力。

四、辨析题

1. 错误。

第一，决定党的性质的主要是它的理论和纲领。民主革命时期，农民党员占绝大多数，大量非无产阶级思想侵入党内，给党保持工人阶级先锋队性质带来严峻的挑战。

第二，党的理论和纲领是马克思主义的，代表了中国社会发展的正确方向；党高度重视在思想上建党，坚持用马克思主义理论教育和武装全体党员，不仅要求党员在组织上入党，而且要求党员首先在思想上入党。

2. 错误。

第一，中国共产党在新民主主义革命时期对民族资本主义的政策，基于对中国社会性质和革命性质的正确认识，并不取决于民族资产阶级的政治态度及其变化。

第二，近代中国是半殖民地半封建社会，中国革命是以反对帝国主义和封建主义为基本内容的资产阶级民主革命。民族资本主义的存在与发展具有历史进步性。中国共产党在新民主主义革命过程中，对民族资本主义必须始终采取保护政策。

第三，民族资产阶级是一个具有两面性的阶级，既有革命要求又有动摇性。但是，无论民族资产阶级拥护革命，还是脱离革命阵营，中国共产党都不应改变对民族资本主义的保护政策。

3. 错误。

中国的新民主主义革命发生在俄国十月革命之后，从革命阵线上说，它不再属于旧的世界资产阶级民主主义革命的范畴，而是属于世界无产阶级社会主义革命的一部分。

中国的新民主主义革命主要是反帝反封建，不是一般地反对资本主义，因此，它的性质不是无产阶级社会主义的，而是资产阶级民主主义的；但是，它的目的又不是建立资产阶级专政，而是由新民主主义走向社会主义。

4. 错误。

革命性质是由革命任务决定的，而不是由革命动力决定的。当时中国革命的任务是反帝反封建，因而是资产阶级民主革命，不是反对资产阶级、消灭私有制的无产阶级革命。这种主张混淆了中国革命的性质。

另外，中国资产阶级民主革命的动力不仅是无产阶级，它还包括了农民阶级、小资产阶级和民族资产阶级。

5. 错误。

这种观点承认中国工人阶级在国民革命中的领导地位，但是，它无视当时资产阶级右翼正在同工人阶级争夺领导权的严重事实，认为工人阶级的领导地位是“天然”的，因而是错误的。无产阶级必须在同资产阶级的斗争中才能取得并实现革命的领导权。

五、论述题

1. 第一，开展武装反抗国民党统治的斗争。

1927 年 8 月，中共中央在汉口召开紧急会议（八七会议），彻底清算了大革命后期的陈独秀右倾机会主义错误，确定了土地革命和武装反抗国民党方针。

八七会议以后，举行了南昌起义、湘赣边界秋收起义和广州起义，中国革命由此发展到了一个新阶段。

第二，走农村包围城市的革命道路。

以农村为重点，到农村去发动农民，进行土地革命，开展武装斗争，建设根据地，这是 1927 年以后中国革命发展的客观规律所要求的。农村包围城市、武装夺取政权这条革命道路的开辟，依靠了党和人民的集体奋斗，凝聚了党和人民的集体智慧。毛泽东是其中的杰出代表。

第三，毛泽东不仅在实践中首先把革命进攻的方向指向了农村，而且从理论上阐明了武装斗争的极端重要性和农村应当成为党的工作中心的思想。

1928 年，毛泽东写了《中国的红色政权为什么能够存在?》《井冈山的斗争》等文章，明确指出以农业为主要经济的中国革命，以军事发展暴动，是一种特征；还科学阐明了共产党领导的土地革命、武装斗争于根据地建设这三者之间的辩证统一关系。

1930 年，《星星之火可以燎原》一文中，毛泽东指出：红军、游击队和红色区域的建立和发展，是半殖民地中国在无产阶级领导下的农民斗争的最高形式，以及半殖民地农民斗争发展的必然结果，并且是促进全国革命高潮的最重要因素。

第四，农村包围城市，武装夺取政权理论，是对 1927 年革命失败后中国共产党领导的红军和根据地斗争经验的科学概括。它是以毛泽东为代表的中国共产党人同当时党内盛行的把马克思主义教条化、把共产国际和苏联经验神圣化的错误倾向做坚决斗争基础上形成的。

农村包围城市、武装夺取政权理论的提出，标志着中国化的马克思主义——毛泽东思想的初步形成。

第五，随着革命新道路的开辟，中国革命开始走向复兴。中国共产党领导的红军和根据地逐步发展起来。红军游击战争实际上已经成为中国革命的主要形式，农村根据地成为积蓄和锻炼革命力量的主要战略阵地。

2. 基本内容：以农村为工作重点，到农村去发动农民，进行土地革命。开展武装斗争，建设根据地。走农村包围城市、武装夺取政权的革命新道路。

理论和现实意义：

“农村包围城市、武装夺取政权”革命道路理论是在中国革命的实践中产生的，又在实践中指导中国革命取得了胜利，具有伟大的理论和现实意义。

第一，实现了中国革命由城市向农村的历史性转变，保存和发展了革命力量。

国民革命失败以后，以毛泽东为代表中国共产党人，坚持从实际出发，在敌强我弱的情况下，及时调整战略进攻方向，开辟了农村革命根据地，在实践上实现了党的工作重心由城市向农村的历史性转变。这种转变不仅避免了过早与强敌进行盲目决战，减少了不必要的损失，有效地保存了革命力量，而且大大发展了革命力量。

第二，揭示了中国革命的发展规律，指导中国革命取得了最后胜利。

以毛泽东为代表的中国共产党人，从中国的独特国情出发，揭示了中国革命的发展规律，即中国革命的道路不能是先城市后农村，而只能是先农村后城市，以农村包围城市，最后夺取城市。在这种革命新道路理论的指导下，不仅在土地革命战争期间保存和发展了革命力量，而且取得了抗日战争和解放战争的最后胜利。

第三，丰富和发展了马克思主义关于暴力革命的学说，为殖民地半殖民地国家的人民解放斗争提供了重要经验。

马克思主义认为，无产阶级必须用暴力革命推翻资产阶级，夺取政权，建立自己的政治统治。但是，对于殖民地半殖民地国家的无产阶级革命，应该以什么样的道路和方式贯彻这一基本原则，马克思、恩格斯和列宁并没有得出具体的结论。这需要各国共产党人从本国的实际出发，独立自主地来解决这一重大理论问题。以毛泽东为代表的中国共产党人开辟的农村包围城市、武装夺取政权的革命道路，既坚持了马克思主义的暴力革命原则，又在总结中国革命经验的基础上丰富和发展了这一原则。中国革命新道路的开辟，是马克思列宁主义普遍原理与中国革命具体实践相结合的光辉典范，是毛泽东思想形成的重要标志。

3. 中国共产党内，在革命的前途问题上曾有过两种错误倾向：一种是陈独秀的“二次革命”论，把中国革命过程中两个紧密联系的阶段割裂开来，只看到两者之间的区别，没看到两者之间的联系，要在两个阶段之间硬插一个资产阶级专政的和发展资本主义阶段；一种是以王明为代表的“左”倾教条主义，主张民主革命和社会主义革命“毕其功于一役”，混淆民主革命与社会主义革命的界限，企图把两种不同性质的革命阶段并作一步走，一举取得社会主义革命的胜利。这种观点只看到两者之间的联系，而忽视了两者之间的区别。“二次革命论”“毕其功于一役”的观点都违背了中国革命的发展规律。

毛泽东根据中国半殖民地半封建的社会性质，认为中国革命必须分两个步骤：第一步，改变半殖民地半封建的社会形态，使中国成为一个独立的新民主主义国家；第二步，使革命向前发展，建立一个社会主义社会。民主革命是社会主义革命的必要准备，社会主义革命是民主革命的必然趋势。只有认清民主革命和社会主义革命的区别，同时又认清两者的联系，才能正确地领导中国革命。

中国革命分两步走的思想，深刻揭示了中国革命的客观规律，揭示了中国革命的前途，为中国革命指明了方向，丰富和发展了马克思主义资产阶级民主革命的学说。

4. 第一次是1927年11月至1928年4月的“左”倾盲动错误，认为革命形势在不断高涨，盲目要求“创造总暴动的局面”。

第二次是1930年6月至9月以李立三为代表的“左”倾冒险主义，错误地认为中国革命乃至世界革命进入高潮，盲目要求举行全国暴动和集中红军力量攻打武汉等中心城市。

第三次是1931年1月至1935年1月以王明为代表的“左”倾教条主义。其错误主要表现在：在革命性质和统一战线上，混淆民主革命与社会主义革命的界限，将反帝反封建与反资产阶级并列，将民族资产阶级视为中国革命最危险的敌人，一味排斥和打击中间势力。在革命道路问题上，继续坚持以城市为中心，将准备城市工人的总同盟罢工和武装起义作为共产党最主要的任务；指令根据地的红军采取“积极进攻的策略”，配合攻打中心城市。在土地革命问题上，提出坚决打击富农和“地主不分田，富农分坏田”的主张。在军事斗争问题上，实行进攻中的冒险主义、防御中的保守主义、退却中的逃跑主义。在党内斗争和组织问题上，推行宗派主义和“残酷斗争、无情打击”的方针。

原因：

第一，主要原因是全党马克思主义理论准备不足，理论素养不高，实践经验也很缺乏，对于中国的历史状况和社会状况、中国革命的特点、中国革命的规律不了解，对于马克思列宁主义和中国革命的实践没有统一的理解，总之，不善于把马克思列宁主义与中国实际全面地、正确地结合起来。

第二，八七会议以后党内一直存在着的浓厚的“左”倾情绪始终没有得到认真的清理。

第三，共产国际对中国共产党内部事物的错误干预和瞎指挥。

第四，半殖民地半封建中国社会的阶级状况，决定了中国共产党的党员中农民和小资产阶级出身的占大多数，使党处在小资产阶级思想的包围之中。党内出现只注重书本知识而不注重实际的教条主义，只注重感性知识而轻视理论的经验主义，影响党的思想、路线和政策。

5. 土地革命时期，党内连续发生“左”倾错误，给中国革命带来了极其严重的危害。这些错误的发生，主要是对于马克思列宁主义的理论和中国革命的实践没有统一的理解而产生的。正因为如此，毛泽东强调，为了纠正错误，必须端正思想路线，实行马克思列宁主义与中国实际相结合的原则。

以毛泽东为主要代表的中国共产党人历来重视总结经验，加强党的思想理论建设。毛泽东早就提出，要注重调查研究，反对本本主义。红军到达陕北后，毛泽东、中共中央用很大的精力，去总结历史经验，加强党的思想理论建设。

1935年12月，毛泽东做了《论反对日本帝国主义的策略》的报告，阐明党的抗日民族统一战线政策，批判了关门主义和对于革命的急性病，系统地解决了党的政治路线上的问题。

1936年12月，毛泽东写了《中国革命战争的战略问题》这部著作，总结土地革命战争中党内在军事问题上的大争论，系统地说明了有关中国革命战争战略方面的诸问题。

1937年夏，毛泽东写了《实践论》和《矛盾论》，从马克思主义认识论的高度，总结中国共产党的历史经验,揭露和批判党内的主观主义尤其是教条主义的错误,深入论证马克思列宁主义基本原理同中国具体实际相结合的原则,科学地阐明了党的思想路线。

六、材料分析题

要点:(1)将党的工作重心放在农村,把落后的农村变成先进的根据地,在农村积蓄和发展革命力量,以农村包围城市,最后夺取全国胜利。

(2)中国革命的实质是农民革命。在 1940 年写的《新民主主义论》中,毛泽东再次强调:“中国的革命实质上是农民革命……”原因是:第一,中国是一个半殖民地半封建的农业大国,农民是中国社会的主要群众,是反帝反封建的主力军,无产阶级对革命的领导权,主要是落实在对广大农民的领导上。第二,中国民主革命的主要任务之一就是反封建,而反封建的核心是解决农民的土地问题,因而农民问题是中国革命的中心问题。

第六章

Chapter 6

中华民族的抗日战争

学习目标

了解日本帝国主义对中国侵略不断加深的过程以及给中国人民带来的巨大灾难,激发学生的爱国情感。通过学习抗日民族统一战线的形成过程,认识到中国共产党为抗日民族统一战线的形成和巩固所做的努力,以及抗日民族统一战线对抗日战争胜利的意义。

学习要点

1. 中国共产党是抗日战争的中流砥柱。
2. 中国抗日战争胜利的原因、意义和基本经验。
3. 抗日战争期间侵华日军犯下的滔天罪行。
4. 国民党在抗日战争中的地位和作用。
5. 中国人民抗日战争在世界反法西斯战争中的地位。

教学案例

【案例1】

西安事变

1936年12月,国民党爱国将领张学良和杨虎城将军率部发动的西安事变及其和平解决是我国历史上的一件大事。它对于促成以国共两党合作为基础的抗日民族统一战线起了重要的作用。

当时在西北地区,以西安为中心的国民党军队的主要力量有张学良率领的东北军和杨虎城率领的第十七路军,这两支军队均非蒋介石嫡系,屡受排挤,对此,他们极为不满,尤其是东北军,过去盲目执行蒋介石的不抵抗政策,弃守东北,遭到国人唾弃,后又被命"剿共"蒙受重大损失,全军上下深感"剿共"没有出路,强烈要求抗日,收复东北国土。在瓦窑堡会议之后,中国共产党通过种种渠道,大力开展对这两支军队的工作,坚定了张、杨联共抗日的决心,从而使党的抗日民族统一战线政策首先在西北地区取得胜利。

张学良自从在西北地区实行联共抗日之后,曾多次劝谏蒋介石停止内战,一致对外,都被拒绝。蒋介石调集嫡系军队约30个师准备从河南开入陕甘参加"剿共"。之后,蒋又于1936年12月初到西安逼迫张学良、杨虎城把军队全部开赴陕北"剿共"前线。12月12日凌晨,东北军和第十七路军协同行动,扣留了蒋介石,并囚禁了陈诚、卫立煌等国民党军政大员,随即通电全国,提出改组南京政府、停止一切内战等八项抗日主张。

西安事变发生后,在国内外引起了强烈的反响。在如何对待事变的问题上,南京当权势力中出现了两种对立的主张。以军政部长何应钦为代表的亲日派竭力策动"讨伐",轰炸西安,企图取代蒋介石的统治地位;而亲英美派的蒋介石亲属宋美龄、孔祥熙、宋子文等则不顾何应钦的反对,为和平解决西安事变、营救蒋介石而积极努力。

中共中央在对国际国内的政治形势进行正确分析之后,确定了和平解决西安事变的基本方针,主张用和平方式解决西安事变引起的问题,反对新的内战;同时中共中央还主张用一切方式联合南京的"左派",争取中派,反对亲日派,以推动南京政府走向抗日。

南京方面在弄清张学良、杨虎城和共产党并不想加害蒋介石,而希望和平解决此次事变的态度后,于22日派宋子文、宋美龄到西安谈判。周恩来作为中共中央全权代表也参加了谈判。他遵照中央的有关指示,在与张学良、杨虎城共同商讨并进行同南京方面的谈判中,做了大量卓有成效的工作。经过两天的商谈,宋美龄等人做出"停止剿共""三个月后发动抗日"等项承诺。12月24日晚,周恩来会见蒋介石,当面向蒋介石说明中国共产党抗日救国的政策。蒋介石表示同意谈判议定的六项条件,允诺"只要我存在一日,中国决不再发生反共内战"。

25日下午，张学良决定释放蒋介石，并亲自陪同蒋介石乘飞机离开西安回南京。一到南京，蒋介石立刻扣留张学良。消息传出后，西安出现动荡不安的局势，东北军中坚决主张联共抗日的王以哲军长被东北军中一部分过激分子杀害，内战危险重新出现。周恩来在极端艰难的情况下，坚定而细致地进行工作，巩固了红军和东北军、十七路军的团结，基本上保持了和平解决西安事变的伟大成果。

附：

材料一：

中共中央为公布国共合作宣言

（1937年7月15日）

亲爱的同胞们！

中国共产党中央委员会谨以极大的热忱向我全国父老兄弟诸姑姊妹宣言，当此国难极端严重民族生命存亡绝续之时，我们为着挽救祖国的危亡，在和平统一团结御侮的基础上，已经与中国国民党获得了谅解，而共赴国难了。这对于我们伟大的中华民族前途有着怎样重大的意义啊！因为大家都知道，在民族生命危急万状的现在，只有我们民族内部的团结，才能战胜日本帝国主义的侵略。现在民族团结的基础已经定下了，我们民族独立自由解放的前提也已创设了，中共中央特为我们民族的光明灿烂的前途庆贺。

不过我们知道，要把这个民族的光辉前途变为现实的独立自由幸福的新中国，仍需要全国同胞，每一个热血的炎黄子孙，坚韧不拔地努力奋斗。中国共产党愿当此时机，向全国同胞提出我们奋斗之总的目标，这就是：

（一）争取中华民族之独立自由与解放。首先须切实地迅速地准备与发动民族革命抗战，以收复失地和恢复领土主权之完整。

（二）实现民权政治，召开国民大会，以制定宪法与规定救国方针。

（三）实现中国人民之幸福与愉快的生活。首先须切实救济灾荒，安定民生，发展国防经济，解除人民痛苦与改善人民生活。

凡此诸项，均为中国的急需，以此悬为奋斗之鹄的，我们相信必能获得全国同胞之热烈的赞助。中共愿在这个总纲领的目标下，与全国同胞手携手地一致努力。

中共深切知道，在实现这个崇高目标的前进路上，须要克服许多的障碍和困难，首先将遇到日本帝国主义的阻碍和破坏。为着取消敌人的阴谋之借口，为着解除一切善意的怀疑者之误会，中国共产党中央委员会，有披沥自己对于民族解放事业的赤忱之必要。因此，中共中央再郑重向全国宣言：

一、孙中山先生的三民主义为中国今日之必需，本党愿为其彻底的实现而奋斗。

二、取消一切推翻国民党政权的暴动政策及赤化运动，停止以暴力没收地主土地的政策。

三、取消现在的苏维埃政府，实行民权政治，以期全国政权之统一。

四、取消红军名义及番号，改编为国民革命军，受国民政府军事委员会之统辖，并待命出动，担任抗日前线之职责。

亲爱的同胞们！本党这种光明磊落大公无私与委曲求全的态度，早已向全国同胞在言论行动上明白表示出来，并且已获得同胞们的赞许。现在为求得与国民党的精诚团结，巩固全国的和平统一，实行抗日的民族革命战争，我们准备把这些诺言中在形式上尚未实行的部分，如苏区取消，红军改编等，立即实行，以便用统一团结的全国力量，抵抗外敌的侵略。

寇深矣！祸亟矣！同胞们，起来，一致的团结啊！我们伟大的悠久的中华民族是不可屈服的。起来，为巩固民族的团结而奋斗！为推翻日本帝国主义的压迫而奋斗！胜利是属于中华民族的！

抗日战争胜利万岁！

独立自由幸福的新中国万岁！

材料二：

国民政府自卫抗战声明书

（1937年8月14日）

中国为日本无止境之侵略所逼迫，兹已不得不实行自卫，抵抗暴力。

近年来，中国政府及人民一致所努力者，在完成现代国家之建设，以期获得自由平等之地位；以是之故，对内致力于经济文化之复兴，对外则尊重和平与正义，凡国联盟约，九国公约——中国曾参加签订者，莫不忠实履行其义务。盖认为“独立”与“共存”，两者实相待而相成也。乃自九一八以来，日本侵夺我东四省，淞沪之役，中国东南重要商镇，沦于兵燹；继以热河失守；继于长城各口之役；屠杀焚毁之祸，扩而及于河北；又继之以冀东伪组织之设立；察北匪军之养成；中国领土主权，横被侵削。其他如纵使各项飞机在中国领土之内不法飞行，协助大规模走私，使中国财政与各国商业，同受巨大损失；以及种种毒辣之手段：如公然贩卖吗啡、海洛英，私贩枪械接济盗匪，使中国社会与人种，陷入非人道之惨境。此外无理之要求与片面之自由行动，不可胜数。受一于此，已足危害国家之独立与民族之生存，吾人敢信此为任何国家任何人民所不能忍受，以迄于今，吾人敢言中国之所以出此，期于尽可能之努力，以期日本最后之觉悟而已。及至卢沟桥事件爆发，遂使中国几微之希望归于断绝。

卢沟桥事件之起因，由于日本大举扩张天津驻屯军，且屡于辛丑条约未经允许之地点施行演习。日本此种行动，已足随时随地引起事变而有余；而本年七月七日深夜，日本军队竟于邻近北平之卢沟桥，施行不法之演习，继之以突然攻击宛平县城。我守土有责之驻军，迫而为正当防卫；我无辜之人民，于不意之中，生命财产毁于日本炮火之下，凡此事实，已为天下所共见。

卢沟桥事件发生以后，日本之行动有深足注意者，即其口头常用就地解决，及不欲扩大事态之语调；而其实际，则大批军队及飞机、坦克车，以及种种新战争利器，由其本国及朝鲜与我东北，源源输送至河北境内。其实行武力侵略，向我各地节节进攻之事实，绝不能为其所用之语调，所可掩蔽于万一。

中国政府于卢沟桥事件发生后，犹以诚意与日本协商，冀图事件之和平解决。七月十三日，我外交部曾向日本大使馆提议双方及时停止军事行动，而日本未与置答。七月十九日，我外交部长复正式以书面重提原议，双方约定一确定日期，同时停止军事动作，同时将军队撤回原驻地点。并曾声明：中国政府为和平解决此次不幸事件起见，准备接受国际公法或条约所公认之任何处理国际纠纷之和平方法，如双方直接交涉，斡旋，调解，公断等等。然而以上种种表示，均未得日本之置答。

于此之际，中国地方当局为维持和平计，业已接受日本方面所提议之解决办法。中央政府亦以最大之容忍，对于此项解决办法，未予反对。乃日本军队于无可借口之中，突然在卢沟桥、廊坊等处，再行攻击中国军队，并于本年七月二十六日致哀的美敦书，要求中国军队撤出北平。此则予双方约定解决办法以外，横生枝节，且为吾人所万万不能接受者。

日本军队更不待答复，于期限未至之前，以猛力进扑中国文化中心之北平，与中外商业要枢之天津。南苑附近，我驻军为日本轰炸机及坦克车所围攻，死亡极烈；天津方面，人民生命横遭屠戮，公共建筑、文化机关以及商店、住宅，悉付一炬。自此以后，进兵不已，侵入冀省南部，并进攻南口，使战祸及于察剩凡此种种，其横生衅端，扩大战域，均于就地解决及不扩大事件语调之下，掩护其进行。

当此华北战祸蔓延猖獗之际，中国政府以上海为东方重要都会，中外商业及其他各种利益，深当顾及，屡命上海市当局及保安队加意维持，以避免任何不祥事件之发生。乃八月九日傍晚，日军官兵竟图侵入我虹桥军用飞机场，不服警戒法令之制止，乃至发生事故，死中国保安队守卫机场之卫兵一名，日本官兵二名。上海市当局于事件发生之后，立即提议以外交途径公平解决；而日本则竟派遣大批战舰陆军以及其他武装队伍来沪，并提出种种要求，以图解除或减少中国自卫力量。日本空军并在上海、杭州、宁波以及其他苏、浙沿海口岸，任意飞行威胁，其为军事发动，已无疑义。迨至昨（十三）日以来，日军竟向我上海市中心区猛烈进攻，此等行动，与卢沟桥事件发生以后向河北运输大批军队，均为日本实施其传统的侵略政策整个之计划，实显而易见者也。

日本今犹欲以淞沪停战协定为借口，将使中国于危急存亡之际，尚不能采用正当防卫之手段。须知此等停战协定，其精神目的，即欲于其地点内双方各自抑制，以期避免冲突，不妨碍和平解决之进行。若一方自由进兵，而同时复拘束他方，使之坐而听受侵略，此为任何法理任何人情所不能曲解者。

中国今日郑重声明，中国之领土主权，已横受日本之侵略；国际盟约，九国公约，非战公约，已为日本所破坏无余。

此等条约，其最大目的，在维持正义与和平。中国以责任所在，自应尽其能力，以维护其领土主权及维护上述各种条约之尊严。中国决不放弃领土之任何部分，遇有侵略，惟有实行天赋之自卫权以应之。日本苟非对于中国怀有野心，实行领土之侵略，则当对于两国国交谋合理之解决，同时制止其在华一切武力侵略之行动；如是则中国仍当本其和平素志，以挽救东亚与世界之危局。要之，吾人此次非仅为中国，实为世界而奋斗；非仅为领土与主权，实为公法与正义而奋斗。吾人深信，凡我友邦既与吾人以同情，又必能在其郑重签订之国际条约下各尽其所负。

【资料来源】

http://blog. sina. com. cn/s/blog - a66b52c2010/jlaj. html.

【思考讨论】

1. 如何评价中国共产党在西安事变和平解决中的作用与地位？
2. 西安事变和平解决对中华民族全民族抗战的意义是什么？

【案例2】

全面抗战路线和持久战方针

全面抗战爆发后，日本相继占领平津、平绥铁路东段和华中的上海地区后，又展开新的战略进攻。在此紧迫形势下，为推动全国抗战的顺利发展，1937年8月22日到25日，中共中央在陕西省洛川县冯家村，召开了政治局扩大会议（史称洛川会议），研究制定抗日战争的路线、方针和策略，正式确定了全面抗战路线和持久战的战略总方针，并依此制定了抗日游击战的战略战术。

会议正确地分析了全国抗战开始以后的形势，认为“兵民是胜利之本”，特别强调“战争的伟力之最深厚的根源，存在于民众之中”。要争取抗战胜利，必须充分动员和依靠群众，实行人民战争。会议通过了《关于目前形势与党的任务的决定》和《抗日救国十大纲领》，确定了广泛组织、动员一切民众力量进行抗战的全面抗战路线。据此规定，党的任务是深入敌后，广泛开辟抗日根据地。

在徐州会战前后，中国主要是在国民党内，产生速胜论与速败论两种错误思潮，对抗战的途径和前途感到迷惘。洛川会议后，1938年5月，为了解开人们思想上的困惑，写作了著名的《论持久战》，指明了中国抗战既不能速胜，也不会速败，而必然是持久战。为此，中国也必须实行持久战的战略方针。毛泽东认为，敌强我弱，故不能速胜。但是，日本是一个小国，人力物力资源都有限；敌退步我进步；敌人进行的不义的侵略战争，中国进行的则是正义的反侵略战争，敌寡助我多助，因此也不能速败，最终胜利必然是中国的。这就决定了中国抗日战争必然是持久战，而不是速决战。据此，毛泽东科学地预见了抗日战争的进程将经历三个阶段：“第一个阶段，是敌之战略进步、我之战略防御的时期。第二个阶段，是敌之战略保守、我之准备反攻时期。第三阶段，是我之战略反攻、敌之战略退却的时期”。这被后来的抗日战争过程的事实完全验证了是正确的。毛泽东重点分析了第二个阶段即战略相持阶段的特点，分析了在犬牙交错的战争状态下，敌我优劣形势转换的各种因素，指出相持阶段是中国转弱为强的“枢纽”。

根据持久战的战略总方针，根据中共领导的抗日军队的特点，制定了敌后游击战的战略战术。即：在敌人后方放手开展独立自主的游击战争，包括在新条件下消灭敌人兵团与在平原发展的游击战争。明确实行军事战略转移，即由国内革命战争的正规战，向抗日民族解放战争的游击战转变。

【资料来源】

http://blog. sina. com. cn/s/blog - a66b52c2010/jlap. html.

【思考讨论】

1. 为什么说抗日战争是持久战，最后的胜利属于中国？

2. 为什么说中国共产党是中国人民抗日战争的中流砥柱？

【案例 3】

揭示日军侵华罪行的真相——《东史郎日记》

这是一部特殊的、深受世人关注的日记。这部日记的作者东史郎，一九一二年四月二十七日出生于日本京都府竹野郡丹后町。一九三七年八月，二十五岁的东史郎应召入伍，系日军第十六师团步兵第二十联队上等兵，曾参加攻占天津、上海、南京、徐州、武汉、襄东等战役，一九三九年九月因病回国。一九四四年三月，他再次应召参加侵华战争。一九四五年八月，他在上海向中国军队投降。一九四六年一月回日本。东史郎有记日记的习惯，他把侵华战争期间的所见所闻详细地记录下来，共有五卷三十七万字。在一九三七年十二月二十一日的日记中，他记述了西本（桥本光治）在南京最高法院门前，将一个中国人装入邮袋，浇上汽油点火燃烧，最后系上手榴弹，投入池塘将其炸死的暴行：

二十一日奉命警戒城内，我们又离开了马群镇。中山路上的最高法院，相当于日本的司法省，是一座灰色大建筑，法院前有一辆破烂不堪的私人轿车翻倒在地。路对面有一个池塘。不知从哪儿拉来一个支那人，战友们像小孩玩抓来的小狗一样戏弄着他。这时，西本提出了一个残忍的提议，就是把这个支那人装入袋中，浇上那辆汽车中的汽油，然后点火。于是，大声哭喊着的支那人被装进了邮袋，袋口被扎紧，那个支那人在袋中拼命地挣扎着、哭喊着。西本像玩足球一样把袋子踢来踢去，像给蔬菜施肥一样向袋子撒尿。西本从破轿车中取出汽油，浇到袋子上，在袋子上系一根长绳子，在地上来回地拖着。稍有一点良心的人皱着眉头盯着这个残忍的游戏，一点良心都没有的人则大声鼓励，觉得饶有兴趣。西本点着了火。汽油刚一点燃，就从袋中冲出了令人毛骨悚然的惨叫声。袋子以浑身气力跳跃着、滚动着。有些战友面对如此残暴的玩法还觉得很有趣，袋子像火球一样满地滚，发出一阵阵地狱中的惨叫。西本拉着口袋上的绳子说："喂，嫌热我就给你凉快凉快吧！"说着，在袋子上系了两颗手榴弹，随后将袋子扔进了池塘。火渐渐地灭掉了，袋子向下沉着，水的波纹也慢慢地平静下来。突然，"澎！"手榴弹爆炸了，掀起了水花。过了一会儿，水平静下来，游戏就这样结束了。像这样的事情在战场上算不上什么罪恶，只是西本的残忍让我们惊诧。一会儿，这伙人便将上面的惨事统统忘记，如同没事人一样又哼起小曲走路了。

【资料来源】

东史郎日记·前言(节录).江苏教育出版社,1999.

【思考讨论】

1. 近代以来日本军国主义为什么要大肆侵略中国?为什么在侵华战争中如此残暴,无视中国人民的生命和财产,无视中国人民的尊严?

2. 作为当代青年,你如何为中华复兴做出自己的贡献?

3. 面对民族灾难,中国共产党何以成为抗日战争胜利的中流砥柱?

【案例4】

延安的民主

在延安市政府的狭小简单的会议室里,延安市参议会常驻委员会与延安市政府的联席会议正在举行,参议会是由延安市的城市居民和乡村居民选举出来的。

有几个是农民,另有几个是典型的旧式商人。一个是年老的学者,几个是当地的年轻的共产党员,两个是女人。

市长正向会议报告最近数月的好工作的例子。他举了一个例子说邻近居民如何帮助伤兵安排生活促使他积极生产。市长说:“大家来合作。自己能做的事,不要专靠政府。”

市长继续说到坏工作的例子。下级政府的一个职员要发动拥军运动的新阶段,但是他并没有提出做什么,他又抱怨植树运动。但他自己并没有上过山,因此老百姓对于他的言行不一,非常愤怒。

市长接着就一般行政,做了长的报告。他说,学校已经大大改善,课程内容更切合实际;利用好榜样来改造顽皮儿童的坏习惯,现在已经在延安家庭中普遍实行,代替了过去打孩子的办法。教育成人读报的夜校,一天天更普遍了。虽然人民晓得喝生水有害,但他们注意卫生不够,延安仍然发生一些本来可以避免的疾病。

市长提出开荒超过计划的数目字,几个人极为热烈的提出了详尽的批评。

当他报告说,市政府职员由于本身的农作,可以支付薪俸及公费的60%,虽然对于公共的事务支出日渐增加,但租税仍像以前一样时,全体都表示满意。

他接着详尽的报告最近一次群众运动的重要,这次运动的目的是要在边区的每一村庄都要实现十点计划。每家一井,多种树,多养猪,造一个新羊圈,每村必须有一个“互助仓”,生产消费合作社,一个产婆,至少一个铁匠铺,一个老百姓办的学校,一个秧歌队。

讨论开始了。一个非共产党员的商人说,市长的报告很具体(这是边区最高的赞美词),并且说:市政府方面虽然仍然有若干缺点,但一般说来是很好,十点工作计划尤其受人欢迎,但是市政府必须修修道路,铺平就更好,最好能明白告诉商人,为了配合将来发展计划,在哪里开商店更好。

老学者流利地讲了很多话，他也谈到道路的破坏和修河堤，然后他批评学校了，他说："很多学校的教室太小、太挤，对于学生的身体不好。我们的课程仍然不完全，学校家长还希望更好一点；国民党的教科书，自然不能适合老百姓。我们的比较好得多，但是仍然不够好。教学生写字的方法是不对的，老百姓希望他们的孩子学着写楷字；政府应该供给好的写字先生。"

以后有人告诉我，联席会议使市长改变了他的六月行政计划的若干项目……

人民只是被动员起来反对两个敌人：日本侵略者和古老的政治社会的落后。原始的但是聪明的群众运动把简单实际的口号传播到各处：增加生产，建立合作社，丰衣足食，拥军，改善健康，破除迷信，学习知识，学习识字读书，帮助村里落后的人。

千万共产党员负责把这些口号具体的详细的解释说明，对于老绅士、地主、商人、国民党员，则特别用力说服，来克服他们的怀疑，使他们相信，他们也不会被排斥在新民主主义之外，反而能够为了本身本地的利益去担负若干任务。

老百姓被告诉说，为了使事情做得合你的意，你必须参加社会活动，你必须参加选举，选举你所信赖的人，你必须多多依靠自己，因为共产党在政府及参议会只占三分之一。

一般人常说，中国渡过难关的能力在与中国人民的常识与创造力，在于他们对社会生活的基本民主的态度，现在又有了新的含义了。在鼓励而不是束缚的环境中，只要给他们一个实践这些素质的机会，中国的普通老百姓就成为新社会的创造者。

在中国历史上，自治政府第一次在中国的一部分土地上实行了，虽然方法还很原始。这是敌后根据地的军事成功和延安区域的社会进步的主要原因。

【资料来源】

西安财经大学《中国近现代史纲要》精品课素材

【思考讨论】

1. 这一案例说明了什么？

2. 这一案例所反映的民主有什么重要作用？

【课后阅读】

在纪念中国人民抗日战争暨世界反法西斯战争胜利70周年大会上的讲话

（2015年9月3日）

习近平

全国同胞们，

尊敬的各位国家元首、政府首脑和联合国等国际组织代表，

尊敬的各位来宾，

全体受阅将士们，

女士们、先生们，同志们、朋友们：

今天，是一个值得世界人民永远纪念的日子。70年前的今天，中国人民经过长达14年艰

苦卓绝的斗争，取得了中国人民抗日战争的伟大胜利，宣告了世界反法西斯战争的完全胜利，和平的阳光再次普照大地。

在这里，我代表中共中央、全国人大、国务院、全国政协、中央军委，向全国参加过抗日战争的老战士、老同志、爱国人士和抗日将领，向为中国人民抗日战争胜利作出重大贡献的海内外中华儿女，致以崇高的敬意！向支援和帮助过中国人民抵抗侵略的外国政府和国际友人，表示衷心的感谢！向参加今天大会的各国来宾和军人朋友们，表示热烈的欢迎！

女士们、先生们，同志们、朋友们！

中国人民抗日战争和世界反法西斯战争，是正义和邪恶、光明和黑暗、进步和反动的大决战。在那场惨烈的战争中，中国人民抗日战争开始时间最早、持续时间最长。面对侵略者，中华儿女不屈不挠、浴血奋战，彻底打败了日本军国主义侵略者，捍卫了中华民族5 000多年发展的文明成果，捍卫了人类和平事业，铸就了战争史上的奇观、中华民族的壮举。

中国人民抗日战争胜利，是近代以来中国抗击外敌入侵的第一次完全胜利。这一伟大胜利，彻底粉碎了日本军国主义殖民奴役中国的图谋，洗刷了近代以来中国抗击外来侵略屡战屡败的民族耻辱。这一伟大胜利，重新确立了中国在世界上的大国地位，使中国人民赢得了世界爱好和平人民的尊敬。这一伟大胜利，开辟了中华民族伟大复兴的光明前景，开启了古老中国凤凰涅槃、浴火重生的新征程。

在那场战争中，中国人民以巨大民族牺牲支撑起了世界反法西斯战争的东方主战场，为世界反法西斯战争胜利作出了重大贡献。中国人民抗日战争也得到了国际社会广泛支持，中国人民将永远铭记各国人民为中国抗战胜利作出的贡献！

女士们、先生们，同志们、朋友们！

经历了战争的人们，更加懂得和平的宝贵。我们纪念中国人民抗日战争暨世界反法西斯战争胜利70周年，就是要铭记历史、缅怀先烈、珍爱和平、开创未来。

那场战争的战火遍及亚洲、欧洲、非洲、大洋洲，军队和民众伤亡超过1亿人，其中中国伤亡人数超过3 500万，苏联死亡人数超过2 700万。绝不让历史悲剧重演，是我们对当年为维护人类自由、正义、和平而牺牲的英灵、对惨遭屠杀的无辜亡灵的最好纪念。

战争是一面镜子，能够让人更好认识和平的珍贵。今天，和平与发展已经成为时代主题，但世界仍很不太平，战争的达摩克利斯之剑依然悬在人类头上。我们要以史为鉴，坚定维护和平的决心。

为了和平，我们要牢固树立人类命运共同体意识。偏见和歧视、仇恨和战争，只会带来灾难和痛苦。相互尊重、平等相处、和平发展、共同繁荣，才是人间正道。世界各国应该共同维护以联合国宪章宗旨和原则为核心的国际秩序和国际体系，积极构建以合作共赢为核心的新型国际关系，共同推进世界和平与发展的崇高事业。

为了和平，中国将始终坚持走和平发展道路。中华民族历来爱好和平。无论发展到哪一步，中国都永远不称霸、永远不搞扩张，永远不会把自身曾经经历过的悲惨遭遇强加给其他民族。中国人民将坚持同世界各国人民友好相处,坚决捍卫中国人民抗日战争和世界反法西斯战争胜利成果,努力为人类作出新的更大的贡献。

中国人民解放军是人民的子弟兵,全军将士要牢记全心全意为人民服务的根本宗旨,忠实履行保卫祖国安全和人民和平生活的神圣职责,忠实执行维护世界和平的神圣使命。我宣布,中国将裁减军队员额30万。

女士们、先生们,同志们、朋友们!

"靡不有初,鲜克有终。"实现中华民族伟大复兴,需要一代又一代人为之努力。中华民族创造了具有5 000多年历史的灿烂文明,也一定能够创造出更加灿烂的明天。

前进道路上,全国各族人民要在中国共产党领导下,坚持以马克思列宁主义、毛泽东思想、邓小平理论、"三个代表"重要思想、科学发展观为指导,沿着中国特色社会主义道路,按照"四个全面"战略布局,弘扬伟大的爱国主义精神,弘扬伟大的抗战精神,万众一心,风雨无阻,向着我们既定的目标继续奋勇前进!

让我们共同铭记历史所启示的伟大真理:正义必胜!和平必胜!人民必胜!

(来源:新华社)

课后习题

一、单项选择题

1. 1931年9月18日,日本关东军在中国(　　)市郊爆破铁路,制造借口向中国军队发动进攻。

A. 大连　　B. 长春

C. 沈阳　　D. 北平

2. 1932年1月28日,日军向上海闸北中国驻军进攻,蒋光鼐、蔡廷锴率领(　　)奋起抵抗,这就是著名的一·二八淞沪抗战。

A. 第二十九军　　B. 第十九路军

C. 第二十六路军　　D. 第二十五军

3. 1933年5月,原西北军将领冯玉祥在(　　)成立察哈尔民众抗日同盟军。

A. 绥远　　B. 张家口

C. 石家庄　　D. 通化

4. 1935年8月1日,中共驻共产国际代表团发表(　　),呼吁一致抗日。

A.《停止内战一致抗日》　　B.《为抗日救国告全国同胞书》

C.《停战议和一致抗日》　　D.《反日反蒋的初步协定》

5. 抗战初期,国共合作最典型的战役是(　　)。

A. 平型关战　　B. 太原会战

C. 徐州会战　　D. 忻口会战

6. 在惨绝人寰的南京大屠杀中,日军共杀害(　　)中国军民。

A. 10 万以上　　B. 20 万以上

C. 30 万以上　　D. 50 万以上

7. 百团大战的直接指挥者是(　　)。

A. 林彪　　B. 朱德

C. 贺龙　　D. 彭德怀

8. 1938 年初,国民政府改组军事委员会,下设政治部,(　　)被聘请担任政治部副部长。

A. 叶剑英　　B. 叶挺

C. 朱德　　D. 周恩来

9. 1938 年 5 ~ 6 月,毛泽东发表系统地阐明了持久抗战的总方针是在(　　)。

A.《新民主主义论》　　B.《中国共产党在民族战争中的地位》

C.《中国革命和中国共产党》　　D.《论持久战》

10. 1940 年 5 月,国民革命军第 33 集团军总司令(　　)将军在枣宜会战中壮烈殉国。

A. 张自忠　　B. 张治中

C. 张灵甫　　D. 张发奎

11. 皖南事变发生后,周恩来发表"千古奇冤,江南一叶,同室操戈,相煎何急?"的题词。这表明中国共产党(　　)。

A. 认为国共合作实际上已经破裂

B. 决定武装反抗国民党的屠杀政策

C. 要独立自主地担负起反抗日本侵略的责任

D. 揭露顽固派阴谋,坚持抗日民族统一战线

12. 1941 年 5 月,毛泽东做(　　)的报告,整风运动首先在党的高级干部中进行。

A.《反对党八股》　　B.《整顿党的作风》

C.《改造我们的学习》　　D.《关于调查研究的决定》

13. 抗日战争期间,在新加坡成立了由(　　)为主席的华侨筹赈祖国难民总会。

A. 徐四民　　B. 司徒美堂

C. 陈嘉庚　　D. 林白

14. 1944 年 4 月至 1945 年 1 月,日本发动打通中国大陆交通线的战役是(　　)。

A. 忻口战役　　B. 淞沪会战

C. 豫湘桂战役　　D. 枣宜会战

15. 中国人民抗日战争胜利的纪念日是(　　)。

A. 8 月 15 日　　B. 9 月 3 日

C. 7 月 7 日　　D. 8 月 12 日

16. 抗日战争中,日军在海外作战损失的 287 万人中,有(　　)余人伤亡在中国战场。

A. 230 万　　B. 200 万

C. 100 万　　D. 150 万

16. 中国的抗日战争对世界反法西斯战争的胜利做出了巨大贡献,突出表现在(　　)。

A. 中国战场最广大　　B. 中国抗日战争最艰苦

C. 中国反法西斯战争时间最长　　D. 中国战场对日本法西斯的牵制

17. 抗日战争爆发后,中国军队取得第一次重大胜利的战役是(　　)。

A. 忻口战役　　B. 台儿庄战役

C. 平型关大捷　　D. 淞沪会战

18. 1935 年 12 月,中共中央提出抗日民族统一战线的政策的会议是(　　)。

A. 洛川会议　　B. 瓦窑堡会议

C. 八七会议　　D. 十二月会议

19. 抗战进入相持阶段后,中国共产党领导的武装力量在华北给日本侵略者沉重打击的一次军事行动是(　　)。

A. 百团大战　　B. 平型关战役

C. 淞沪会战　　D. 台儿庄战役

20. 促进中华民族觉醒,标志着中国人民抗日救亡运动新高潮到来的是(　　)。

A. 一二・九运动　　B. 五卅运动

C. 五四运动　　D. 一二・一运动

21. 1942 年,延安整风最主要的任务是(　　)。

A. 反对主观主义以整顿学风　　B. 反对宗派主义以整顿党风

C. 反对党八股以整顿文风　　D. 反对官僚主义

22. 1937 年 8 月,中国共产党制定抗日救国十大纲领的会议是(　　)。

A. 洛川会议　　B. 瓦窑堡会议

C. 八七会议　　D. 十二月会议

23. 明确规定毛泽东思想为中国共产党一切工作的指导方针的会议是(　　)。

A. 中共一大　　B. 中共七大

C. 中共二大　　D 中共八大

24. 抗日战争时期,根据地政权民主建设主要体现为(　　)。

A. 建立中华苏维埃共和国　　B. 实行“三三制”原则
C. 开展整风运动　　D. 推行精兵简政政策

25. 毛泽东明确提出“马克思主义的中国化”的命题是在党的(　　)。
A. 七大　　B. 六届六中全会
C. 六届七中全会　　D. 四大

26. 1939 年 2 月以后，中国共产党成立了中共中央南方局领导大后方的工作，南方局书记是(　　)。
A. 林伯渠　　B. 刘少奇
C. 周恩来　　D. 董必武

27. 标志着毛泽东思想多方面展开而达到成熟的理论是(　　)。
A. 社会主义探索的理论　　B. 社会主义革命的理论
C. 新民主主义理论　　D. 农村包围城市、武装夺取政权的理论

28. 1945 年 4 月 20 日，中国共产党通过《关于若干历史问题的决议》是在党的(　　)。
A. 七大　　B. 六届七中全会
C. 六届六中全会　　D. 四大

29. 中国政府在台湾举行受降仪式，台湾由中国收回，时间是在(　　)。
A. 1945 年 10 月 25 日　　B. 1945 年 9 月 3 日
C. 1945 年 9 月 2 日　　D. 1945 年 8 月 15 日

30. 位于中国最西部的抗日根据地是(　　)。
A. 晋察冀　　B. 陕甘宁
C. 冀鲁豫　　D. 晋冀豫

二、多项选择题

1. 在战略防御阶段，以国民党军队为主体的正面战场担负了抗击日军进攻的主要任务，国民党军队先后组织了一系列大战役，主要有(　　)。
A. 淞沪会战　　B. 忻口战役
C. 徐州会战　　D. 武汉会战

2. 标志着以国共合作为基础的抗日民族统一战线正式形成的事件有(　　)。
A. 西安事变
B. 中共中央发表《为抗日救国告全国同胞书》
C. 1937 年 9 月 22 日，国民党中央通讯社发表《中国共产党为公布国共合作宣言》
D. 1937 年 9 月 23 日，蒋介石发表实际承认中国共产党合法地位的谈话

3. 在抗日民族统一战线中，中间势力主要是指(　　)。

A. 民族资产阶级　　B. 开明绅士
C. 地方实力派　　D. 大地主大资产阶级

4. 抗日战争时期，抗日民主政府的工作人员分配上实行"三三制"原则，(　　)。
A. 大资产阶级占 1/3　　B. 非党的左派进步分子占 1/3
C. 不左不右的中间派占 1/3　　D. 共产党员占 1/3

5. 20 世纪 30 年代后期和 40 年代前期，毛泽东系统阐明了新民主主义的理论，毛泽东在这一阶段撰写的主要著作有(　　)。
A.《新民主主义论》　　B.《〈共产党人〉发刊词》
C.《中国共产党在民族战争中的地位》　　D.《中国革命和中国共产党》

6. 中国共产党在中国革命中战胜敌人的三个主要法宝是(　　)。
A. 统一战线　　B. 武装斗争
C. 实事求是　　D. 党的建设

7. 1942 年，延安整风的主要内容是(　　)。
A. 反对主观主义以整顿学风　　B. 反对官僚主义
C. 反对党八股以整顿文风　　D. 反对宗派主义以整顿党风

8. 1942 年，毛泽东在《整顿党的作风》中指出：我们要的是马克思主义的学风，学风问题主要是指(　　)。
A. 对待知识分子的态度问题
B. 领导机关、全体干部、全体党员的思想方法问题
C. 我们对待马克思列宁主义的态度问题
D. 全党同志的工作态度问题

9. 主观主义的主要表现形式是(　　)。
A. 教条主义　　B. 经验主义
C. 官僚主义　　D. 宗派主义

10. 1936 年 5 月，发起成立全国各界救国联合会的爱国民主人士包括(　　)。
A. 宋庆龄　　B. 沈钧儒
C. 邹韬奋　　D. 章乃器

11. 抗战初期，国民党正面战场除台儿庄战役取得大捷外，其他战役几乎都是以退却、失败而结束的，造成这种状况的原因是(　　)。
A. 在敌我力量对比上，日军占很大优势
B. 国民党战略指导方针上的失误
C. 实行片面抗战路线
D. 国民党政府在军事、政治、经济各方面陷入深刻的危机

12. 1939 年,国民党成立“防共委员会”,其方针为(　　)。

A. 防共　　B. 限共

C. 溶共　　D. 反共

13. 毛泽东科学预测抗日战争的发展进程包括(　　)三个阶段。

A. 战略防御　　B. 战略进攻

C. 战略相持　　D. 战略反攻

14. 抗日民族统一战线的策略总方针是(　　)。

A. 发展进步势力　　B. 争取中间势力

C. 反对投降势力　　D. 孤立顽固势力

15. 抗日战争时期,中国共产党主办的报刊(　　)在国民党统治区公开发行,及时宣传党的主张,鼓舞和激励了群众的抗战热情。

A.《新华日报》　　B.《群众》周刊

C.《向导》周报　　D.《解放日报》

16. 1945 年,联合发表波茨坦公告的三个国家是(　　)。

A. 德国　　B. 中国

C. 美国　　D. 英国

17. 1939 年 7 月,中国共产党明确提出(　　)三大口号,继续争取同蒋介石集团合作。

A. 停止内战,一致对外

B. 坚持抗战到底,反对中途妥协

C. 巩固国内团结,反对内部分裂

D. 力求全国进步,反对向后倒退

18. 在抗战困难时期,中国共产党采取的巩固统一战线的措施有(　　)。

A. 建立三三制政权　　B. 开展大生产运动

C. 实行减租减息政策　　D. 实行精兵简政

三、简答题

1. 侵华日军的严重罪行有哪些?如何防止中国再次遭受日本军国主义的侵害?
2. 什么是全面的全民族抗战路线?
3. 为了克服严重的经济困难,中共中央采取了哪些措施?
4. 抗日战争胜利的基本经验是什么?
5. 抗日战争胜利的原因有哪些?

四、辨析题

1. 西安事变的和平解决标志着抗日民族统一战线正式形成。
2. 抗日战争中游击战争并不具有战略地位。
3. 中国抗日战争为世界反法西斯战争做出了重大贡献。
4. 中国人民抗日战争积累了丰富的经验。

五、论述题

1. 如何评价中国国民党在抗战中的地位和作用?
2. 为什么说中国共产党是中国人民抗日战争的中流砥柱?
3. 中国抗日战争胜利的意义是什么?

六、材料分析题

材料1　1937年12月13日,侵华日军占领南京后,在日本华中方面军司令官松井石根大将、上海派遣军司令官朝香宫鸠彦中将和第6师团师团长谷寿夫中将等人的指挥下,日军对南京大肆屠城,烧杀淫掠6周之久。南京变成一座尸横遍野、满目凄凉的死城。日军用尽各种办法,如集体枪杀、火烧、活埋、枪刺、刀砍、沉塘……对于大量被俘的中国官兵不是按照日内瓦国际公约规定的"对待战俘应给予人道之待遇",也没有像其谎称的那样"优待俘虏",而是实行有组织、有计划的屠杀。中国放下武器的士兵、平民死亡总数达30万人以上!中国南京血流成河,草木含悲,日本东京却在一片狂欢之中庆祝"南京陷落"。英国记者田伯烈揭露日军烧杀淫掠下的南京"是有生以来第一次看到的活地狱","日军在南京的暴行,毫无疑义的是现代史上最黑暗的一页"。

(中国人民抗日战争纪念馆资料)

材料2　应日本首相安倍晋三的邀请,中国国务院总理温家宝2007年4月11日下午抵达东京,开始对日本进行为期3天的正式访问。这是中国总理7年来首次访日。温家宝在机场发表了书面讲话。他指出,中日两国都是亚洲和世界上的重要国家,中日关系对我们两国来说都是最重要的双边关系之一。今年是中日两国邦交正常化35周年,两国关系的改善和发展面临重要机遇。温家宝表示:"我此访的目的是增强政治互信,深化互利合作,扩大友好交流,推动中日关系长期健康稳定地向前发展。"

……

温家宝曾将安倍晋三去年10月标志中日政治僵局被打破的中国之行形容为一次"破冰之旅",将自己的这次访日定义为"融冰之旅",意在进一步融化中日两国关系中的寒冰,促进两国关系的回暖。

(《温家宝抵日开始"融冰之旅"》,《湖北日报》2007年4月12日)

请回答:

(1)根据材料1,并结合自己所学知识,谈谈日本的侵略给中国人民带来的深重灾难。

(2)根据材料2,论述日本应怎么做才能使中日关系长期健康稳定向前发展。

参考答案

一、单项选择题

1.C 2.B 3.B 4.B 5.B 6.C 7.D 8.D 9.D 10.A 11.D 12.C 13.C 14.C 15.B 16.D 16.D 17.C 18.B 19.A 20.A 21.A 22.A 23.B 24.B 25.B 26.C 27.C 28.B 29.A 30.B

二、多项选择题

1.ABCD 2.CD 3.ABC 4.BCD 5.ABD 6.ABD 7.ACD 8.BCD 9.AB 10.ABCD 11.ABC 12.ABCD 13.ACD 14.ABD 15.AB 16.BCD 17.BCD 18.AC

三、简答题

1.侵华日军在中国实行残暴的殖民统治,犯下了滔天的罪行,给中华民族造成极为深重的灾难。

第一,制造惨绝人寰的大屠杀;第二,疯狂掠夺中国的资源和财富;第三,强制推行奴化教育。

如何防止中国再次遭受日本军国主义的侵害?

第一,以史为鉴,面向未来,是处理中日两国关系的基本准则。要百倍珍惜和维护中日两国人民历尽艰辛共同努力建立起来的睦邻友好关系。第二,发展经济,提高综合国力。第三,要居安思危,保持高度警惕。记住历史的教训,警惕军国主义的残余死灰复燃,决不能让历史重演。

2.1937年8月,中国共产党在陕北洛川召开政治局扩大会议,制定了《抗日救国十大纲领》,概括了全面抗战路线的基本内容,一是进行人民战争,全民战争;二是坚决抗战,反对任何妥协、投降。

3.为了克服严重的经济困难,中共中央采取了一系列措施发展生产,主要有:普遍开展减和减息运动，提高农民的生产积极性，发展农业生产；开展生产自救式的大生产运动；调整赋税政策，推行农业统一累进税制等。

通过采取上述政策和措施，根据地的经济困难情况得到了有效的克服。

4. 第一，全国各族人民的大团结是我们战胜一切艰难困苦、实现奋斗目标的力量源泉。

第二，以爱国主义为核心的伟大民族精神是中国人民团结奋进的精神动力。

第三，提高综合国力是中华民族自立于世界民族之林的基本保证。

第四，坚持走和平发展道路是实现我国发展目标的正确道路。

第五，紧紧依靠群众是我们党永远立于不败之地的根本保证。

5. 第一，中国共产党在全民族抗战中起到了中流砥柱的作用。中国共产党积极倡导、促成、维护抗日民族统一战线，最大限度地动员全国军民共同抗战，成为凝聚全民族力量的杰出组织者和鼓舞者。

第二，中国人民巨大的民族觉醒、空前的民族团结和英勇的民族抗争，是中国人民抗日战争胜利的决定性因素。

第三，中国人民抗日战争的胜利，同世界所有爱好和平和正义的国家和人民、国际组织以及各种反法西斯力量的同情和支持也是分不开的。

四、辨析题

1. 错误。

1937 年 9 月 22 日，国民党发表了《中国共产党为公布国共合作宣言》，次日，蒋介石就此发表谈话，承认中国共产党在全国的合法地位，以国共第二次合作为基础的抗日民族统一战线正式形成。西安事变和平解决成为国内时局转换的枢纽。

2. 错误。

在抗日战争的初期和中期，游击战被提到战略的地位，具有全局性的意义。

第一，在战略防御阶段，对停止日军的进攻、减轻正面战场压力、使战争转入相持阶段起了关键性的作用。

第二，在战略相持阶段，敌后游击战争成为主要的抗日作战方式。

在战略相持阶段，日军逐步将主要兵力用于打击敌后战场的人民军队，以保持和巩固其占领地。游击战能有效地削弱敌人、壮大自己，逐步改变敌强我弱的态势，为实行战略反攻准备条件。

第三，游击战还为人民军队进行战略反攻准备了条件。

3. 正确。

中国人民的艰苦卓绝的抗日战争是整个世界反法西斯战争的重要组成部分，为世界反法西斯战争做出了重大贡献：

第一，中国抗日战争揭开了世界反法西斯战争的序幕。

第二，中国是世界反法西斯战争的东方主战场。

第三，中国的抗日战争挫败了日、德法西斯的全球战略。

4. 正确。

抗日战争胜利的基本经验是：

第一，全国各族人民的大团结是我们战胜一切艰难困苦、实现奋斗目标的力量源泉。

第二，以爱国主义为核心的伟大民族精神是中国人民团结奋进的精神动力。

第三，提高综合国力是中华民族自立于世界民族之林的基本保证。

第四，坚持走和平发展道路是实现我国发展目标的正确道路。

第五，紧紧依靠群众是我们党永远立于不败之地的根本保证。

五、论述题

1. 第一，国民党和国民政府根据战争发展需要，建立战时体制。中国政府最高统帅部提出了“以空间换时间，积小胜为大胜”的正面战场总体战略。

第二，正面战场的国民党军队爱国将士在华北、华东战场上都表现出了空前的民族义愤和抗战热情。

第三，全面抗战初期，国民党军队在正面战场的顽强抵抗，打破了日本帝国主义“三个月灭亡中国”的“速战速决”的战略企图，并一定程度地消耗了日军的兵力和战争资源，以巨大的牺牲将抗日战争拉入了战略相持阶段。但由于国民党最高当局的错误指导，实行了片面抗战的路线，在战略战术上，没有采取积极防御的方针，而是进行单纯的阵地防御战，致使正面战场的战役几乎都以退却和失败而结束，在短时间内丧失了大片国土。

第四，抗战进入战略相持阶段之后，正面战场的地位逐步下降到次要位置。在日本的政治诱降下，国民党集团内部以汪精卫为首的亲日派公开投敌。以蒋介石为代表的国民党亲英、美派集团虽然表示要抗战到底，但也表现出妥协、倒退的倾向。国民党五届五中全会，国民党的内外政策发生重大转变，由抗日战争初期的积极抗战，转向消极抗战、积极反共。进入相持阶段后，虽然国民党的抗战政策有所动摇，但仍在坚持抗战。国民党的抗战损耗了日军的有生力量，不仅从中国战场上来看，起到了打击敌人的作用，而且，从世界反法西斯战争的角度看，也有力地牵制了日军。

第五，为了支撑中国战场的持久抗战，国民政府在坚持正面战场作战的同时，以内迁工厂为龙头，在西南、西北地区开展了战时经济和其他方面的建设。在政府主导的战时经济体制下，中国后方建设事业有较大发展。

第六，中国军队从缅甸开始的反攻，缅北战役的胜利，与盟军的对日反攻一起，构成了彻底打败日本法西斯的强大攻势。

2. 第一，中国共产党实行的是全民族抗战的路线，采取的是持久战的战略方针。

第二,为了贯彻执行全面抗战路线,中国共产党做出了开辟敌后战场的战略决策,并坚持在敌后广泛开展游击战。

第三,中国共产党在统一战线中坚持独立自主的原则,坚持抗战、团结、进步的方针,反对妥协、分裂和倒退。

第四,中国共产党积极建设抗日民主根据地。在抗日民主根据地实行三三制的民主政权建设,减租减息,大力发展生产,积极进行全化建设和干部教育。

第五,在大后方开展抗日民主运动和抗战文化工作,对于激发大后方人民的爱国意识,坚持国共合作团结抗战,支援抗战前线,积蓄革命力量等发挥了重要的作用。

第六,中国共产党将马克思主义溶入中国国情,创立出的新民主主义理论从思想上武装了中国共产党人,使他们极大地增强了参加和领导抗日战争和新民主主义革命的自觉性。

3. 第一,中国抗日战争对世界反法西斯战争做出了重大贡献。

中国人民的艰苦卓绝的抗日战争是整个世界反法西斯战争的重要组成部分,为世界反法西斯战争做出了重大贡献:中国抗日战争揭开了世界反法西斯战争的序幕;中国是世界反法西斯战争的东方主战场;中国的抗日战争挫败了日、德法西斯的全球战略。

第二,抗日战争提高了中国的国际地位。

中国人民的抗日战争及中国为世界反法西斯战争做出了重要贡献,赢得了世界各国的尊重,提高了中国的国际地位。

第三,抗日战争促进了中国社会的进步。

在抗日战争时期,中国的民主进步力量得到了很大的发展。中国共产党领导的人民革命力量获得空前的发展和壮大。以中国民主同盟为代表的中间党派也得到了很大的发展。

抗日战争的胜利,是近代一百多年以来中华民族反抗外敌入侵第一次取得完全胜利,充分展示了中华民族强大的生命力、凝聚力和战斗力,极大地激发了中国人民的民族自尊心、自信心和自豪感。推动了中国社会的进步,加快了中国革命的历史进程,为实现民族独立和人民解放、建立新中国奠定了重要基础,是中华民族走向复兴的伟大历史转折点。

六、材料分析题

要点:(1)侵华日军在中国实行残暴的殖民统治,犯下了滔天的罪行,给中华民族造成极为慎重的灾难。第一,制造惨绝人寰的大屠杀。第二,疯狂掠夺中国的资源和财富。第三,强制推行奴化教育。

(2)日本政府至少应做以下事情:第一,主动承认犯下的滔天罪行,并主动向中国人民道歉。第二,主动与中国政府协商解决各种遗留问题。第三,保证世代友好下去。

第七章

Chapter 7

为新中国而奋斗

学习目标

通过本章学习，使学生了解抗战胜利后的中国面临着两种命运、两种前途的历史抉择，中国共产党和中国人民为争取和平民主建国进行了艰苦的努力；了解争取和平的努力失败后，中国人民在中国共产党领导之下推翻国民党反动统治的历史过程及国民党统治最后崩溃的历史必然性；深刻理解中间党派的政治主张及"第三条道路"在中国走不通的历史原因；了解新民主主义革命胜利和中华人民共和国成立的伟大意义，领会"没有共产党就没有新中国"的历史结论，并深刻认识到中国共产党执政地位和领导地位的确立，为当代中国一切发展进步奠定了根本政治前提。

学习要点

1. 中共七届二中全会的主要内容和意义。
2. 没有共产党就没有新中国。
3. 中国革命胜利的原因及基本经验。
4. 抗日战争胜利后国民党政权覆亡的历史必然性。
5. 第三条道路在中国行不通、资产阶级共和国方案必然破产的原因。

教学案例

【案例1】

“五四指示”和《中国土地法大纲》

材料一　1946年5月4日，中共中央发出《关于清算减租及土地问题的指示》，即著名的“五四指示”。

“五四指示”是在复杂的斗争形势下制定的。当时，全面内战尚未爆发，国共关系尚未破裂，在农民群众的强烈要求下，我党必须对土地政策做重要的改变，但“不是全部改变”。同时，原来的减租政策“并没有完全废止”。1947年8月20日，刘少奇在全国土地会议上曾讲到了“五四指示”产生的历史背景。刘少奇说：“当时是和平要破坏，内战要爆发，和平似乎还可能争取，我们没有放弃争取暂时和平的企图，但同时用极大的力量，甚至用全力准备战争。所以当时的方针是争取和平，准备战争”，“为了既不脱离全国广大群众，又能满足解放区群众要求，两者都照顾，使和平与土地改革结合起来，结果就产生了‘五四指示’”。

1946年3月15日，中共中央政治局召开会议，着重讨论时局和对策。在会议讨论减租运动和解决土地问题时，任弼时指出，在彻底减租清算的名义下，克服某些过火斗争现象，争取今年内基本上解决农民的土地要求，这“对于巩固解放区是一个重要步骤”。毛泽东说，国民党不能解决土地问题，所以民不聊生。这方面正是我们的长处，现在有了解决的可能，这是“我们一切工作的根本”。之后，中央即起草了一个关于土地问题的指示电。3月31日，毛泽东致信胡乔木：“起草了一个关于土地问题的指示电，请你到少奇同志处拿了看一看，请你清出一九四二年中央关于土地政策的决定（即1942年1月28日中央政治局会议通过的《中共中央关于抗日根据地政策的决定》）加以审查，看其中是否有现时已不适用之处，列举告我为盼。”

在此之后，刘少奇、任弼时召集前来延安参加全军整编会议的各解放区负责同志邓子恢、薄一波、黎玉等一起进行座谈。邓子恢等提出，各解放区广大农民在反奸、清算、减租、减息、退租、退息斗争中，已开始直接从地主手中取得土地，实现“耕者有其田”。根据讨论的结果，由刘少奇、任弼时主持，邓子恢、薄一波、黎玉等参加，由胡乔木执笔，三易其稿，并经毛泽东修改，形成了中共中央《关于清算减租及土地问题的指示》（草案）。

5月4日，刘少奇主持召开中共中央会议，讨论关于土地问题的指示。毛泽东在会上讲话指出：“解决土地问题的方针，七大讲的是减租减息，寻找适当方法实现耕者有其田。当时七大代表多数在延（安）时间太久，各地新的经验没有能够充分反映。现在中央的这个指示，就是群众所创造的适当方法，为中央所批准的。”毛泽东说：“解决土地问题，是一个最根本的问题，是一切工作的基本环节，全党必须认识这一点。”刘少奇在会上说：“土地问题今天实际上是群众在解决,中央只有一个一九四二年土地政策的决定,已经落在群众的后面了。”会议讨论通过了“五四指示”。指示指出:“各地党委必须明确认识,解决解放区的土地问题是我党目前最基本的历史任务,是目前一切工作的基本环节。必须以最大的决心与努力,放手发动与领导群众来完成这一历史任务。”指示强调指出:“如果我们能够在一万万数千万人口的解放区解决了土地问题,就会大大巩固解放区,并大大推动全国人民走向国家民主化。”

材料二 《中国土地法大纲》1947年9月13日中国共产党全国土地会议通过,同年10月10日公布施行。规定废除封建剥削土地制度,实行耕者有其田。没收地主的土地财产,征收富农多余的土地财产;废除一切祠堂、庙宇、寺院、学校、机关团体的土地所有权和乡村在土地改革以前的一切债务;以乡或村为单位统一分配土地,数量上抽多补少,质量上抽肥补瘦,所有权归农户所有。山林、水利、芦苇地、果园、池塘、荒地等可分土地按标准分配;大森林、大水利工程、大矿山、大牧场、大荒地、湖泊归政府管理。土改前的土地契约、债约一律缴销;工商业者的财产及其他营业受法律保护,不受侵犯。本法公布前已平均分配的地区,农民不要求重分,可不重分。这个大纲在分配土地时,允许中农保有高于贫农的土地量,并分给地主同样的一份土地。

附:《中国土地法大纲》

中国土地法大纲

第一条　废除封建性及半封建性剥削的土地制度,实行耕者有其田的土地制度。

第二条　废除一切地主的土地所有权。

第三条　废除一切祠堂、庙宇、寺院、学校、机关及团体的土地所有权。

第四条　废除一切乡村中在土地制度改革以前的债务,(中共中央注:本条所称应予废除之债务,系指土地改革前劳动人民所欠地主富农高利贷者的高利贷债务。)

第五条　乡村农民大会及其选出的委员会,乡村无地少地的农民所组织的贫农团大会及其选出的委员会,区、县、省等级农民代表大会及其选出的委员会为改革土地制度的合法执行机关。

第六条　除本法第九条乙项所规定者外,乡村中一切地主的土地及公地,由乡村农会接收,连同乡村中其他一切土地,按乡村全部人口,不分男女老幼,统一平均分配,在土地数量上抽多补少,质量上抽肥补瘦,使全乡村人民均获得同等的土地,并归各人所有,(中共中央注:在平分土地时应注意中农的意见,如果中农不同意则应向中农让步,并容许中农保有比较一般贫农所得土地的平均水平为高的土地量。在老区半老区平分土地时,应按照一九四八年二月二十二日中共中央关于在老区半老区进行土地改革工作与整党工作的指示进行。)

第七条　土地分配,以乡或等于乡的行政村为单位,但区或县农会得在各乡或等于乡的各行政村之间,做某些必要的调剂。在地广人稀地区,为便于耕种起见,得以乡以下的较小单位分配土地。

第八条　乡村农会接收地主的牲畜、农具、房屋、粮食及其他财产,并征收富农的上述财产的多余部分分给缺乏这些财产的农民及其他贫民，并分给地主同样的一份。分给各人的财产归本人所有，使全乡村人民均获得适当的生产资料及生活资料。

第九条 若干特殊的土地及财产之处理办法，规定如下：

（甲）山林、水利、芦苇地、果园、池塘、荒地及其他可分土地，按普通土地的标准分配之。

（乙）大森林、大水利工程、大矿山、大牧场、大荒地及湖沼等，归政府管理。

（丙）名胜古迹，应妥为保护。被接收的有历史价值或学术价值的特殊的图书、古物、美术品等，应开具清单，呈交各地高级政府处理。

（丁）军火武器及满足农民需要后余下的大宗货币、资财、粮食等物，应开具清单，呈交各地高级政府处理。

第十条 土地分配中的若干特殊问题之处理办法，规定如下：

（甲）只有一口或两口人的贫苦农民，得由乡村农民大会酌量分给等于两口或三口人的土地。

（乙）一般的乡村工人、自由职业者及其家庭，分给与农民同样的土地，但其职业足以经常维持生活费用之全部或大部者，不分土地，或分给部分土地，由乡村农民大会及其委员会酌量处理。

（丙）家居乡村的一切人民解放军、民主政府及人民团体的人员，其本人及其家庭，分给与农民同样的土地及财产。

（丁）地主及其家庭，分给与农民同样的土地及财产。

（戊）家居乡村的国民党军队官兵、国民党政府官员、国民党党员及敌方其他人员，其家庭分给与农民同样的土地及财产。

（己）汉奸、卖国贼及内战罪犯，其本人不得分给土地及财产。其家庭在乡村、未参与犯罪行为，并愿自己耕种者，分给与农民同样的土地及财产。

第十一条 分配给人民的土地，由政府发给土地所有证，并承认其自由经营、买卖及在特定条件下出租的权利。土地制度改革以前的土地契约及债约，一律缴销。

第十二条 保护工商业者的财产及其合法的营业，不受侵犯。

第十三条 为贯彻土地改革的实施，对于一切违抗或破坏本法的罪犯，应组织人民法庭予以审判及处分，人民法庭由农民大会或农民代表会所选举及由政府所委派的人员组成之。

第十四条 在土地制度改革期间，为保持土地改革的秩序及保护人民的财富，应由乡村农民大会或其委员会指定人员，经过一定手续，采取必要措施，负责接收、登记，清理及保管一切转移的土地及财产，防止破坏、损失、浪费及舞弊。农会应禁止任何人为着妨碍公平分配之目的而任意宰杀牲畜，砍伐树木，破坏农具、水利、建筑物、农作物或其他物品，及进行偷窃、强占、私下赠送、隐瞒、埋藏、分散、贩卖这些物品的行为。违者应受人民法庭的审判及处分。

第十五条 为保证土地改革中一切措施符合于绝大多数人民的利益及意志，政府负责切实保障人民的民主权利，保障农民及其代表有全权得在各种会议上自由批评及弹劾各方各级的一切干部,有全权得在各种相当会议上自由撤换及选举政府及农民团体中的一切干部。侵犯上述人民民主权利者,应受人民法庭的审判及处分。

第十六条　在本法公布以前土地业已平均分配的地区,如农民不要求重分时,可不重分。

【资料来源】

西安财经大学精品课《中国近现代史纲要》案例素材

【思考讨论】

1. 土地改革运动的背景是什么?

2. 解放战争时期,解决人民的土地问题,为什么是夺取全国胜利的基本保证?

【案例2】

和美国记者安娜·路易斯·斯特朗的谈话

(一九四六年八月六日)

斯特朗问:你觉得中国的问题,在不久的将来,有政治解决、和平解决的希望没有?

毛答:这要看美国政府的态度。如果美国人民拖住了帮助蒋介石打内战的美国反动派的手的话,和平是有希望的。

问:如果美国除了它所已经给的以外不再帮助了,那末蒋介石还可以打多久?

答:一年以上。

问:蒋介石在经济上可能支持那样久吗?

答:可以的。

问:如果美国说明此后不再给蒋介石以什么帮助了呢?

答:在现时还没有什么征象,表示美国政府和蒋介石有任何在短时期内停止战争的愿望。

问:共产党能支持多久?

答:就我们自己的愿望说,我们连一天也不愿意打。但是如果形势迫使我们不得不打的话,我们是能够一直打到底的。

问:如果美国人民问到共产党为什么作战,我该怎样回答呢?

答:因为蒋介石要屠杀中国人民,人民要生存就必须自卫。这是美国人民所能够理解的。

问:你对于美国是否可能举行反苏战争如何看法?

答:关于反苏战争的宣传,包括两个方面。在一方面,美国帝国主义确是在准备着反苏战争的,目前的反苏战争宣传和其他的反苏宣传,就是对于反苏战争的政治准备。在另一方面,这种宣传,是美国反动派用以掩盖当前美国帝国主义所直接面对着的许多实际矛盾,所放的烟幕。这些矛盾,就是美国反动派同美国人民之间的矛盾,以及美国帝国主义同其他资本主义国家和殖民地、半殖民地国家之间的矛盾。美国反苏战争的口号,在目前的实际意义,是压迫美国人民和向资本主义世界扩张它的侵略势力。你知道,希特勒和他的伙伴日本军阀,在一个长时期中，都曾经把反苏的口号作为奴役本国人民和侵略其他国家的托词。现在美国反动派的做法，也正是这样。

美国反动派要掀动战争，首先必须进攻美国人民。他们已经在进攻美国人民了，他们从政治上、经济上压迫美国的工人和民主分子，准备在美国实行法西斯主义。美国人民应当起来抵抗美国反动派的进攻。我相信他们是会这样做的。

美国和苏联中间隔着极其辽阔的地带，这里有欧、亚、非三洲的许多资本主义国家和殖民地、半殖民地国家。美国反动派在没有压服这些国家之前，是谈不到进攻苏联的。现在美国在太平洋控制了比英国过去的全部势力范围还要多的地方，它控制着日本、国民党统治的中国、半个朝鲜和南太平洋；它早已控制着中南美；它还想控制整个大英帝国和西欧。美国在各种借口之下，在许多国家进行大规模的军事布置，建立军事基地。美国反动派说，他们在世界各地已经建立和准备建立的一切军事基地，都是为着反对苏联的。不错，这些军事基地是指向苏联。但是，在现时，首先受到美国侵略的不是苏联，而是这些被建立军事基地的国家。我相信，不要很久，这些国家将会认识到真正压迫它们的是谁，是苏联还是美国。美国反动派终有一天将会发现他们自己是处在全世界人民的反对中。

当然，我不是说，美国反动派不想进攻苏联。苏联是世界和平的保卫者，是阻碍美国反动派建立世界霸权的强大的因素，有了苏联，美国和世界反动派的野心就根本不能实现。因此，美国反动派非常痛恨苏联，确实梦想消灭这个社会主义国家。但是在目前，在第二次世界大战结束不久的时候，美国反动派如此大吹大擂地强调美苏战争，闹得乌烟瘴气，就使人不能不来看看他们的实际目的。原来他们是在反苏的口号下面，疯狂地进攻美国的工人和民主分子，和把美国向外扩张的一切对象国都变成美国的附属物。我以为，美国人民和一切受到美国侵略威胁的国家的人民，应当团结起来，反对美国反动派及其在各国的走狗的进攻。只有这个斗争胜利了，第三次世界大战才可以避免，否则是不能避免的。

问：这是一个很好的说明。但是如果美国使用原子炸弹呢？如果美国从冰岛、冲绳岛以及中国的基地轰炸苏联呢？

答：原子弹是美国反动派用来吓人的一只纸老虎，看样子可怕，实际上并不可怕。当然，原子弹是一种大规模屠杀的武器，但是决定战争胜败的是人民，而不是一两件新式武器。

一切反动派都是纸老虎。看起来，反动派的样子是可怕的，但是实际上并没有什么了不起的力量。从长远的观点看问题，真正强大的力量不是属于反动派，而是属于人民。在一九一七年俄国二月革命以前，俄国国内究竟哪一方面拥有真正的力量呢？从表面上看，当时的沙皇是有力量的；但是二月革命的一阵风，就把沙皇吹走了。归根结蒂，俄国的力量是在工农兵苏维埃这方面。沙皇不过是一只纸老虎。希特勒不是曾经被人们看作很有力量的吗？但是历史证明了他是一只纸老虎。墨索里尼也是如此，日本帝国主义也是如此。相反的，苏联以及各国爱好民主自由的人民的力量，却是比人们所预料的强大得多。

蒋介石和他的支持者美国反动派也都是纸老虎。提起美国帝国主义，人们似乎觉得它是强大得不得了的，中国的反动派正在拿美国的"强大"来吓唬中国人民。但是美国反动派也将要同一切历史上的反动派一样，被证明为并没有什么力量。在美国，另有一类人是真正有力量的，这就是美国人民。

拿中国的情形来说，我们所依靠的不过是小米加步枪，但是历史最后将证明，这小米加步枪比蒋介石的飞机加坦克还要强些。虽然在中国人民面前还存在着许多困难，中国人民在美国帝国主义和中国反动派的联合进攻之下，将要受到长时间的苦难，但是这些反动派总有一天要失败，我们总有一天要胜利。这原因不是别的，就在于反动派代表反动，而我们代表进步。

这是毛泽东在第二次世界大战结束不久，关于国际形势和国内形势的一篇很重要的谈话。在这篇谈话里，毛泽东提出了"一切反动派都是纸老虎"的著名论点。

【资料来源】

毛泽东. 毛泽东选集：第四卷[M]. 2 版. 北京：人民出版社，1991.

【思考讨论】

1. 毛泽东关于"纸老虎"的论断反映了其怎样的战略思想？
2. 毛泽东这一论断对解放战争有什么重要影响？

课后习题

一、单项选择题

1. 抗日战争胜利后，中国社会的主要矛盾是(　　)。
   A. 中美民族矛盾
   B. 中日民族矛盾
   C. 无产阶级同资产阶级的矛盾
   D. 中国人民同美帝国主义支持的国民党反动派之间的矛盾
2. 1945 年 8 月，中共中央在对时局的宣言中明确提出的口号是(　　)。
   A. 巩固国内和平，实现民主改革　　B. 和平、民主、团结
   C. 打倒蒋介石，解放全中国　　D. 独立、自由、和平
3. 1945 年底，昆明学生发动了以"反对内战、争取自由"为主要口号的民主运动，史称(　　)。
   A. 一二・九运动　　B. 五・二〇运动
   C. 一二・一运动　　D. 二・二八起义
4.《双十协定》的签订，中共取得的战略优势是(　　)。

A. 获得了自卫战争的准备时间　B. 解放区获得了合法地位
C. 赢得了民主党派的支持　D. 取得了政治上的主动地位

5. 1946 年 10 月，国共两党经过谈判，签订《政府与中共代表会谈纪要》，确定(　　)。
A. 建立民主联合政府　B. 和平建国的基本方针
C. 实行宪政、结束训政　D. 保护人民的民主、自由权利

6. 1946 年 6 月底，国民党军以进攻(　　)为起点，挑起全国性的内战。
A. 中原解放区　B. 华北解放区
C. 华中解放区　D. 东北解放区

7. 全面内战爆发后，国统区危机四伏，其中最严重的危机是(　　)。
A. 经济恶化　B. 军事进攻受挫
C. 反蒋第二条战线形成　D. 政治孤立

8. 解放战争初期，毛泽东制定的打败蒋介石的军事原则是(　　)。
A. 集中优势兵力，各个消灭敌人　B. 消极防御
C. 诱敌深入　D. 全面进攻

9. 对第三次国内革命战争时期反蒋斗争第二条战线的准确表述是(　　)。
A. 国统区的学生运动　B. 国统区的工农运动
C. 国统区的地下斗争　D. 国统区的民主运动

10. 揭开人民解放军全国性战略进攻序幕的是(　　)。
A. 孟良崮战役开始　B. 刘邓大军挺进大别山
C. 三大战役开始　D. 渡江战役开始

11. 1947 年 10 月 10 日，中国人民解放军总部发表宣言提出的口号是(　　)。
A. 和平、民主、团结　B. 打倒蒋介石，解放全中国
C. 将革命进行到底　D. 巩固国内和平，实现民主改革

12. 解放战争时期，最早与蒋介石集团决裂的民主党派是(　　)。
A. 中国民主同盟　B. 民主建国会
C. 中国民主促进会　D. 中国国民党革命委员会

13. 1948 年 1 月，公开确认中国共产党“值得每个爱国的中国人赞佩”的民主党派是(　　)。
A. 中国民主同盟　B. 中国农工民主党
C. 中国民主促进会　D. 中国国民党革命委员会

14. 标志着中国民主同盟站到新民主主义革命立场上来的会议是(　　)。
A. 民盟一届一中全会　B. 民盟一届二中全会
C. 民盟一届三中全会　D. 民盟一届四中全会

15. 解放战争时期，国民党统治区人民民主运动高涨的根本原因是(　　)。
A. 中国共产党组织了反蒋统治的第二条战线

B. 上海学生举行了声势浩大的“三反”斗争

C. 国民党蒋介石集团的经济崩溃和政治危机

D. 民主党派的联合斗争和人民起义遍及各地

16. 国民党军队在全面进攻失败后，转向实施重点进攻，即分别进攻（　　）。

A. 陕甘宁解放区和晋察冀解放区　　B. 晋冀鲁豫解放区和山东解放区

C. 陕甘宁解放区和山东解放区　　D. 晋察冀解放区和晋冀鲁豫解放区

17. 在全面内战爆发前夕，中共中央发出（　　），决定将党在抗日战争时期实行的减租减息政策改变为“耕者有其田”的政策。

A.《关于土地问题的指示》　　B.《中国土地法大纲》

C.《关于发展农业生产的决议》　　D.《五四指示》

18. 解放战争时期制定的《中国土地法大纲》规定（　　）。

A. 废除封建性及半封建性剥削的土地制度　B. 调整减租减息政策

C. 按贫雇农人口分配土地　　D. 没收地主、富农的土地

19. 解放战争期间，台湾人民反抗国民党暴政的重要活动是（　　）。

A. 五・二〇运动　　B. 二・二八起义

C. 一二・九运动　　D. 一二・一运动

20. 在新民主主义革命时期，中共中央机关所在地因革命形势的发展变化而几经转移。下列按转移先后顺序排列正确的一组是（　　）。

A. 上海、瑞金、延安、西柏坡、北平

B. 上海、延安、瑞金、西柏坡、北平

C. 上海、瑞金、西柏坡、延安、北平

D. 上海、西柏坡、瑞金、延安、北平

21. 1949 年蒋介石发表“求和”声明，其真实意图是（　　）。

A. 希望结束内战

B. 希望国共两党关系恢复到政协协议的框架下

C. 与中共和谈，划江而治

D. 争取时间，准备卷土重来

22. 中共七届二中全会需要解决的重要问题是（　　）。

A. 如何夺取全国革命胜利

B. 如何解决民主革命遗留的任务的问题

C. 党的工作重心转移问题

D. 民主革命向社会主义革命转变的问题

23. 1948 年 4 月，毛泽东完整地提出新民主主义革命总路线的著作是（　　）。

A.《新民主主义论》　　B.《目前形势和我们的任务》

C.《在晋绥干部会议上的讲话》 D.《将革命进行到底》

24. 1948 年秋,人民解放战争进入夺取全国胜利的决定性的阶段,发动了(　　)三大战役。

A. 辽沈、淮海、平津 B. 辽沈、淮海、渡江

C. 淮海、平津、渡江 D. 辽沈、平津、渡江

25. 1949 年 6 月 30 日,毛泽东发表了(　　),向全中国人民阐述了中国共产党在建立新中国问题上的主张。

A.《论联合政府》 B.《论人民民主专政》

C.《新民主主义论》 D.《目前的形势和我们的任务》

26. 人民解放战争走向胜利的历史转折点是(　　)。

A. 粉碎重点进攻 B. 战略反攻

C. 三大战役 D. 渡江作战

27. 提出把党的工作中心由乡村转移到城市的会议是(　　)。

A. 八七会议 B. 遵义会议

C. 党的七大 D. 中共七届二中全会

28. 1949 年中共七届二中全会上,毛泽东提出了(　　)的思想。

A. "进京赶考" B. "两个务必"

C. "夺取全国胜利" D. "解放全中国"

29. 率领北平国民党军队接受和平改编的国民党将领是(　　)。

A. 张治中 B. 蔡廷锴

C. 杜聿明 D. 傅作义

30. 毛泽东提出"一切反动派都是纸老虎"的著名论断,针对的是(　　)。

A. 国民党的历次反革命军事围剿

B. 国民党顽固派制造皖南事变等反共浪潮

C. 日本帝国主义被迫宣布无条件投降

D. 内战初期国民党在军事和经济方面占有明显优势

二、多项选择题

1. 下列各项中,不属于《双十协定》的内容有(　　)。

A. 国民党迅速结束训政,实施宪政 B. 整编全国军队、制定宪法

C. 保证人民享有民主、自由等权利 D. 实施《和平建国纲领》

2. 参加 1945 年重庆谈判的中共代表有(　　)。

A. 毛泽东 B. 周恩来

C. 王若飞 D. 张闻天

3. 1946 年,政治协商会议在重庆开幕,出席会议的党派有(　　)。

A. 国民党　　B. 共产党

C. 民主同盟　　D. 青年党和无党派人士

4. 对 1946 年政协会议协议的有关表述,正确的是(　　)。

A. 有利于实现民主政治与和平建国　　B. 在许多方面反映了人们的愿望

C. 体现了民主协商的精神　　D. 很快被国民政府撕毁

5. 1947 年 3 月,国民党军队重点进攻的解放区是(　　)。

A. 山东　　B. 中原

C. 晋冀鲁豫　　D. 陕北

6. 解放战争战略防御阶段,为了击退国民党对解放区的军事进攻,中共中央在政治和军事方面采取的策略有(　　)。

A. 和人民群众亲密合作

B. 建立最广泛的人民民主统一战线

C. 集中优势兵力、各个歼灭敌人的作战原则

D. 争取一切可以争取的人

7. 全面内战爆发前后,国民党反动派在国统区内制造了一系列暴行,主要有(　　)。

A. 一二・一血案　　B. 较场口血案

C. 五・二〇血案　　D. 下关惨案

8. 在人民解放军的战略进攻阶段,担任外线作战的三路大军是(　　)。

A. 刘伯承、邓小平率领的晋冀鲁豫野战军主力,千里跃进大别山

B. 陈毅、粟裕指挥的华东野战军主力,挺进苏鲁豫皖地区

C. 陈赓、谢富治指挥的晋冀鲁豫野战军一部,挺进豫西

D. 谭震林、许世友率领的华东野战军山东兵团

9.《中国土地法大纲》的主要内容是(　　)。

A. 减租减息　　B. 废除封建性及半封建性剥削的土地制度

C. 实行耕者有其田的土地制度　　D. 没收一切土地

10. 从抗战结束到新中国建立前,中国共产党关于土地问题的文件有(　　)。

A.《五四指示》　　B.《兴国土地法》

C.《共同纲领》　　D.《中国土地法大纲》

11. 中国革命取得胜利的法宝是(　　)。

A. 统一战线　　B. 群众路线

C. 武装斗争　　D. 党的建设

12. 第二条战线形成的主要原因有(　　)。

A. 国民党政府的专制独裁

B. 国民党政府官员的贪污腐化

C. 国民党执行内战政策

D. 国统区出现严重的经济危机，人民生活陷入困境

13. 中国共产党在新民主主义革命不同时期提出的土地政策的共同点是(　　)。

A. 体现中国共产党的民主革命纲领　　B. 消灭封建剥削制度

C. 维护农民基本利益　　D. 促进社会经济发展

14. 中国革命统一战线中存在两个联盟，它们是(　　)。

A. 劳动者的联盟　　B. 工人、农民的联盟

C. 劳动者与非劳动者的联盟　　D. 民族资产阶级与大资产阶级的联盟

三、简答题

1. 简述中国走社会主义道路是历史的选择。

2. 为什么说"没有共产党就没有新中国"？

四、辨析题

1. 第三条道路破产的根本原因是蒋介石的专制统治。

2. 解放区内的土地改革为新中国的建立奠定了深厚的基础。

五、论述题

1. 中共七届二中全会的主要内容及其意义是什么？

2. 如何认识民主党派的历史作用？中国共产党领导的多党合作、政治协商的格局是怎样形成的？

六、材料分析题

1. **材料1**　你也抢，我也抢；文和武争，官和民争；有力者公然霸占，无力者暗中盗窃。

（《文汇报》，一九四六年六月九日）

材料2　天上来，地下来，老百姓活不来！

想中央，盼中央，中央来了更遭殃！

（京沪平津民谣）

请回答：从材料中所反映的问题谈谈你对抗战胜利后国内形势的认识。

2. **材料1**　美国及其他联合国家承认，目前中华民国国民政府为中国唯一的合法政府，为达到统一中国目标之恰当机构……自治性的军队例如共产党军队那样的存在，乃与中国政治团结不相符合，且实际上使政治团结不能实现。

（《杜鲁门关于美国对华政策的声明》1945年12月）

材料2　据许多观察家的意见，他们（指国民党政府）已经堕落于腐败，争夺地位权力……一

向是一党政府,而不是在西方寓意下之民主政府……尽管如此,我们为了显见的理由,仍旧继续倾全力援助国民政府。

(《艾奇逊致杜鲁门的信》1949 年 7 月)

请回答:

(1)根据材料,结合所学知识,指出二战后初期美国对华的基本政策。

(2)根据材料 2,概括当时西方"观察家"眼中的国民党政府形象。

(3)艾奇逊写这封信的时候,中国的政治局势如何?他所谓的"显见的理由"是什么?

参考答案

一、单项选择题

1. D　2. B　3. C　4. D　5. B　6. A　7. A　8. A　9. D　10. B　11. B　12. A　13. A　14. C　15. C　16. C　17. D　18. A　19. B　20. A　21. D　22. C　23. C　24. A　25. B　26. B　27. D　28. B　29. D　30. D

二、多项选择题

1. BD　2. ABC　3. ABCD　4. ABD　5. AD　6. ABCD　7. ABCD　8. ABC　9. BC　10. AD　11. ACD　12. ABCD　13. ABCD　14. AC

三、简答题

1. 第一,从鸦片战争到辛亥革命,农民阶级和资产阶级的各种救国斗争和方案都失败了。说明农民阶级和资产阶级不能完成领导中国民主革命取得胜利这一任务。

第二,南京国民政府代表大地主大资产阶级的利益,实行反共反人民的政策,使中国继续处于半殖民地半封建社会的深渊,被人民所抛弃。

第三,部分中间阶层幻想使中国走独立发展资本主义的道路,在国民党的一党专制下,也根本无法实现。

第四,中国共产党坚持反帝反封建的彻底革命立场,经过三年的解放战争,推翻国民党反动统治,走经过新民主主义向社会主义发展的道路,这是中国近代历史发展的必然,是中国人民的历史选择。

2. 第一,中国共产党作为工人阶级的政党,不仅代表着中国工人阶级的利益,而且代表着整个中华民族和全中国人民的利益。

第二，中国共产党是马克思主义的科学理论武装起来的，他以中国化的马克思主义即马克思列宁主义基本原理与中国实践相结合的毛泽东思想为一切工作的指针。

第三，中国共产党人在革命过程中始终英勇地站在斗争的最前线。以实际行动表明了自己是最有远见、最富于牺牲精神、最坚定、最能虚心体察民情并依靠群众的坚强的革命者，从而赢得了广大中国人民的衷心拥护。

第四，"没有共产党就没有新中国"。这是中国人民基于自己的切身体验所确认的客观真理。

四、辨析题

1. 错误。

第一，中国民主党派和民主人士作为中间社会势力的政治代言人，所依靠的社会基础即民族资产阶级和上层小资产阶级在经济上、政治上异常软弱，并不具备实现"第三条道路"、资产阶级建国主张的能力和勇气，这是其失败的主观原因。

第二，国共两党作为决定中国命运的两大政治力量，在围绕国家政权这个根本问题进行政治决斗的关键时刻，都不允许游离自己阵营之外的所谓"中间派"及其政治路线存在，这是其失败的根本原因。

第三，人民群众作为创造历史的动力，已将代表他们根本利益的中国共产党作为主心骨，不允许在中国建立任何类型的资产阶级专政的国家政权，这就注定中间社会势力的资产阶级的建国主张失去赖以实现的群众基础，这是其失败的社会原因。

第四，解放战争作为中国历史进程的火车头，在胜利发展中越来越昭示出中国共产党的理论和政策的说服力、吸引力、感召力，促使社会中间势力迅速放弃旧民主主义的立场、转向新民主主义的立场，这是第三道路失败的直接原因。

第五，美国和苏联作为国际上两大对立阵营的代表，基于各自的对话战略目标，都不支持代表中间势力的民主党派和民主人士执掌中国的政权，这是第三道路失败的外部原因。

2. 正确。

第一，它使工农联盟进一步巩固，为新民主主义革命走向全国的胜利奠定坚实的政治基础。土地制度改革彻底摧毁封建土地制度，使亿万农民祖祖辈辈对土地的渴望得到满足，成为解放区的主人，因而把自己的命运同中国共产党的命运、同解放区人民民主政权的巩固、同解放战争的胜负紧密地联系在一起。

第二，它使亿万农民的生产积极性普遍高涨，使农村生产力得到极大的解放，为解放战争的胜利奠定了坚实的物质基础。亿万农民获得土地后，以饱满的热情发展农业，使农村的经济面貌迅速改观，从而为解放战争巨大的物质消耗提供丰厚的财力支持。

第三，它使亿万农民的政治觉悟和组织程度空前提高，为解放战争的胜利发展开通取之不尽的人力资源。根除封建土地制度是一场异常激烈的农村阶级大革命，来之不易的革命成果必须用战斗去保卫,深明此理的亿万农民在解放战争中始终以无比的热忱参军参战、支援前线,这是解放战争得以迅速走向全国胜利的重要保障。

五、论述题

1. 1949 年 3 月 5 日至 13 日,中国共产党在河北平山县西柏坡村举行七届二中全会。会议的主要内容有:

第一,提出促进革命取得全国胜利和组织这个胜利的方针。

第二,提出全党的工作重心由乡村转移到城市,全党必须以极大的努力学会管理和建设城市。

第三,提出新中国的经济形态将是五种经济成分共存,要保证这种新民主主义经济的社会主义方向,要使新中国稳步地由农业国转变为工业国。

第四,新中国成立后将存在两种基本矛盾,即国内的工人阶级和资产阶级的矛盾以及中国和帝国主义的矛盾,因此,要巩固无产阶级领导的以工农联盟为基础的人民民主专政。

第五,在外交上,不承认国民党时代的一切卖国条约,彻底摧毁帝国主义在中国的政治、经济和文化等方面的特权。按照平等原则同一切国家建立外交关系。

第六,提出使中国由农业国转变为工业国、由新民主主义社会转变为社会主义社会的总任务和主要途径的规定。

第七,提出加强党的思想建设,保持党的优良传统和作风,警惕资产阶级思想侵蚀的问题。

意义:这次会议是在全国革命即将取得胜利的前夕召开的,全会为中国共产党由领导人民革命的政党向全国执政党地位的重大转变做了准备;为中共成为执政党之后,新中国的政治、经济、外交以及成为执政党的中共的自身建设指明了发展方向;阐明了中国共产党人的建国主张和建国理论,为新中国的诞生奠定了理论和政策基础,因此具有重要的历史意义和现实意义。

2. 第一,各民主党派虽然政纲不尽相同,但都主张爱国、反对卖国,主张民主、反对独裁,在抗战中,对反抗日本帝国主义侵略,特别是文化侵略,对国统区抗日民主运动的发展都起了积极作用。抗战胜利后,民主党派作为"第三方面",主要与共产党一起,反对国民党的内战独裁政策,为和平民主而奔走呼号。

第二,各民主党派成立时,中国共产党就与他们建立了不同程度的合作关系,并在斗争实践中逐步发展了这种合作关系。在共同反对国民党独裁统治的斗争中,中国共产党不仅鼓励、支持各民主党派的斗争,而且对他们某些不妥的意见进行批评,诚恳地帮助他们进步,这使得中共与民主党派的关系更加融洽,合作方式不断发展完善。

第三,国民党坚持一党独裁,迫害民主党派进步人士,使得民主党派人士逐步转到新民主主义革命立场上,特别是 1948 年 1 月 22 日,民主党派和无党派人士发表《对时局的意见》,表示愿意接受中国共产党的领导,拥护建立人民民主的新中国。

第四，中国共产党也邀请民主党派“积极参政，共同建设新中国”，1949 年 9 月，各民主党派积极参加了中国人民政治协商会议。这标志着各民主党派正式接受了中国共产党领导和人民共和国，确认了社会主义的正确性。各民主党派也由在野党变成了人民民主专政的参政党，中国共产党领导的多党合作、政治协商的格局基本形成，中国共产党领导的多党合作和政治协商制度在此基础上也基本形成。

六、材料分析题

1. 要点：(1) 这些材料是对国民党“劫收”的生动写照。

(2) 表明国民党反动政府由于贪污腐败、大发国难财，已经严重丧失人心，陷入了深重的政治危机。

2. 要点：(1) 扶蒋反共。

(2) 政治腐败（争权夺利）；一党专政（独裁）。

(3) 人民解放战争即将取得全国胜利（国民党统治已被推翻），阻止中国共产党在全国取得政权，尽力维护美国在华利益。

下编　从新中国成立到社会主义现代化建设新时期（1949年至今）

综 述

辉煌的历史征程

学习目标

通过本编综述的学习，帮助学生从总体上把握本编要学习的内容，了解新中国成立以后的历史进程和历史性成就，理解并掌握中华人民共和国的成立开创了中国历史的新纪元。

学习要点

1. 中华人民共和国的成立。
2. 建国之初面临的紧迫问题。
3. 新中国成立以后的历史进程。
4. 新中国成立以来的历史性成就。

教学案例

【案例1】

七届二中全会

毛泽东和中共中央其他领导人一开完七届二中全会,在三月二十三日离开西柏坡,进驻北平。在进行出发的准备工作时,毛泽东对周围的人说,同志们,我们要进北平了。我们进北平可不是李自成进北平,他们进了北平就变了。我们共产党人进北平,就要继续革命,建设社会主义,直到实现共产主义。出发前,毛泽东只睡了四五个小时,他兴奋地对周恩来说:"今天是进京的日子,不睡觉也高兴啊,今天是进京'赶考'嘛。进京'赶考'去,精神不好怎么行呀?"周恩来笑着说:"我们应当都能考试及格,不要退回来。"毛泽东说:"退回去就失败了。我们决不当李自成,我们都希望考个好成绩。"

【资料来源】

中共中央文献研究室.毛泽东传:三十九章"将革命进行到底"[M].北京:中央文献出版社,2011.

【思考讨论】

1. 毛泽东为什么极其重视李自成的历史教训?

2. 中共七届二中全会关于加强执政党建设的主要内容是什么?

【案例2】

同仁堂公私合营

工商界人士听到改造资本主义工商业的消息时,心情是极其矛盾和复杂的。1953年,各家企业正是蒸蒸日上,大家想大干一场的时候,国家提出把私营企业改造为社会主义企业,具体来说就是要实行公私合营,这对大家的震动很大,思想上没有什么准备,心里真是"十五只吊桶打水七上八下。"有的说:"1949年为什么不讲总路线?那时讲,人就都跑了。"还有的说,"夕阳无限好,只是近黄昏。"

1953年,北京市地方工业局选择了同仁堂首先公私合营,这对于同仁堂的经营者震动很大。同仁堂到这时已存在了几百年。它始建于清朝康熙八年(1669年)。北平解放前夕,北平同仁堂有职工190多人,奖金约80万元,年产值约16万元,年零售额约30万元,设备陈旧,管理落后。1949年北平解放时,同仁堂由乐氏十三世乐松生经营,他同时是天津达仁堂管理处总负责人。1950年抗美援朝开始,同仁堂向国家捐献99 000元。

同仁堂一直受到党和政府的重视和关怀。公私合营的消息传来时，对乐氏家族的震动很大，他们对经营了几百年的老铺，将要失去所有权，经营统治权和企业利润分配，确实十分痛惜。乐松生经过反复考虑，认识到：这是大势所趋，人心所向，历史潮流，不可违背，而且，合营后，自己仍任经理，生活待遇也不错，因此决定，同仁堂带头公私合营。

公私合营后，企业发生了很大的变化。如同仁堂虽然是个大药店，但以往的经营管理方式陈旧，存在生产计划性不强，物资储存分散，领取手续不清，库存积压产品过多等漏洞。公私合营后，改善了经营管理，建立起各种规章制度，增加设备，改进技术，自行设计了粉碎机、汽锅等，改进了生产包装。销售额也不断上升。门市部抓药从每天几十服，增加到每天200多服。经理乐松生高兴地说："别家的流水逐日下降，咱们的流水逐日上升，原来担心合营工作会影响生产，没想到合营后业务发展这么快，这下可放心了。"

1955年，毛泽东、周恩来在中南海接见了乐松生，询问了他生活、工作的情况，鼓励他为医药事业多做贡献。同年，他当选了北京市人大代表、市政协委员，出任北京市副市长。1956年1月13日，北京国药业全行业公私合营，乐松生手捧大红喜报代表北京市工商界人士向毛泽东报喜。

【资料来源】

http://www.worlduc.com 世界大学城·教学案例素材

【思考讨论】

1. 从此案例中，反映出党对资本主义工商业社会主义改造采取了怎样的政策？成功的经验有哪些？

2. 中国共产党对资本主义工商业改造意义是什么？

课后习题

一、单项选择题

1. 中华人民共和国的成立，标志着(　　)。
   A. 社会主义制度的确立　　B. 社会主义建设的开始
   C. 中国新民主主义革命取得了基本胜利　　D. 公有制的确立

2. 中国人民志愿军司令员是(　　)。
   A. 林彪　　B. 陈毅
   C. 贺龙　　D. 彭德怀

3. 基本完成社会主义改造时期是指(　　)。

A. 1949 年 10 月 1 日至 1956 年　　B. 1949 年 10 月 1 日至 1957 年
C. 1949 年 1 月 1 日至 1956 年　　D. 1949 年 1 月 1 日至 1957 年

4. 新中国第一部法规是（　　）。
A.《中华人民共和国宪法》　　B.《中华人民共和国婚姻法》
C.《中华人民共和国刑法》　　D.《中华人民共和国劳动法》

5. 建国初期，中共中央和中央人民政府为纯洁干部队伍展开了（　　）。
A. 整风运动　　B. 民主改革运动
C. "三反"运动　　D. "五反"运动

6. 新中国成立后，继续完成民主革命反封建任务的运动是（　　）。
A. 整风运动　　B. 抗美援朝
C. 土地改革　　D. "三反""五反"

7. 过渡时期总路线的提出，是在（　　）。
A. 1952 年　　B. 1953 年
C. 1954 年　　D. 1955 年

8. 第一届全国人民代表大会第一次会议召开的时间是（　　）。
A. 1953 年　　B. 1954 年
C. 1955 年　　D. 1956 年

9. 新中国与苏联确立同盟关系的条约是（　　）。
A.《中苏友好同盟条约》　　B.《中苏同盟互助条约》
C.《中苏友好条约》　　D.《中苏友好同盟互助条约》

10. 社会主义改造完成后，我国社会的主要矛盾是（　　）。
A. 工人阶级和资产阶级的矛盾
B. 中国和帝国主义国家之间的矛盾
C. 农民阶级和地主阶级的矛盾
D. 人民对于经济文化迅速发展的需要同当前经济文化不能满足人民需要的状况的矛盾

11. 我国加入世界贸易组织是在（　　）。
A. 1999 年　　B. 2000 年
C. 2001 年　　D. 2002 年

12. 2006 年我国国内生产总值达到 20.94 万亿元，世界排名上升到（　　）。
A. 第二位　　B. 第三位
C. 第四位　　D. 第五位

二、多项选择题

1. 中华人民共和国的成立，标志着（　　）。
A. 中国新民主主义革命取得了基本胜利　　B. 中国现代史的开始

C. 新民主主义社会的建立　　D. 半殖民地半封建社会的结束

2. 近代以来中国面临的两项历史任务是(　　)。

A. 求得民族独立和人民解放　　B. 完成新民主主义革命

C. 实现国家的繁荣富强和人民的共同富裕　　D. 确立社会主义制度

3. 五十年代初开展的“三反”运动是指(　　)。

A. 反贪污　　B. 反行贿

C. 反浪费　　D. 反官僚主义

4. 在“三反”运动中处决的两位犯有严重贪污罪行的干部是(　　)。

A. 成克杰　　B. 刘青山

C. 张子善　　D. 胡长清

5. 全面建设社会主义的十年中,党的工作出现的重大失误包括(　　)。

A. 发动“大跃进”运动　　B. 发动“文化大革命”

C. 开展“人民公社化”运动　　D. 反右派斗争严重扩大化

6. 我国社会主义民主政治建设的基本框架,主要包括(　　)。

A. 人民当家做主　　B. 党的领导

C. 政治协商　　D. 依法治国

7. 建设中国特色社会主义文化,要(　　)。

A. 贴近实际　　B. 贴近生活

C. 贴近群众　　D. 贴近时代

8. 进入新世纪,人民军队建设主要围绕的“两大课题”是(　　)。

A. 拒腐防变　　B. 从严治军

C. “打得赢”　　D. “不变质”

9. 建设中国特色社会主义文化必须坚持的“二为方向”是(　　)。

A. 古为今用、洋为中用　　B. 为人民服务

C. 百家争鸣、百花齐放　　D. 为社会主义服务

10. 我国形成的对外开放格局的特点包括(　　)。

A. 多领域　　B. 全方位

C. 宽领域　　D. 多层次

三、简答题

1. 新中国成立初期,党和人民政府着重做了那些工作?

2. 简述“五反”运动的内容。

3. 如何认识我国的社会主义改造?

4. 简述新中国成立以来的历史进程。

5. 简要评述“文化大革命”。

6. 简述“两个凡是”的基本内容。

四、论述题

1. 为什么说中华人民共和国的成立开创了中国历史的新纪元?
2. 试述新中国成立以来取得的历史性成就。这些成就说明了什么?

五、材料分析题

材料

第一条　中华人民共和国是工人阶级领导的、以工农联盟为基础的人民民主国家。

第二条　中华人民共和国的一切权力属于人民。人民行使权力的机关是全国人民代表大会和地方各级人民代表大会。

第三条　中华人民共和国是统一的多民族的国家。

各民族一律平等。禁止对任何民族的歧视和压迫,禁止破坏各民族团结的行为。

各民族都有使用和发展自己的语言文字的自由,都有保持或者改革自己的风俗习惯的自由。

各少数民族聚居的地方实行区域自治。各民族自治地方都是中华人民共和国不可分离的部分。

全国人民代表大会、地方各级人民代表大会和其他国家机关,一律实行民主集中制。

第四条　中华人民共和国依靠国家机关和社会力量通过社会主义工业化和社会主义改造。保证逐步消灭剥削制度,建立社会主义社会。

结合材料回答问题:

(1) 上述材料出自哪一年、什么会议上制定通过的什么文件?

(2) 中华人民共和国是什么性质的国家?

(3) 中华人民共和国最根本的政治制度是什么?我国在少数民族地区实行的政治制度是什么?

(4) 社会主义改造在哪些行业中进行?

(5) 这部宪法是什么类型的宪法?

参考答案

一、单项选择题

1. C　2. D　3. A　4. B　5. C　6. C　7. B　8. B　9. D　10. D　11. C　12. C

二、多项选择题

1. ABCD 2. AC 3. ACD 4. BC 5. ACD 6. ABD 7. ABC 8. CD 9. BD 10. BCD

三、简答题

1. 新中国成立初期,党和人民政府为巩固政权采取了下列举措:

第一,完成民主革命的遗留任务。追剿残余敌人、基本完成祖国大陆的统一;实行土地改革、开展镇压反革命运动。

第二,领导国民经济恢复工作。没收官僚资本,确立起具有社会主义性质的国营经济在国民经济中的领导地位;稳定物价;初步建立起集中统一的国家财政管理制度。国民经济得到全面恢复和初步发展。

第三,巩固民族独立,维护国家主权和安全;废除帝国主义的一切特权;同苏联等国家建立起外交关系;取得了抗美援朝战争的胜利,新中国的国际威望空前提高。

第四,加强中国共产党的自身建设。开展全党整风整党运动,开展"三反""五反"运动,促进了中国共产党的廉政建设。

2. 反行贿、反偷税漏税、反盗窃国家资财、反偷工减料、反盗窃国家经济情报。

3. 1953 年到 1956 年,党领导人民创造性地完成了对农业、手工业和资本主义工商业的社会主义改造,从而实现了中国历史上最伟大、最深刻的社会变革。社会主义制度在中国的确立,为中国的发展和进步奠定了基础。

在 1955 年夏季后,社会主义改造要求过急、工作过粗、改变过快、形式过于简单划一,以至遗留了一些问题。但整体来说,在一个几亿人口的大国中比较顺利地实现了如此复杂、困难和深刻的社会变革,促进了工农业和整个国民经济的发展,这的确是伟大的历史性胜利。

4. 新中国成立至今的历史,主要经历了以下四个发展阶段:

(1)从 1949 年 10 月 1 日中华人民共和国成立到 1956 年这七年,是基本完成社会主义改造的时期。

(2)从 1956 年社会主义改造基本完成到 1966 年"文化大革命"前夕,是开始全面建设社会主义的十年。

(3)从 1966 年 5 月到 1976 年 10 月这十年,是"文化大革命"时期。

(4)从 1978 年 12 月十一届三中全会以来,是改革开放和社会主义现代化建设的新时期。

5. "文化大革命"是一场由领导者错误发动,被反革命集团利用,给党、国家和各族人民带来严重灾难的内乱。它使党、国家和人民遭到新中国成立以来最严重的挫折和损失。

中国共产党和中国人民在"文化大革命"中同"左"倾错误和林彪、江青反革命集团进行了艰难曲折的斗争,使"文化大革命"的破坏受到了一定程度的限制。如果没有"文化大革命",社会主义建设事业本应取得更大的成就。

6. "两个凡是"是 1976 年主持中央工作的华国锋坚持的错误方针,它的基本内容是"凡是毛主席做出的决策,我们都坚决维护;凡是毛主席的指示,我们都始终不渝地遵循”。

四、论述题

1.第一,帝国主义列强压迫中国、奴役中国人民的历史从此结束,中华民族一洗近百年来蒙受的屈辱,开始以崭新的姿态自立于世界的民族之林。占人类总数四分之一的中国人从此站立起来了。

第二,本国封建主义、官僚资本主义统治的历史从此结束,长期以来受尽压迫和欺凌的广大中国人民在政治上翻了身,第一次成为新社会、新国家的主人。一个真正属于人民的共和国建立起来了。

第三,军阀割据、战乱频仍、匪患不断的历史从此结束,国家基本统一,民族团结,社会政治局面趋向稳定,各族人民开始过上安居乐业的生活。人民可以集中力量从事经济文化等方面建设的时期开始到来了。

第四,从根本上改变了中国社会的发展方向,为实现由新民主主义向社会主义的过渡,创造了前提条件。

第五,中国共产党成为全国范围内的执政党。可以运用国家政权凝聚和调集全国力量,巩固民族独立和人民解放的成果,解放并发展社会生产力,以造福于各族人民,造福于整个中华民族。

总之,中华人民共和国的成立,标志着中国的新民主主义革命取得了基本的胜利,标志着半殖民地半封建社会的结束和新民主主义社会在全国范围内的建立。这是马克思主义同中国实际相结合的伟大胜利。中国共产党领导我们实现了民族独立和人民解放,又率领我们踏上实现国家的繁荣富强和人民共同富裕的征程。

2.从新中国成立到现在,中国共产党领导我国各族人民经过半个世纪的艰苦奋斗,坚持社会主义道路,不断进行经济建设、政治建设、文化建设和社会建设,并取得了辉煌成就,主要表现在:

第一,从争取经济独立到建设社会主义现代化国家。

第二,从赢得政治独立到建设社会主义民主政治。

第三,从发展新民主主义文化到建设中国特色社会主义文化。

第四,从打破封锁到全方位对外开放。

第五,从“小米加步枪”到逐步实现国防现代化。

总之,我们确立了社会主义基本制度,在一穷二白的基础上建立了独立的比较完整的工业体系和国民经济体系,使古老的中国以崭新的姿态屹立在世界的东方。在改革开放和社会主义现代化建设时期,我们开创了中国特色社会主义道路,坚持以经济建设为中心、坚持四项基本原则、坚持改革开放,初步建立起社会主义市场经济体制,我国的综合国力和人民生活水平大幅度提高。

上述成就的取得,是中国共产党领导的结果,是中国人民艰苦奋斗的成果。实践雄辩地说明:中国共产党是领导中国革命、建设、改革事业的核心力量。只有社会主义才能救中国,只有中国特色社会主义才能发展中国。我们应该继续高举中国特色社会主义的伟大旗帜,坚持走中国特色社会主义道路,实现中华民族的伟大复兴。

五、材料分析题

(1)1954 年,第一届全国人民代表大会第一次会议,《中华人民共和国宪法》。

(2)是工人阶级领导的,以工农联盟为基础的人民民主国家。

(3)人民代表大会制度;民族区域自治制度。

(4)农业、手工业、资本主义工商业。

(5)社会主义类型。

第八章

Chapter 8

社会主义基本制度在中国的确立

学习目标

通过教学，帮助学生了解新民主主义社会的政治、经济和文化特点以及我国对农业、手工业和资本主义工商业进行社会主义改造的过程和经验，对社会主义在中国的确立过程有总体的了解；认识新民主主义社会是属于社会主义体系的、向社会主义过渡的社会，懂得中国共产党提出过渡时期总路线的必要性和正确性；认识中国要实行国家工业化就必须走社会主义道路的原因，懂得社会主义是历史和人民的正确选择；了解有中国特点的社会主义改造的基本经验，认识社会主义基本制度的确立为中国以后的一切进步和发展奠定了基础。

学习要点

1. 中华人民共和国的成立开辟了中国历史的新纪元。
2. 社会主义改造的完成是中国历史上最伟大、最深刻的社会变革。
3. 过渡时期总路线反映了历史的必然性。

教学案例

【案例1】

新解放区土地改革运动

新中国成立后，广大新解放区则尚未实行土地改革。为了彻底实行土地改革，1950年1月24日，中共中央发出指示，开始在新解放区实行土改运动的准备工作。1950年6月，中共七届三中全会讨论了新区土地制度改革。随后，刘少奇在一届政协全国委员会二次会议上，代表中共中央作了《关于土地改革问题的报告》，阐明了土地改革的重大意义和党的方针政策。会议讨论并同意刘少奇的报告和中共中央建议的土地改革法草案。6月30日，中央人民政府正式公布《中华人民共和国土地改革法》。中共中央决定，从1950年冬季开始，用两年半或三年左右的时间，根据各地区的不同情况，在全国分期分批地完成土地改革。并规定在开展土地改革运动之前，县以上的领导机关要选择少数地区进行典型试验，在做法上采取以点带面，点面结合，在总结经验的基础上，分批开展。为了给当时农村进行土地改革划成分提供标准和依据，政务院还发布"关于划分农村阶级成分的决定"。这个文件把当时的农村人口划分为13个阶级和阶层：①地主：恶霸、军阀、官僚、土豪、劣绅、破产地主、管公堂；②资本家：手工业资本家、商业资本家；③开明士绅；④富农：反动富农；⑤中农：富裕中农；⑥知识分子；⑦自由职业者；⑧宗教职业者；⑨小手工业者；⑩小商小贩；⑪贫农；⑫工人、手工工人；⑬贫民、游民。

从1950年冬季开始，一场大规模的土地改革运动在新解放区农村广泛展开。在土地改革运动中，中共中央规定的土地改革的总路线和总政策是：依靠贫农、雇农，团结中农，中立富农，有步骤地有分别地消灭封建剥削制度，发展农业生产。鉴于解放后的新情况，《土地改革法》将过去征收富农多余土地财产的政策，改变为保存富农经济的政策。此外，对小土地出租者也采取了保护的政策，不征收其出租的土地。土地改革的基本内容，是没收地主的土地分给无地少地的农民，把封建剥削的土地所有制改变为农民的土地所有制；同时，采取保护民族工商业的政策。为了深入地发动群众，各地政府都派出土改工作团深入农村，发动农民群众，建立农会，组织农民向封建地主阶级开展斗争，建立了城乡最广泛的反封建统一战线。在土改中，对于地主分子，除个别罪大恶极、民愤极大的予以镇压外，都分给一定数量的土地，让其在劳动中改造成为新人。土地改革运动是有领导地分期分批进行的，每期一般经历了发动群众、划分阶级成分、没收和分配土地、复查总结等阶段。到1952年底，全国农村除西藏、新疆等少数民族地区和尚待解放的台湾省以外，土地改革任务基本完成，土地改革运动取得了伟大的历史性胜利。全国共有3亿多无地和少地的农民，分得了7.4亿亩土地和大量生产资料及其他财产，免除了过去每年向地主缴纳的约700亿斤粮食的苛重地租。

【资料来源】

http://www.china.com.cn/chinese/zhuanti/211757.htlm 中国网·专题.土地改革运动

【思考讨论】

1. 新解放区土地改革运动的特点是什么?

2. 新解放区土地改革运动的意义是什么?

【案例 2】

票证经济

1955 年 8 月 25 日,国务院第 17 次会议通过《市镇粮食定量供应凭证印制暂行办法》。从此,各种粮食票证便铺天盖地地进入千家万户,拉开了中国"票证经济"的帷幕。

票证是从 1953 年开始发展起来的,先起自粮食、食油,至 1962 年,为保证人民生活的最低需要,稳定社会,已有百余种与人民生活息息相关的商品凭票证限量供应。

1953 年,粮食、食油率先凭票供应。1954 年,又将棉布、棉絮、煤油纳入凭票供应范围。1957 年,少数大城市实行凭、购货证供应猪肉、食糖。1958~1959 年,北京、上海、天津等大城市对肥皂、碱面、鸡蛋、鱼、糕点、香烟、自行车、手表、毛衣等货源不足的商品,采取了限量供应办法,分别凭专用票或购粮证供应。有的地区,凭票证供应的商品已达几十种。

1960 年粮票开始走入餐馆,1962 年上半年,北京市的票证就有 20 种,即粮票、面票、油票、高级油票、布票、鞋票、肉票、糕点票、饼干票、豆票、儿童副食票、针织品票、购粮证、居民购货证、个人购货证、煤油证、购货券等,凭票供应的商品高达 102 种。其中凭居民购货证供应的商品 24 种,主要是副食品;凭购货券供应的商品 56 种,都是日用工业品。

票证时代,政府定量发放粮、棉、布、油、家具、自行车、蔬菜副食、煤炭染料,直至香烟、肥皂、火柴、针头线脑等日常生活最基本的物资票证,五花八门。无论买什么,都要带着票拿着本。老太太不识字,买块豆腐得带上所有的票,一不小心,碰落一地票证。计划票证是我国经济形势的晴雨表。经济下滑,物资紧缺,票证就增多;经济上扬,票证就减少。三年"自然灾害"期间,一些大城市每户居民发放的票证多达 30 余种。

那时候,粮票比什么都重要。外出开会、学习、办事,都要带上粮票,出市得带省票,出省得换全国粮票。"全国粮票"一度成为畅销商品和杰出人物的共同代名词。那时候,每人月定量 30 来斤米,半斤油。粮票是必不可少的吃饭凭证,光有钞票没有粮票,不一定有饭吃。没有钱,可以四处旅游,没有粮票可能寸步难行。人们的饭碗中,一半多是青菜,戏称"瓜菜代";二两米加两次水蒸两次,看起来多,吃了就饿,美其名曰"双蒸饭"。

1966 年"文化大革命"开始,导致国民经济几乎崩溃,市场供应紧张,所以 1970 年以后,许多商品又恢复凭票证供应,这一时期却是票证的黄金时期,一般把此时发行的票称为"文革票证",其最明显的特点是:在票证最显眼处印有红色毛主席语录。

十年动乱后，国民经济开始全面恢复，商品日益丰富，国家逐步放宽凭证限量供应商品范围。1983年遵照国务院(1983)177号文，布票正式退出历史舞台，标志着票证时代步入末期，特别是20世纪80年代末期以后，改革开放的总设计师邓小平实行市场经济，物资大为丰富，人民生活水平不断提高。1993年4月1日，粮票光荣离休，成为收藏品市场中的新宠。走过了38年的踉跄小路，粮票终于结束了它的特殊使命和流通历程。"票证经济"的结束预示着中国开始由命令经济的短缺时代走向市场经济的过剩时代。

【资料来源】

冯鄂生，冯洁.粮票，一支难忘的歌[J].电视时代，2003.

【思考讨论】

1."票证经济"留给我们的教训是什么？

2.社会主义初级阶段的主要矛盾是什么？

【案例3】

刘鸿生企业集团的社会主义改造

刘鸿生是上海早年著名的民族资本家，曾有"火柴大王""煤炭大王""水泥大王"之称。

1888年5月，刘鸿生生于上海。他年轻时曾在英商开平矿务总局任买办，上世纪20年代初期开始投身于民族工业，由买办逐步转变为民族资本家。他相继投资创办了水泥、火柴、毛纺、码头以及银行等企业，合重工业、轻工业、商业、运输业和金融业于一体。上海是刘鸿生企业集团的主要基地，全国其他一些省、市、包括台湾及香港等地也有他投资的企业。

上世纪30年代初期，世界经济危机波及中国，上海各行各业弥漫着一片倒闭声，刘鸿生企业集团的境况越来越困难，市场传出刘氏企业要倒的风声，债主纷纷上门讨债。刘困难之中去找宋子文求援，长期主理南京国民政府金融财务的宋子文不仅不同意，反而嘲笑说："O、S(即刘的名字)的股票不如草纸了！"后来依靠几家大的商业银行的抵押贷款，刘鸿生企业集团才总算渡过了难关。

抗日战争爆发后，刘鸿生在日本侵略军占领区内的企业受到损失。1938年6月他出走香港，旋转赴内地。在内地和香港再与民营企业或官僚资本合资设立华业和记火柴公司、大中华火柴公司、中国火柴原料公司、中国毛纺织公司、西北毛纺织公司等。还担任国民党政府火柴专卖公司总经理、全国专卖总局局长。

抗日战争胜利后，刘鸿生于1945年10月回到上海，任国民党政府行政院善后救济总署执行长兼上海分署署长。1946年春，他在沦陷区的企业全部收回。但除火柴和码头业有暂时的发展外，其余企业经营都很困难。

1946年6月，国民党政府发动全面内战，物价暴涨，通货膨胀。在行将全面崩溃之前的1948年8月，国民党政府又抛出金圆券，实行"限价政策"，强制收兑金银，搜刮民间资财。刘鸿生企业集团在这场灾难中,被迫交出黄金800条,美钞230万元。然而兑换来的金圆券天天贬值,到头来变成一堆废纸。刘氏企业遂全部陷于瘫痪。

刘鸿生面对企业在经济上遭受的沉重打击,逐步看清了国民党的腐败,上海解放前夕,国民党逼他去台湾,他不去,但也没有能够留在上海,曾一度跑到香港,对上海的局势抱着观望的态度。

上海解放后,刘鸿生的二子刘念义两次赴香港报告上海情况,周恩来也派人到香港做上海工商界人士的思想工作,使刘鸿生回大陆之心逐步坚定。1949年10月,刘鸿生由香港回到北京。受到周恩来总理的接见。随后返回上海,受到陈毅市长的热烈欢迎。他回到上海,历任上海市人民政府委员、华东军政委员会委员、全国政协委员、全国人民代表大会代表、全国工商联常务委员、上海市工商联副主任委员等职。

新中国解放后,刘鸿生企业集团作为民族资本获得党和人民政府的保护。

1949年6月,以美国为首的敌对势力对上海口岸实行封锁禁运,次年2月又派飞机滥肆轰炸,刘鸿生企业集团受到很大损失。中华码头公司由于海口禁运,业务停顿。上海水泥厂和大中华火柴公司因国内水泥、火柴一时过剩,生产无法维持。上海市人民政府本着保护民族资本的政策,大力扶持刘鸿生企业集团克服困难,使生产逐步恢复。政府有关部门还为刘氏企业修复了电力和提供原材料,使水泥厂恢复了正常生产。同时,又给章华毛纺厂贷款,并安排了制服呢和毛毯的生产任务,职工们也帮助资本家克服困难,主动提出工资打折,每天义务劳动一小时,降低伙食标准。大中华火柴公司所属厂的部分职工还响应政府号召疏散回乡,使企业减轻了负担,渡过了难关。

1952年针对资本家的"五毒"行为,刘鸿生因各企业全部受检查而闷闷不乐。然而,当"五反"运动结束时,刘氏企业全部被评为守法户,出乎刘的意料。共产党的实事求是态度,使刘鸿生对未来企业的发展充满了信心。

国民经济恢复时期,上海市政府有关部门对刘鸿生企业集团采取了以收购、加工、订货、统购、包销等形式的国家资本主义初级形式。火柴工业由于解放前的盲目发展,解放后生产严重过剩。但国营商业对刘氏火柴工业收购、订货、包销的数量却逐年上升。随着上海国民经济逐步恢复,国家对上海水泥厂实行加工订货、统购包销,上海水泥厂产量逐年提高,在未增加新设备的情况下,产量超过了抗战前最高纪录的30%。章华毛纺厂还在政府的计划下接受了生产外销呢绒产品的任务。

1953年10月,刘鸿生参加了中华全国工商联合会第一届会员代表大会,当选为执行委员和常委,大会期间听了中央统战部部长李维汉关于党在过渡时期总路线的报告,刘鸿生受到了启发和教育。回到上海,即召开家庭会议,表示:"下决心要争取刘氏企业第一批申请公私合营,以实际行动拥护共产党。"

1954年1月,上海刘鸿生企业集团各企业先后提出公私合营的申请。刘氏各企业的合营申请,对其所在行业起了促进和推动作用。至1956年1月,刘鸿生企业集团全部接受了社会主义改造,实现了公私合营。

在公私合营的过程中，刘氏各企业公、私、劳三方成员组成清产核资委员会，按照“公平合理、实事求是”的原则，对企业资产进行清理估价，核定公私股份。

公私合营后，政府对刘鸿生企业集团中的资本家和资方代理人本着“量才使用，适当照顾”的政策，给予妥善安排。刘鸿生仍担任章华毛纺厂等企业董事长职务；其子也分别在原有的企业担任厂长与经理等重要职务。刘鸿生与二子刘念义、六子刘公诚、二媳夏天锦分别被选为全国和市人民代表。

上海刘鸿生企业集团各企业公私合营后，生产关系发生了变化，根据社会主义经营原则进行了组织改革，调整机构。公私合营后，企业生产不断发展，产品质量稳步提高，出现了一片新气象。水泥产量超过了抗战前最高水平的50%；毛纺厂产量比解放前最高纪录增加70%。

1956 年 10 月，刘鸿生在上海因心脏病复发不幸病故。在去世前半个月，他曾向《人民中国》发表了一篇《为什么我拥护共产党?》的谈话。谈话中指出：“你问我为什么拥护共产党？我是一个企业家，无论水泥、毛纺、码头、火柴、煤炭、银行业目前都在发展着，规模远较过去大得多，共产党能推动企业发展，能使中国变成工业化的国家，这是我过去五十年的梦想，我为什么不拥护他?”“在过去几十年中，从杨树浦到南码头，沿着黄浦江一带是各国的码头，一长串的外国兵舰插着各式各样的国旗。人们走过这里，会不知道这儿究竟是哪国的土地？我自己是搞码头企业的，往往站在码头上摇头。如今呢，这一带地方每个码头上都是五星红旗迎风飘扬，你想想看，一个看过上海五十年变迁的中国人，他心中会不高兴吗?”

在临终前，刘鸿生还嘱咐子女：“定息可以分取，但不要拿多，每人至多拿几万元，多拿了对你们没有好处。其余的全部捐给国家，这是我对中国共产党一点微小的表示，也是我最后的嘱咐。”

【资料来源】

中国资本主义工商业的社会主义改造：上海卷[M].北京：中共党史出版社，1993.

【思考讨论】

1. 通过对刘鸿生企业集团接受社会主义改造案例的剖析，进一步阐述马克思主义赎买理论在中国的运用与发展。

2. 剖析刘鸿生企业集团接受社会主义改造的历史进程，你认为我国对资本主义工商业的社会主义改造在取得成功的历史经验的同时，还存在哪些不足之处？

3. 社会主义改造是一场伟大的社会变革，它对我国社会生产力的发展起了哪些促进作用？

【案例 4】

“小脚女人”

为了加强对农业合作化运动的领导，中央成立了农村工作部，邓子恢于 1953 年初调中央农村工作部担任部长。邓子恢对农业合作化的发展强调慎重、稳步，循序渐进。提出：“必须坚持宁肯少些,但要好些的方针,必须发展一批,办好一批,在办好的基础上求发展。”认为:“这一批社会主义据点,将是吸引中贫农战胜乡村资本主义的基本阵地,巩固这一阵地,打好基础,尔后稳步前进,就可收到事半功倍之效,否则仍要走回头路,要快反慢。”他的这些主张是在认识了中国农业发展的历史和特点后提出的。因为我国土地私有制已有几千年的历史,而合作化的历史却很短,所以必须考虑农业的特点和农民的习惯及承受力。

但是,邓子恢的观点与毛泽东的观点产生了矛盾。1955 年 7 月 26 日,毛泽东在中南海召见了山西省委第一书记陶鲁笳,听取关于山西农业合作化情况的汇报。汇报过程中,毛泽东问陶鲁笳:你们初级社在面上铺开了,有没有减产、死牛的情况?陶鲁笳说,1953 年 2 242 个社的粮食总产比 1952 年增长 27.6%,单产增长 21.6%,比互助组高 21.5%,比单干高 39%。全省的大牲畜,由 1951 年的 184 万头发展到 1954 年的 213 万头,年递增率为 10%,其中骡马的递增率达到了 15%,适应了初级社添新式马车农具的需要。

听了陶鲁笳的汇报,毛泽东十分高兴,并指出合作社一定要注意防止减产和死牛的现象。他还说,苏联在农业集体化过程中粮食大幅度减产、牛大量死亡的教训是很深刻的,它导致了农业生产长期停滞不前,直到现在他们还没有达到十月革命前的最高水平。汇报结束时,毛泽东一再叮嘱要吸取苏联农业集体化的教训,一定要增产,一定要增牛,一定要使中国的合作社比苏联的集体农庄搞得更好。

7 月 31 日,省市自治区党委书记会议在北京召开,毛泽东在会上做了《关于农业合作化问题》的报告。报告一开头,就对邓子恢等人的所谓“右倾错误”做了严厉批评:

在全国农村中,新的社会主义群众运动的高潮就要到来。我们的某些同志却像一个小脚女人,东摇西摆地在那里走路,老是埋怨旁人说:走快了,走快了。过多的评头品足,不适当的埋怨,无穷的忧虑,数不尽的清规和戒律,以为这是指导农村中社会主义群众运动的正确方针。

毛泽东对邓子恢的这个批评,显然是言过其实的。对农业合作社采取停止发展、全力巩固的方针,是经过中共中央书记处会议同意的,并非是中央农村工作部擅自做出的决定,何况毛泽东在年初也明确提出从现在起就干脆停止合作社的发展,所以不能说是“中央一个意见,子恢一个意见”。实际上,当时,毛泽东和中共中央与中央农村工作部都是同样的意见,这就是停止发展、全力巩固。

8 月 3 日,毛泽东约邓子恢谈话。他问邓子恢:你土地改革时那样坚决,不担心中农害怕,为什么这一次就不坚决了?邓子恢回答说:农业合作化和土地改革不一样。土地改革在土地分配时实行“中间不动两头平”,中农的土地一般不动,涉及不到经济利益问题。农业合作化则不同,关系到中农的土地、牲口、农具,也关系到他们的生产水平和收入水平。农业生产合作社是贫农、中农的经济联盟,就是贫农的土地、劳动和中农的土地、牲口、农具的结合,没有中农参加不行。合则两利,不合则两伤,但中农有看大势、算利害的特点,所以要半妥协,急了不行,急了他们不来。合作化的问题很重要的是要解决中农入社的问题。

8 月 26 日,毛泽东在青海省委关于在畜牧业生产中互助组织形式的问题给中共中央的请示报告中，写下了这样一段批评：

小平、尚昆同志：

请电话通知中央农村工作部：在目前几个月内，各省市区党委关于农业合作化问题的电报，由中央直接拟电答复；并告批发此类来报的同志，不要批上“请农村工作部办”字样。但对其他来报，例如青海省委关于畜牧问题的请示电报，仍应批交“农村工作部办”。

这样一来，中央农村工作部和邓子恢暂时“靠边站”了。

【资料来源】

罗平汉.“小脚女人”——毛泽东对邓子恢的批判[J].文史精华,2006(05).

【思考讨论】

1. 农业合作化运动取得的成绩有哪些？

2. 农业社会主义改造中主要存在什么问题？

课后习题

一、单项选择题

1. 标志着20世纪中国第二次历史性巨变的重大事件是（　　）。
   A. 辛亥革命的胜利和中华民国的成立
   B. 新民主主义革命的胜利
   C. 中华人民共和国的成立和社会主义制度的建立
   D. 全面建设社会主义的开始

2. 1949年新中国的建立，标志着中国已从半殖民地半封建社会进入（　　）。
   A. 资本主义社会　　B. 新民主主义社会
   C. 社会主义社会　　D. 共产主义社会

3. 新民主主义社会是（　　）。
   A. 固定不变的社会　　B. 过渡性的社会
   C. 独立的社会形态　　D. 从属于新民主主义革命的社会

4. 中华人民共和国成立后，中国社会开始了（　　）。
   A. 从旧民主主义向新民主主义的过渡
   B. 从资本主义向社会主义的过渡
   C. 从新民主主义向社会主义的过渡

D. 从社会主义向共产主义的过渡

5. 在新民主主义向社会主义过渡时期,经济上处于领导地位的是(　　)。

A. 私人资本主义经济
B. 国家资本主义经济
C. 社会主义性质的国营经济
D. 半社会主义性质的合作社经济

6. 建国之初,新中国同苏联订立的同盟条约是(　　)。

A.《中苏北京条约》
B.《中苏莫斯科条约》
C.《中苏友好同盟条约》
D.《中苏友好同盟互助条约》

7. 1950 年,中共中央做出抗美援朝的决策,任命(　　)为中国人民志愿军司令员兼政治委员。

A. 粟裕
B. 林彪
C. 彭德怀
D. 邓小平

8. 1951 年底到 1952 年春,中国共产党在党政机构工作人员中开展了(　　)。

A. 肃反运动
B. 整风、整党运动
C. "三反"运动
D. "五反"运动

9. 1951 年底到 1952 年开展的三反运动是(　　)。

A. 反贪污、反浪费、反官僚主义
B. 反贪污、反浪费、反偷税漏税
C. 反浪费、反官僚主义、反偷工减料
D. 反行贿、反盗窃国家资财、反偷税漏税

10. 针对(　　),中国共产党在 1952 年上半年发起了"五反"运动。

A. 地主阶级
B. 官僚资产阶级
C. 民族资产阶级
D. 小资产阶级

11. (　　),国家对粮食、棉花、油料作物实行计划收购和计划供应(统购统销),基本取消粮食等主要农产品的自由市场,限制农村的商业投机。

A. 1949 年
B. 1953 年
C. 1954 年
D. 1956 年

12. (　　),召开第一届全国人民代表大会第一次会议,通过《中华人民共和国宪法》。

A. 1949 年
B. 1952 年
C. 1954 年
D. 1956 年

13. 党在过渡时期总路线的主体是实现(　　)。

A. 国家的社会主义工业化
B. 国家对农业的社会主义改造
C. 国家对手工业的社会主义改造
D. 国家对资本主义工商业的社会主义改造

14. 党在过渡时期的总路线是(　　)。

A. 一条社会主义建设的路线
B. 一条社会主义建设和社会主义改造同时并举的路线
C. 一条社会主义改造的路线
D. 一条发展生产力的路线

15. 在农业合作化运动中具有社会主义性质的经济组织形式是(　　)。
A. 互助组　　B. 初级农业生产合作社
C. 高级农业生产合作社　　D. 人民公社

16. 毛泽东系统阐明农业合作化理论的重要文献是(　　)。
A.《介绍一个合作社》　　B.《关于农业合作化问题》
C.《组织起来》　　D.《中国农村的社会主义高潮》

17. 1955 年 7 月 31 日，毛泽东在省市自治区党委书记会议上做《关于农业合作化问题》的报告，不点名地错误指责由(　　)主持的中央农村工作部犯了“右倾机会主义错误”，是站在群众运动后面指手画脚的“小脚女人”，从而将正常的党内争论说成是两条路线的分歧。
A. 陈云　　B. 薄一波
C. 邓子恢　　D. 张闻天

18. 我国对资本主义工商业进行社会主义改造所采取的主要途径是(　　)。
A. 互助合作　　B. 利用、限制、改造
C. 国家资本主义　　D. 和平赎买

19. 1953 年春，(　　)向中共中央提出了关于《资本主义工业中公私关系问题》的报告，认为：国家资本主义是我们利用和限制工业资本主义的主要形式，是我们改造资本主义工业使它逐步过渡到社会主义的主要形式。
A. 刘少奇　　B. 周恩来
C. 邓小平　　D. 李维汉

20. 对资本主义工商业改造时，国家对资本家采取了(　　)的政策。
A. 排挤　　B. 不安排工作
C. 剥夺选举权　　D. 和平赎买

21. 全行业公私合营实行以前，对企业利润的分配方案是(　　)。
A. 定股定息　　B. 四马分肥
C. 加工订货　　D. 统购包销

22. 我国在社会主义改造中对资本主义工商业实行全行业公私合营后采取的赎买政策是(　　)。
A.“四马分肥”　　B. 定股定息
C. 加工订货　　D. 统购包销

23. 最早完成全行业公私合营的城市是(　　)。

A. 北京市　　B. 天津市
C. 上海市　　D. 武汉市

24. 社会主义改造时期，(　　)成立。
A. 内蒙古自治区　　B. 新疆维吾尔自治区
C. 广西壮族自治区　　D. 宁夏回族自治区

25. 我国进入社会主义初级阶段的标志是(　　)。
A. 中华人民共和国的建立　　B. 党在过渡时期总路线的提出
C. 土地改革的完成　　D. 三大改造的完成

26. 新中国开始实行发展国民经济的第一个五年计划是在(　　)。
A. 1950 年　　B. 1951 年
C. 1952 年　　D. 1953 年

27. 第一个五年计划的建设指标完成于(　　)。
A. 1952 年　　B. 1953 年
C. 1956 年　　D. 1957 年

二、多项选择题

1. 中华人民共和国的成立标志着(　　)。
A. 社会主义基本制度的建立　　B. 新民主主义革命的基本胜利
C. 半殖民地半封建社会的结束　　D. 新民主主义社会的建立

2. 新中国成立以后至今的历史，经历了的发展阶段包括(　　)。
A. 社会主义改造基本完成的七年　　B. 开始全面建设社会主义的十年
C. "文化大革命"的十年　　D. 改革开放和社会主义现代化建设新时期

3. 新民主主义社会(土地问题解决后)的基本矛盾是(　　)。
A. 帝国主义国家和新中国的矛盾
B. 封建主义和人民大众的矛盾
C. 无产阶级和资产阶级的矛盾
D. 先进的生产关系和落后的生产力的矛盾

4. 新中国成立初期，为了解决面临的迫切问题，中国共产党和人民政府着重抓了以下(　　)等方面的工作。
A. 完成民主革命的遗留任务　　B. 领导国民经济恢复工作
C. 巩固民族独立，维护国家主权和安全　　D. 加强中国共产党的自身建设

5. 新中国建立初期，中国共产党首先集中力量完成了民主革命的遗留任务，包括(　　)等。
A. 土地改革　　B. 镇压反革命
C. "三反"　　D. "五反"

6. 没收官僚垄断资本的性质是(　　)。

A. 国家资本主义的　　B. 社会主义的

C. 旧民主主义的　　D. 新民主主义的

7. 为了从根本上改变旧中国"跪倒在地上办外交"的局面，建国初期，以毛泽东为主要代表的中国共产党人提出了(　　)等外交方针。

A. "另起炉灶"　　B. "打扫干净屋子再请客"

C. "一边倒"　　D. 三个世界划分的理论

8. 1952年上半年发起的"五反"运动包括(　　)等内容。

A. 反对行贿　　B. 反对偷税漏税和偷工减料

C. 反对官僚主义　　D. 反对盗窃国家财产和盗窃经济情报

9. "三反"运动时，中共中央处决了犯有严重贪污罪行的(　　)，使全党震动，全国人民振奋。

A. 刘青山　　B. 张子善

C. 高岗　　D. 饶漱石

10. 全国胜利并解决了土地问题以后，中国社会经济中还存在着(　　)等经济成分。

A. 社会主义性质的国营经济

B. 半社会主义性质的合作社经济

C. 农民和手工业者的个体经济和私人资本主义经济

D. 国家资本主义经济

11. 新中国成立后的最初三年，社会主义革命的任务实际上已经开始实行了，表现在(　　)。

A. 土地改革

B. 没收官僚资本

C. 将资本主义纳入国家资本主义轨道

D. 引导个体农民走互助合作的道路

12. 中共中央关于向社会主义过渡的最初设想包括(　　)。

A. 过渡时间大约为15~20年

B. 等到工业发展了，国营经济壮大了再过渡

C. 先互助合作，后公私合营

D. 采取"严重的社会主义的步骤"，一举完成过渡

13. 过渡时期的总路线包括两方面的内容：一是逐步实现社会主义工业化，这是总路线的主体；二是逐步实现对农业、手工业和资本主义工商业的社会主义改造，这是总路线的两翼。两者的关系是(　　)。

A. 工业化是社会主义改造的基础和目的

B. 社会主义改造是工业化不可缺少的条件和手段

C. 两者互相联系，互相促进

D. 体现了解放生产力与发展生产力、变革生产关系与发展生产力的有机统一

14. 实行社会主义改造的国内外条件有(　　)。

A. 社会主义性质的国营经济力量相对来说比较强大,它是实现国家工业化的主要基础

B. 资本主义经济力量弱小,发展困难,不可能成为中国工业起飞的基础

C. 对个体农业进行社会主义改造,是保证工业发展、实现国家工业化的一个必要条件

D. 当时的国际环境也促使中国选择社会主义

15. 中国共产党引导农民走向社会主义的几种过渡性经济组织形式是(　　)。

A. 互助组　　B. 初级农业生产合作社

C. 高级农业生产合作社　　D. 公私合营

16. 中国共产党对农业合作化运动的指导方针是(　　)。

A. 走“先合作化,后机械化”的道路

B. 实行积极发展、稳步前进、逐步过渡的方针

C. 坚持自愿互利的原则,采取典型示范、逐步推广的方法

D. 要把社会改造同技术改造相结合,要把是否增产作为衡量合作社是否办好的标准

17. 手工业合作化的组织形式有(　　)。

A. 手工业生产合作小组　　B. 手工业供销合作社

C. 手工业生产合作社　　D. 公私合营

18. 在新民主主义向社会主义过渡时期,中国民族资产阶级仍然具有的两面性是(　　)。

A. 革命性　　B. 妥协性

C. 剥削工人取得利润　　D. 拥护宪法和愿意接受社会主义改造

19. 我国对资本主义工商业改造的过渡形式是国家资本主义,其中初级形式的国家资本主义,有(　　)。

A. 加工订货　　B. 统购包销

C. 经销代销　　D. 公私合营

20. 公私合营后企业利润采取“四马分肥”的办法,即分为(　　)等几个部分。

A. 国家所得税　　B. 企业公积金

C. 工人福利费　　D. 股金红利

21. 我国对资本主义工商业的社会主义改造的经验有(　　)。

A. 用和平赎买的方法改造资本主义工商业

B. 采取从低级到高级的国家资本主义的过渡形式

C. 把资本主义工商业者改造成为自食其力的社会主义劳动者

D. “先合作化,后机械化”

22. 在1955年夏季以后,对个体农业的社会主义改造,由于(　　),以至遗留了一些问题。

A. 要求过急　　B. 工作过粗

C. 改变过快　　D. 形式过于简单划一

23. 中国特色的社会主义改造道路的历史经验主要有(　　)。

A. 坚持社会主义工业化建设与社会主义改造同时并举

B. 采取积极引导、逐步过渡的方式

C. 用和平方法进行改造

D. 采取暴力革命的手段

24. 中国在发展国民经济第一个五年计划期间着重建设的三大钢铁基地是(　　)。

A. 上海　　B. 鞍山

C. 包头　　D. 武汉

三、简答题

1. 中国特色的社会主义改造道路有哪些主要经验?
2. 为什么说过渡时期总路线反映了历史发展的必然?
3. 如何理解社会主义工业化与所有制改造的关系?
4. 简述我国进行社会主义改造的内外条件。

四、辨析题

1. 国家资本主义就是实现和平赎买政策的适当的经济形式。
2. 党在过渡时期的总路线提出的主要任务是解决所有制问题。
3. 中国的民族资产阶级在社会主义革命阶段仍然具有两面性。
4. 对资本主义工商业的社会主义改造指的就是对生产资料所有制的改造。

五、论述题

1. 试述由新民主主义向社会主义转变的历史必然性。
2. 试述对资产阶级实行“和平赎买”政策的可能性。

六、材料分析题

材料1　新中国建立前后,“毛泽东、刘少奇、周恩来都说过,到底什么时候搞社会主义,估计至少要十年,多则十五或二十年。那时的设想大致是,经过这样一段‘相当长久’的时间,工业发展了,国营经济壮大了,就可以采取‘严重的社会主义的步骤’,一步实行资本主义工商业的国有化和个体农业的集体化”。

(胡绳. 中国共产党的七十年[M]. 北京:中共党史出版社,1991:297)

材料2　毛泽东在1953年2月27日的中央书记处会议上说:“什么叫过渡时期?过渡时期的步骤是走向社会主义。我给他们用扳指头的办法解释,类似过桥,走一步算是过渡一年,两步两年，三步三年，10年到15年走完……在10年到15年或更多一点时间内，基本上完成国家工业化及对农业、手工业、资本主义工商业的社会主义改造。”

（薄一波.若干重大决策与事件的回顾：上卷[M].北京：中共中央党校出版社，1991:215）

材料3 毛泽东在1953年6月15日召开的中共中央政治局会议上说：“过渡时期充满着矛盾和斗争，是变动很剧烈、很深刻的时期。我们现在的革命斗争，甚至比过去的武装斗争还深刻，要在十年到十五年使资本主义绝种。确立新民主主义社会秩序的想法，是不符合实际斗争情况的，是妨碍社会主义事业的发展的。”

（毛泽东传（1949—1976）：上[M].北京：中央文献出版社，2003:255）

回答：

(1)根据材料3，毛泽东为什么说“确立新民主主义社会秩序的想法，是不符合实际斗争情况的，是妨碍社会主义事业的发展的”？

(2)根据材料1和材料2，毛泽东对新民主主义社会的认识发生了怎样的改变？

(3)结合上述材料与相关史实，概述新民主主义社会的性质。

参考答案

一、单项选择题

1.C 2.B 3.B 4.C 5.C 6.D 7.C 8.C 9.A 10.C 11.B 12.C 13.A 14.B 15.C 16.B 17.C 18.C 19.D 20.D 21.B 22.B 23.A 24.B 25.D 26.D 27.C

二、多项选择题

1.BCD 2.ABCD 3.AC 4.ABCD 5.AB 6.BD 7.ABC 8.ABD 9.AB 10.ABCD 11.BCD 12.ABD 13.ABCD 14.ABCD 15.ABC 16.ABCD 17.ABC 18.CD 19.ABC 20.ABCD 21. ABC 22.ABCD 23.ABC 24.BCD

三、简答题

1.中国在对生产资料私有制的社会主义改造中，创造性地提出了许多符合中国实际情况的方针政策，积累了丰富的经验，形成了一条有中国特色的社会主义改造道路。这些经验主要是：

第一，改造的和平（自愿）的方式。不仅对个体农业和个体手工业是以和平的方式完成改造的，对私营资本主义工商业也成功实现了列宁曾经设想过但未能在苏联得到实现的“和平赎买”的政策。

第二，采取了逐步(稳妥)过渡的形式。三大改造均采取了循序渐进、逐步过渡的形式。如对个体农业的改造遵循了自愿互利、典型示范和国家帮助的原则，经历了由互助组到初级社到高级社的逐步过渡，对私营资本主义工商业的改造经历了由初级形式的国家资本主义到高级形式的国家资本主义的逐步过渡，从而保证了改造的和平平稳进行。

第三，把对所有制的改造和对人的改造结合起来同时进行。把个体农业和个体手工业改造成为社会主义集体经济的同时，把农民和小手工业者改造成为社会主义的集体劳动生产者，在把私人资本主义工商业改造成为社会主义公有制的同时，把资本家由剥削者改造成为自食其力的劳动者。

第四，所有制的改造和发展生产力同时并举，发生的目的是发展生产力。

2. 过渡时期总路线的基本内容是：从中华人民共和国成立，到社会主义改造基本完成，这是一个过渡时期。党在这个过渡时期的总路线和总任务，是要在一个相当长的时期内，逐步实现国家的社会主义工业化，并逐步实现国家对农业、手工业和资本主义工商业的社会主义改造。

过渡时期总路线反映了我国社会发展的客观要求和广大人民的根本利益，反映了历史发展的必然：第一，社会主义工业化是国家独立和富强的必然要求和必要条件。第二，改造个体农民和手工业者的经济，是我国生产力发展的客观要求，是实现国家社会主义工业化，发展农业生产，使全体农民共同富裕的必然要求。第三，改造私人资本主义经济，是实现国家工业化，解决无产阶级和资产阶级矛盾的必然要求。

3. 过渡时期总路线构想出了一条经济文化落后国家发展社会主义的新思路，这就是建设与改造并举、发展与变革同行，把国家工业化和社会主义改造紧密结合起来，在变革生产关系中促进社会生产力发展的新思路，体现了发展生产力与变革生产关系的有机统一。其中，社会主义工业化是主体，是目的，社会主义改造是两翼，是不可或缺的条件和手段。社会主义工业化是中国逐步向社会主义过渡的物质基础。由于我国原有的工业基础十分薄弱，迅速发展社会主义工业，建立一个独立的比较完整的工业体系仍然是党和国家的迫切任务。因此，在考虑中国社会如何发展的时候，毛泽东的首要着眼点就是实现社会主义的工业化，然后才考虑到与之相适应的对农业、手工业和资本主义工商业的社会主义改造。而对农业、手工业和资本主义工商业进行社会主义改造，就是要在发展生产力的基础上变革生产关系，在中国全面确立社会主义公有制的基本经济制度。

4. 从1953年开始，在过渡时期总路线的指引下，中国共产党领导人民开始进行有计划的社会主义建设和有系统的社会主义改造。当时中国之所以要着力进行和可能进行社会主义改造，主要是因为：

第一，社会主义性质的国营经济力量相对来说比较强大，它是实现国家工业化的重要基础。

第二，资本主义经济力量弱小，发展困难，不可能成为中国工业起飞的基础。而且，它对国家和国营经济有很大的依赖性，不可避免地要向国家资本主义的方向发展。

第三，对个体农业进行社会主义改造，是保证工业发展、实现国家工业化的一个必要条件。

第四，当时的国际环境也促使中国选择社会主义。新中国成立以后，长期受到美国等西方资本主义国家经济上、外交上和军事上的严密封锁和遏制。当时只有社会主义国家和第二次世界大战后为独立而斗争的国家同情中国，只有苏联能够援助中国。这种国际环境，也是中国选择社会主义的基本因素之一。

四、辨析题

1. 正确。

和平赎买是国家对私人资本主义工商业进行社会主义改造的基本政策，而国家资本主义就是实现和平赎买政策的适当的经济形式，国家资本主义在实质上就是通过对资本主义工商业实行和平赎买的经济政策，把资本主义私有制变为社会主义公有制。国家资本主义是形式，和平赎买政策是内容。两者是一致的，是一个问题的两个方面。

2. 错误。

党在这个过渡时期的总路线和总任务，是要在一个相当长的时期内，逐步实现国家的社会主义工业化，并逐步实现国家对农业、手工业和资本主义工商业的社会主义改造。过渡时期总路线构想出了一条经济文化落后国家发展社会主义的新思路，这就是建设与改造并举、发展与变革同行，把国家工业化和社会主义改造紧密结合起来，在变革生产关系中促进社会生产力发展的新思路。其中，社会主义工业化是目的，社会主义改造是不可或缺的条件和手段。

3. 正确。

中国的民族资产阶级，不仅在民主革命阶段具有两面性，曾经是中国共产党的同盟者，在社会主义革命阶段仍然具有两面性，“它有剥削工人阶级取得利润的一面，又有拥护宪法、愿意接受社会主义改造的一面”。中国共产党正是根据中国民族资产阶级这一基本特点，制定了利用、限制、改造的政策，用和平赎买的方式完成了对资本主义工商业的社会主义改造。

4. 错误。

国家对资本主义工商业的社会主义改造是把对所有制的改造和对人的改造结合起来进行的，在把生产资料私有制改造成为社会主义公有制的同时，把资本家由剥削者改造成为自食其力的劳动者。对资本主义工商业的和平改造在内容上包括两个方面：一方面是企业的、制度的改造，包括企业所有制和企业管理制度等，最终把资本主义私营工商企业改造为由工人当家做主，实行社会主义企业管理的全民所有制企业；另一方面是对人即对资本家的改造。对资本主义工商业的社会主义改造，是一场深刻的社会变革。如何在改造过程中，实施团结教育的功能，化解他们的消极甚至抵抗的情绪，使他们成为自食其力的劳动者，这同样十分重要。

五、论述题

1.新民主主义革命的胜利是近代中国历史发展的必然结果。中华人民共和国的建立把中国由半殖民地半封建社会推进到了新民主主义社会,随着新民主主义政治、经济制度的建议,使得中国社会由新民主主义向社会主义转变成为历史的必然。

第一,中国共产党的领导和人民民主专政的国家制度的建立,为进行社会主义革命奠定了所必需的优越的政治条件,也保证了新民主主义社会的发展前途必然是社会主义。

第二,新民主主义经济制度的建立、社会主义国营经济领导地位的确立保证了新民主主义社会的发展前途必然是社会主义。

第三,马克思主义、毛泽东思想的指导地位为新民主主义向社会主义的转变提供了充分的思想文化条件。

总之,新民主主义革命的胜利,虽然在客观上为资本主义的发展扫除了障碍,同时,它也为社会主义的发展开辟了更为广阔的道路。随着新民主主义的政治、经济制度的建立和国民经济的恢复,社会主义的因素在整个国家的政治、经济、文化生活中占着越来越大的比重,很快就超过资本主义因素。这就使中国新民主主义革命的最后结果,既可以避免资本主义的前途,又不会长时期地留在新民主主义时期而会较快地向社会主义转变。新民主主义过程中社会主义经济条件、政治条件与思想文化条件的积累和增长,是新民主主义向社会主义转变的内在驱动力,它从根本上决定了中国新民主主义向社会主义转变的历史必然性。

2.无产阶级掌握政权以后,用和平赎买的方法改造私人资本主义经济,这是马克思、恩格斯和列宁曾经提出但未能实现的设想。在中国社会主义改造中,对资产阶级实行“和平赎买”政策的可能性主要在于:

第一,中国的民族资产阶级是一个具有两面性的阶级,它不仅在民主革命阶段具有两面性,曾经是中国共产党的同盟者。在社会主义革命阶段仍然具有两面性,“它有剥削工人阶级取得利润的一面,又有拥护宪法、愿意接受社会主义改造的一面”。毛泽东正是根据中国民族资产阶级这一基本特点,制定了利用、限制、改造的政策,实施和平赎买,把马克思、列宁的设想变成了现实。

第二,中国工人阶级与民族资产阶级长期保持着统一战线的关系。在民主革命时期,中国共产党就将民族资产阶级作为革命团结的对象和统一战线的重要力量。新中国成立后,党仍然同民族资产阶级保持着统一战线关系。在新民主主义国家里,工人阶级同民族资产阶级的矛盾属于人民内部矛盾,这就为和平改造提供了有利条件。

第三,建立了人民民主专政的国家政权和社会主义国营经济。新民主主义革命胜利后,我国已建立了强大的人民民主专政的国家政权,有了巩固的工农联盟,国家对主要农产品实行统购统销政策,割断了资本主义经济同集体经济的主要联系,使其逐步丧失了独立经营的地位。同时,强大的社会主义国营经济已经掌握了国家的经济命脉。这就使民族资产阶级在政治上和经济上都陷于孤立地位，不得不接受社会主义改造。

因此，在中国社会主义改造中，对资产阶级实行“和平赎买”的政策具有了现实的可能性。

六、材料分析题

要点：(1)因为新民主主义社会并不是一个凝固不变的、独立的社会形态，它本身具有过渡性，它是处在很深刻的变动之中的。毛泽东认为，过渡时期每天都在变动，每天都在发生社会主义因素，所谓“新民主主义社会秩序”要确立是很难的，因此“确立新民主主义社会秩序的想法”就是不切实际的和不妥当的。

(2)基于对新民主主义社会的动态观察，毛泽东认识到：从新民主主义到社会主义是一个渐变的过程，需要采取逐渐推进的社会主义改造的步骤和政策，一步一步地向前过渡，也就是使社会主义因素一年一年地增加，争取用10年到15年或更多一点时间完成这一过渡。而不是等到10年或15年以后，才采取突变方式，一步实行资本主义工商业的国有化和个体农业的集体化。

(3)新民主主义社会，是一个属于社会主义体系的和逐步过渡到社会主义社会去的过渡性质的社会。

第九章

Chapter 9

社会主义建设在探索中曲折发展

学习目标

通过学习，使学生认识到：我国在开始建设社会主义时，由于没有经验，主要是模仿苏联。当苏联国内出现问题后，毛泽东明确提出了要“以苏为鉴”，开始了有中国特色的社会主义道路的初步探索，实现了把马克思主义同中国实际的第二次结合。虽然在他的晚年，由于对国际国内形势判断失误，又没有深入实地考察、研究中国进入社会主义时期出现的新情况、新问题，只能凭借以往长期革命战争中形成的具体经验，因而逐渐背离他历来提倡的理论和实践相结合的原则，给中国的社会主义建设带来了危害。但是他的错误，毕竟是伟大的革命家所犯的错误。

我们要正确地评价毛泽东与毛泽东思想。同时还要使学生认识到：无论何人、无论何时，都要不迷信权威，不相信教条，坚持把马克思主义的普遍真理与中国社会主义建设的实际相结合，与时俱进，不断开创社会主义建设的新局面。

学习要点

1. 探索在中国如何建设社会主义道路，当时中国主要面临两大问题：一个是如何处理好社会主义条件下的阶级斗争问题；一个是如何处理好社会主义建设中的规模和速度问题。

2. 1956 年 4 月初，在中共中央书记处会议上，毛泽东提出：马克思主义和中国实际的“第二次结合”。

3.《论十大关系》：是以毛泽东为主要代表的中国共产党人开始探索中国自己的社会主义

建设道路的标志。

4.《关于正确处理人民内部矛盾的问题》:1957 年 2 月,毛泽东在扩大的最高国务会议上的讲话,提出要把正确处理人民内部矛盾作为国家政治生活的主题。

5. 陈云在中共八大上提出“三个主体、三个补充”思想:国家经营和集体经营是主体,一定数量的个体经营为补充;计划生产是主体,一定范围的自由生产为补充;国家市场是主体,一定范围的自由市场为补充。

6. 1961 年 1 月,中共八届九中全会决定,从 1961 年起在两三年内对国民经济实行“调整、巩固、充实、提高”的方针。

7. “七千人大会”: 1962 年 1、2 月间,中央在北京召开扩大的中共中央工作会议,会上来自中央、大区、省市自治区、地区、县五级的党政军领导干部有七千余人,规模空前,通常被称为“七千人大会”。这次会议对纠正“左”倾错误,贯彻“调整、巩固、充实、提高”的方针,具有关键性的作用。

8. 发动文化大革命主要论点: 无产阶级专政下继续革命的理论。

9. 文化大革命的性质:“文化大革命”是一场由领导者错误发动,被反革命集团利用,给党、国家和各族人民带来严重灾难的内乱。

10. “两弹一星”:1964 年 10 月,中国爆炸了第一颗原子弹。1967 年 6 月,爆炸了第一颗氢弹。1970 年 4 月,第一颗人造地球卫星发射成功。

11. 中国恢复了在联合国的合法席位:1971 年 10 月,在广大发展中国家的积极争取下,中国恢复了在联合国的合法席位。

12. 1972 年 2 月,美国总统尼克松访华,中美两国发表上海联合公报。同年 9 月,中日两国发表关于建交的联合声明,中美关系正常化。

13. 毛泽东关于社会主义发展阶段的提法,毛泽东指出:“社会主义这个阶段,又可能为两个阶段,第一个阶段是不发达的社会主义,第二个阶段是比较发达的社会主义。后一阶段可能比前一阶段需要更长的时间。”

教学案例

【案例 1】

《实践是检验真理的唯一标准》(节选)

邓小平(1978 年 5 月 11 日)

检验真理的标准是什么?这是早被无产阶级的革命导师解决了的问题。但是这些年来,由于“四人帮”的破坏和他们控制下的舆论工具大量的歪曲宣传,把这个问题搞得混乱不堪。

为了深入批判“四人帮”，肃清其流毒和影响，在这个问题上拨乱反正，十分必要。

检验真理的标准只能是社会实践

怎样区别真理与谬误呢？一八四五年，马克思就提出了检验真理的标准问题：“人的思维是否具有客观的真理性，这并不是一个理论的问题，而是一个实践的问题。人应该在实践中证明自己思维的真理性，即自己思维的现实性和力量，亦即自己思维的此岸性。关于离开实践的思维是否具有现实性的争论，是一个纯粹经院哲学的问题。”(《马克思恩格斯选集》第1卷第16页)这就非常清楚地告诉我们，一个理论，是否正确反映了客观实际，是不是真理，只能靠社会实践来检验。这是马克思主义认识论的一个基本原理。

实践不仅是检验真理的标准，而且是唯一的标准。毛主席说：“真理只有一个，而究竟谁发现了真理，不依靠主观的夸张，而依靠客观的实践。只有千百万人民的革命实践，才是检验真理的尺度。”(《新民主主义论》)“真理的标准只能是社会的实践。”(《实践论》)这里说：“只能”“才是”，就是说，标准只有一个，没有第二个。这是因为，辩证唯物主义所说的真理是客观真理，是人的思想对于客观世界及其规律的正确反映。因此，作为检验真理的标准，就不能到主观领域内去寻找，不能到理论领域内去寻找，思想、理论、自身不能成为检验自身是否符合客观实际的标准，正如在法律上原告是否属实，不能依他自己的起诉为标准一样。作为检验真理的标准，必须具有把人的思想和客观世界联系起来的特性，否则就无法检验。人的社会实践是改造客观世界的活动，是主观见之于客观的东西。实践具有把思想和客观实际联系起来的特性。因此，正是实践，也只有实践，才能够完成检验真理的任务。科学史上的无数事实，充分地说明了这个问题。

门德列捷夫根据原子量的变化，制定了元素周期表，有人赞同，有人怀疑，争论不休。尔后，根据元素周期表发现了几种元素，它们的化学特性刚好符合元素周期表的预测。这样，元素周期表就被证实了是真理。哥白尼的太阳系学说在三百年里一直是一种假说，而当勒维烈从这个太阳系学说所提供的数据，不仅推算出一定还存在一个尚未知道的行星，而且推算出这个行星在太空中的位置的时候，当加勒于一八四六年确实发现了海王星这颗行星的时候，哥白尼的太阳系学说才被证实了，成了公认的真理。

马克思主义之所以被承认为真理，正是千百万群众长期实践证实的结果。毛主席说：“马克思列宁主义之所以被称为真理，也不但在于马克思、恩格斯、列宁、斯大林等人科学地构成这些学说的时候，而且在于为尔后革命的阶级斗争和民族斗争的实践所证实的时候。”(《实践论》)马克思主义原是工人运动中的一个派别，开始并不出名，反动派围攻它，资产阶级学者反对它，其他的社会主义流派攻击它，但是，长期的革命实践证明了马克思主义是真理，终于成为国际共产主义运动的指导思想。

检验路线之正确与否，情形也是这样。马克思主义政党在制订自己的路线时，当然要从现实的阶级关系和阶级斗争的情况出发，依据革命理论的指导并且加以论证。但是，国际共产主义运动和各个革命政党的路线是否正确，同样必须由社会实践来检验。二十世纪初，国际共产主义运动和俄国工人运动中,都发生了列宁的马克思主义路线与第二国际修正主义路线的激烈斗争,那时第二国际的头面人物是考茨基,列宁主义者是少数,斗争持续了很长一个时间。俄国十月革命和各国无产阶级革命的实践证明列宁主义是真理,宣告了第二国际修正主义路线的破产。

毛泽东思想是马克思列宁主义普遍真理与革命具体实践相结合的产物。毛主席的革命路线与"左"、右倾机会主义路线进行了长期的斗争。在一个时期内,毛主席的革命路线没有占主导地位。长期的革命斗争,成功的经验和失败的教训,从正反两个方面证明毛主席的革命路线是正确的,而"左"、右倾机会主义路线是错误的。标准是什么呢? 只有一个:就是千百万人民的社会实践。

理论与实践的统一,是马克思主义的一个最基本的原则

有的同志担心,坚持实践是检验真理的唯一标准,会削弱理论的意义。这种担心是多余的。凡是科学的理论,都不会害怕实践的检验。相反,只有坚持实践是检验真理的唯一标准,才能够使伪科学、伪理论现出原形,从而捍卫真正的科学与理论。这一点,对于澄清被"四人帮"搞得非常混乱的理论问题,具有特别重要的意义。

"四人帮"出于篡党夺权的反革命需要,鼓吹种种唯心论的先验论,反对实践是检验真理的标准。例如,他们炮制"天才论",捏造文艺、教育等各条战线的"黑线专政"论,伪造老干部是民主派、民主派必然变成走资派的"规律",胡诌社会主义生产关系"是产生新的资产阶级分子的经济基础"的谬论,虚构儒法斗争继续到现在的无稽之谈,等等。所有这些,都曾经被奉为神圣不可侵犯的所谓"理论",谁反对,就会被扣上反对马列主义、反对毛泽东思想的大帽子。但是,这些五花八门的谬论,根本经不起革命实践的检验,它们连同"四人帮"另立的"真理标准",一个个都像肥皂泡那样很快破灭了。这个事实雄辩地说明,他们自吹自擂证明不了真理,大规模的宣传证明不了真理,强权证明不了真理。他们以马列主义、毛泽东思想的"权威"自居,实践证明他们是反马列主义,反毛泽东思想的政治骗子。

马列主义、毛泽东思想之所以有力量,正是由于它是经过实践检验了的客观真理,正是由于它高度概括了实践经验,使之上升为理论,并用来指导实践。正因为这样,我们要非常重视革命理论。列宁指出:"没有革命的理论,就不会有革命的运动。"(《列宁选集》第1卷第241页)理论所以重要,就是在于它来源于实践,又能正确指导实践,而理论到底是不是正确地指导了实践以及怎样才能正确地指导实践,一点也离不开实践的检验。不掌握这个精神实质,那是不可能真正发挥理论的作用的。

【资料来源】

《光明日报》,1978年5月11日(特约评论员文章)

【思考讨论】

1. 为什么说"两个凡是"的方针是错误的?

2. 如何认识实践是检验真理的唯一标准大讨论的重要意义?

【案例2】

《在武昌、深圳、珠海、上海等地的谈话要点》(南方谈话)(节选)

邓小平(1992年)

改革开放胆子要大一些,敢于试验,不能像小脚女人一样。看准了的,就大胆地试,大胆地闯。深圳的重要经验就是敢闯。没有一点闯的精神,没有一点“冒”的精神,没有一股气呀、劲呀,就走不出一条好路,走不出一条新路,就干不出新的事业。不冒点风险,办什么事情都有百分之百的把握,万无一失,谁敢说这样的话?

改革开放迈不开步子,不敢闯,说来说去就是怕资本主义的东西多了,走了资本主义道路。要害是姓“资”还是姓“社”的问题。判断的标准,应该主要看是否有利于发展社会主义社会的生产力,是否有利于增强社会主义国家的综合国力,是否有利于提高人民的生活水平。

计划多一点还是市场多一点,不是社会主义与资本主义的本质区别。计划经济不等于社会主义,资本主义也有计划;市场经济不等于资本主义,社会主义也有市场。计划和市场都是经济手段。社会主义的本质,是解放生产力,发展生产力,消灭剥削,消除两极分化,最终达到共同富裕。

中国要警惕右,但主要是防止“左”。

经济“过热”,确实带来一些问题。比如,票子发得多了一点,物价波动大了一点,重复建设比较严重,造成了一些浪费。但是,怎样全面地来看那五年的加速发展?那五年的加速发展,也可以称作一种飞跃,但与“大跃进”不同,没有伤害整个发展的机体、机制。那五年的加速发展功劳不小,这是我的评价。治理整顿有成绩,但评价功劳,只算稳的功劳,还是那五年加速发展也算一功?或者至少算是一个方面的功?如果不是那几年跳跃一下,整个经济上了一个台阶,后来三年治理整顿不可能顺利进行。看起来我们的发展,总是要在某一个阶段,抓住时机,加速搞几年,发现问题及时加以治理,尔后继续前进。从根本上说,手头东西多了,我们在处理各种矛盾和问题时就立于主动地位。对于我们这样发展中的大国来说,经济要发展得快一点,不可能总是那么平平静静、稳稳当当。要注意经济稳定、协调地发展,但稳定和协调也是相对的,不是绝对的。

发展才是硬道理。这个问题要搞清楚。如果分析不当,造成误解,就会变得谨小慎微,不敢解放思想,不敢放开手脚,结果是丧失时机,犹如逆水行舟,不进则退。

【资料来源】

中共中央文献编辑委员会.邓小平文选:第三卷[M].北京:人民出版社,1993.

【思考讨论】

如何认识社会主义改造与社会主义改革的关系?

【案例3】

社会主义建设总路线和“大跃进”、人民公社化运动

经过社会主义改造和全党整风、开展反右派斗争，党中央认为，经济战线上的社会主义革命和政治思想路线上的社会主义革命都已取得伟大胜利，广大人民群众热情高涨，经济建设应该搞得更快一些。为此，党中央、毛泽东酝酿并制定了社会主义建设总路线，并在这个过程中相继发动了“大跃进”和人民公社化运动。社会主义建设总路线、“大跃进”和人民公社，在当时被称作“三面红旗”。它们的提出和推行，表明党试图在探索适合中国情况的建设社会主义道路、开展全面的社会主义建设中打开一个新的局面，反映了曾经长期遭受帝国主义欺凌的中国人民在站立起来之后求强求富的强烈渴望。这是事情的一个方面。

从新中国成立到社会主义改造基本完成，短短几年内接踵而至的胜利使人们认为，中国富强的目标完全有可能在一个较短的时间内实现。但当时党和人民缺乏建设社会主义的经验，对社会主义建设的长期性、艰巨性及其客观规律认识不足，以为“大跃进”运动是迅速改变中国贫穷落后面貌、赶上发达国家的最好途径；以为人民公社是通往共产主义理想社会的最好组织形式。历史证明，社会主义建设总路线有其忽视客观经济规律的一面，而“大跃进”和农村人民公社化运动的发动则都缺乏从客观实际出发的充分依据。由于决策本身产生的失误和执行过程中发生的偏差，经济建设和社会发展不仅没有达到预期的目的，反而遭受到重大的挫折。

【资料来源】

天水日报，2011-08-02.

【思考讨论】

1. 会主义建设总路线、“大跃进”和人民公社是在什么样的历史背景下提出来的，反映了当时党和全国人民的何种愿望？

2. 如何认识社会主义在探索中出现的严重挫折？

3. 我们党在上个世纪50年代是如何进行经济上努力纠左的，取得了什么成效？

课后习题

一、单项选择题

1. 1956年社会主义基本制度的全面确立，标志着(　　)。

A. 社会主义改造的基本完成　　B. 中国进入全面建设社会主义的历史阶段

C. 社会主义建设任务的实现　　D. 找到中国特色社会主义建设道路

2. 1956年4月召开的中央书记处会议上，毛泽东提出了(　　)的任务。

A. 马克思主义与中国实际的第一次结合　B. 马克思主义与中国实际的第二次结合
C. 向现代科学进军　D. 全面开展社会主义建设

3. 1956 年毛泽东做的《论十大关系》的报告，是探索中国社会主义建设道路的重要理论成果。《论十大关系》围绕的基本方针是(　　)。
A. 中国共产党同民主党派长期共存、互相监督
B. 坚持百花齐放、百家争鸣
C. 调动一切积极因素，把我国建设成为一个强大的社会主义国家
D. 调整、巩固、充实、提高

4. 1956 年 9 月党的八大提出的我国国内的主要矛盾是(　　)。
A. 无产阶级同资产阶级的矛盾
B. 人民大众同反革命残余势力的矛盾
C. 开展社会主义道路与资本主义道路的决战
D. 人民对于经济文化迅速发展的需要同当前经济文化不能满足人民需要的状况之间的矛盾

5. 中共八大提出的我国经济建设的方针是(　　)。
A. 大干快上，超英赶美　B. 慢一点、稳一点
C. 力争高速度压倒一切　D. 既反保守又反冒进，在综合平衡中稳步前进

6. 生产资料的社会主义改造完成以后，国家政治生活的主题是(　　)。
A. 进行政治体制和经济体制改革　B. 坚持四项基本原则
C. 正确处理人民内部矛盾　D. 开展阶级斗争

7. 毛泽东在《关于正确处理人民内部矛盾的问题》中提出解决社会主义社会基本矛盾的途径是(　　)。
A. 进行新民主主义革命
B. 进行社会主义改造
C. 依靠社会主义制度本身的自我调整和自我完善
D. 进行无产阶级专政下的继续革命

8. 正式宣布在不太长的时期内，把我国建设成为具有现代工业、现代农业、现代国防和现代科学技术的社会主义强国的会议是(　　)。
A. 中国人民政治协商会议第一次会议　B. 第一届全国人民代表大会
C. 中共八大　D. 第三届全国人民代表大会

9. 1958 年 9 月，全国范围内掀起了人民公社化运动，人民公社的基本特点是(　　)。
A. 政社合一　B. 一大二公
C. 一平二调　D. 平均分配

10. 毛泽东第一次系统阐述社会主义社会矛盾问题的著作是(　　)。
A.《矛盾论》　B.《论十大关系》
C.《关于正确处理人民内部矛盾的问题》　D.《论人民民主专政》

11. 苏联开始暴露他们在社会主义建设中的一些缺点和错误是在(　　)。
A. 1953 年斯大林逝世后　　B. 赫鲁晓夫上台后
C. 苏共二十大　　D. 我国社会主义改造完成之时
12. 社会主义社会基本矛盾的性质是(　　)。
A. 对抗性质的　　B. 阶级之间的矛盾
C. 必须用暴力加以解决　　D. 是非对抗性的
13. 决定对国民经济实行"调整、巩固、充实、提高"的八字方针的会议是(　　)。
A. 八届六中全会　　B. 庐山会议
C. 八届九中全会　　D. 七千人大会
14. 毛泽东发动"文化大革命"的导火线是(　　)。
A.《评新编历史剧〈海瑞罢官〉》　　B. 五·一六通知
C.《炮打司令部——我的第一张大字报》　　D.《关于无产阶级文化大革命的决定》
15. 作为经济工作和其他一切工作的生命线的是(　　)。
A. 技术工作　　B. 思想政治工作
C. 群众工作　　D. 组织工作
16. 以毛泽东为代表的中国共产党人开始探索中国自己的社会主义建设道路的标志是(　　)。
A. 1956 年 1 月召开的最高国务会议
B.《论十大关系》的发表
C. 中共八大的召开
D.《关于正确处理人民内部矛盾的问题》的发表
17. 由毛泽东主持起草,确定以生产队为基本核算单位,贯彻按劳分配原则,废除供给制,停办公共食堂的文件是(　　)。
A.《关于人民公社的十八个问题》
B.《十年总结》
C.《农村人民公社条例(草案)》
D.《关于农村人民公社当前政策的紧急指示信》
18. 1975 年邓小平推动对党和国家各项工作进行全面整顿,其中,经济工作的整顿首先是从(　　)展开的。
A. 军队　　B. 交通运输
C. 工业领域　　D. 农业领域
19. 在 1956 年 1 月召开的知识分子问题会议上,周恩来对知识分子阶级属性的表述是(　　)。
A. 民族资产阶级
B. 小资产阶级
C. 知识分子的绝大部分已经是工人阶级的一部分

D. 社会中间派

20. 毛泽东最早改变八大决议中关于国内主要矛盾变化的正确分析，认为“无产阶级与资产阶级、社会主义道路与资本主义道路是主要矛盾”的会议是(　　)。

A. 1957 年召开的八届三中全会　　B. 1958 年召开的八大二次会议

C. 1959 年召开的庐山会议　　D. 1962 年召开的八届十中全会

二、多项选择题

1. 中共八大陈云提出了“三个主体、三个补充”的思想，即(　　)。

A. 国家经营和集体经营是主体，一定数量的个体经营为补充

B. 计划生产是主体，一定范围的自由生产为补充

C. 以重工业发展为主体，以轻工业、农业发展为补充

D. 国家市场是主体，一定范围内的自由市场为补充

2. 毛泽东在《关于正确处理人民内部矛盾的问题》中认为矛盾是普遍存在的。在社会主义社会中，基本的矛盾是(　　)。

A. 人民日益增长的物质文化生活的需要同落后的社会生产之间的矛盾

B. 无产阶级同资产阶级之间的矛盾

C. 生产力和生产关系之间的矛盾

D. 上层建筑和经济基础之间的矛盾

3. 毛泽东在《关于正确处理人民内部矛盾的问题》中认为社会主义社会两类不同性质的矛盾是(　　)。

A. 敌我矛盾　　B. 生产力和生产关系的矛盾

C. 上层建筑和经济基础的矛盾　　D. 人民内部矛盾

4. 1957 年 4 月，中共中央下发《关于整风运动的指示》，指出要在全党范围内开展一场反对(　　)的运动。

A. 官僚主义　　B. 宗派主义

C. 党八股　　D. 主观主义

5. 1958 年中共八大二次会议通过的社会主义建设总路线的表述是(　　)。

A. 鼓足干劲　　B. 力争上游

C. 多快好省地建设社会主义　　D. 在综合平衡中稳步前进

6. 在“大跃进”和人民公社化运动中，中共中央和毛泽东努力遏制和纠正“左”倾错误的会议有(　　)。

A. 第一次郑州会议

B. 八届六中全会

C. 第二次郑州会议

D. 1958 年 11 月在武昌召开的中共中央政治局会议

7. 在探索社会主义建设道路的初期，以毛泽东为代表的党的第一代领导集体在国家经济发展

上提出的思想有(　　)。

A. 划分中央和地方的管理职权,使企业享有适当的自主权

B. “三个主体,三个补充”的思想

C. 消灭资本主义,又搞资本主义

D. 要实行以农业为基础、以工业为主导的方针,正确处理重工业、轻工业和农业的关系

8. 毛泽东提出的两个“务必”的思想是指(　　)。

A. 务必继续地保持谦虚、谨慎、不骄、不躁的作风

B. 务必继续地保持同人民群众血肉联系的作风

C. 务必继续地保持批评与自我批评的作风

D. 务必继续地保持艰苦奋斗的作风

9. 以毛泽东为主要代表的中国共产党人在创建新中国和探索适合中国国情的社会主义建设道路过程中,形成的建设社会主义的若干原则包括(　　)。

A. 社会主义可以分为不发达的社会主义和比较发达的社会主义两个阶段

B. 提出四个现代化的战略目标

C. 正确处理重工业、轻工业、农业的关系

D. 与各民主党派坚持长期共存、互相监督

10. 20 世纪 60 年代提出了我国社会主义现代化建设的战略目标,并提出了分两步走的发展战略,这两步走是指(　　)。

A. 第一步,建立一个独立的比较完整的工业体系和国民经济体系

B. 第二步,全面实现农业、工业、国防和科学技术的现代化

C. 不发达的社会主义

D. 比较发达的社会主义

三、简答题

1. 简述毛泽东提出的马克思主义和中国实际的“第二次结合”的思想。
2. 简述《论十大关系》。
3. 简述 1957 年整风运动。
4. 简述“七千人大会”。
5. 简述邓小平 1975 年的全面整顿。
6. 简述中共八大的主要历史功绩。

四、辨析题

1. 社会主义制度下的矛盾是人民内部矛盾。
2. 1957 年的反右派斗争是正确的和必要的。
3. 社会主义建设总路线是符合社会主义建设实际的总路线。
4. 社会主义社会建成后,社会基本矛盾就消失了。

5. 人民公社的基本特点是“政社合一”。

五、论述题

1. 试述社会主义建设在探索中取得的成就和探索的成果。
2. 试述在探索中形成的建设社会主义的若干重要原则及其对邓小平理论形成的影响。

六、材料分析题

1. **材料一**　重工业是我国建设的重点。必须优先发展生产资料的生产，这是已经定了的。但是决不可以忽视生产资料尤其是粮食的生产，如果没有足够的粮食和其他生活必需品，首先就不能养活工人，还谈什么发展重工业？所以，重工业和轻工业、农业的关系，必须处理好。

在处理重工业和轻工业、农业的关系上，我们没有犯原则性的错误。我们比苏联和一些东欧国家做得好些。像苏联的粮食产量长期达不到革命前最高水平的问题，像一些东欧国家由于轻重工业发展太不平衡而产生的严重问题，我们这里是不存在的。他们片面地注重重工业，忽视农业和轻工业，因而市场上的货物不够，货币不稳定。我们对于农业、轻工业是比较注重的。我们一直抓了农业，发展了农业，相当地保证了发展工业所需要的粮食和原料。我们的民生日用商品比较丰富，物价和货币是稳定的。

（毛泽东《论十大关系》）

过去安排是重、轻、农，这个次序要反一下，现在是否提农、轻、重？要把农、轻、重的关系研究一下。过去搞十大关系，就是两条腿走路，多快好省也是两条腿，现在可以说是没有执行，或者说是没有很好地执行。过去是重、轻、农、商、交，现在强调把农业搞好，次序改为农、轻、重、交、商。这样提还是优先发展生产资料，并不违背马克思主义。

（毛泽东：《庐山会议讨论的十八个问题》1959 年 6 月 29 日至 7 月 2 日）

请根据上述材料回答下列问题：

(1) 根据材料 1，指出我国经济建设的重点及其原因。如何理解毛泽东指出的在重工业、轻工业和农业的关系上，我们没有犯原则性的错误？

(2) 根据材料 2，对于重、轻、农的关系，毛泽东为什么说“没有执行，或者说是没有很好地执行”？毛泽东在反思的基础上又做了哪些发展？

2. **材料 1**　一方面是在一些工作中仍然有右倾保守思想在作怪，另一方面是在最近一个时期在有些工作中又发生了急躁冒进的倾向，有些事情做得太急了，有些计划定得太高了，没有充分考虑到实际的可能性。这是在反保守主义之后所发生的一种新情况。这种情况是值得我们严重注意的……就农业工作来说，全国农业发展纲要四十条本来是要在五年、七年和十二年内分别加以实现的，但有些同志因为心急图快，企图在两三年内即把这些事情全部做好。

（《人民日报》1956 年 6 月 20 日社论）

材料 2　湖北红安土质贫瘠，生产条件不好，今年平均亩产也达到 843 斤，比 1952 年增长了一倍以上……值得注意的是这些大量增产的地区，有的是十分贫瘠的，在那里能够提早十年实现农业发展纲要草案的指标，那么条件与它们相同或者比它们好的地方，难道反而不能做到吗？有些人不了解农业合作化以后，我们就有条件也有必要在生产上来一个大的跃进，这是符合客观规律的。

（《人民日报》1957 年 11 月 13 日社论）

材料 3　1958 年 5 月，在北京召开八大的第二次会议……武断地认为 1956 年下半年的反冒进造成我国经济发展的"马鞍型"。即 1956 年的高潮，1957 年的低潮（实际上并不是低潮），1958 年更大的高潮；对反冒进负有责任的周恩来、陈云等领导人在会上做了检讨……八大二次会议通过的第二个五年计划指标，比八大一次会议建议的指标，工业方面普遍提高一倍，国内工业方面普遍提高 20% ~50%……这样，第二个五年计划一开始就离开了八大一次会议通过的《建议》，转上了大跃进的道路。

（胡绳主编《中国共产党的七十年》）

根据以上材料回答：

(1)根据材料 1，概括当时党在经济建设上的指导方针并分析其影响。

(2)根据材料 2 分析，当时党在指导农业生产的方针上与材料 1 相比发生了什么变化？

(3)根据材料 3 分析，八大二次会议是如何总结八大以来党领导经济建设的经验，这种认识导致了什么结果？

参考答案

一、单项选择题

1. B　2. B　3. C　4. D　5. D　6. C　7. C　8. D　9. B　10. C　11. C　12. D　13. C　14. A　15. B　16. B　17. C　18. B　19. C　20. A

二、多项选择题

1. ABD　2. CD　3. AD　4. ABD　5. ABC　6. ABCD　7. ABCD　8. AB　9. ABCD　10. AB

三、简答题

1. 1956 年社会主义基本制度的全面确立，标志着中国进入开始全面建设社会主义的历史阶段。中国已经是一个社会主义国家，但又是一个经济文化落后、人口众多、幅员辽阔、发展极不平衡的国家。怎样建设社会主义、怎样巩固和发展社会主义，并没有现成的道路可循，必须在实践中进行艰苦的探索。

1956 年 4 月初，在中共中央书记处会议上，毛泽东提出："我认为最重要的教训是独立自主，调查研究，摸清本国国情，把马克思列宁主义基本原理同我国革命和建设的具体实际结合起来，制定我们的路线、方针、政策。现在是社会主义革命和建设时期，我们要进行第二次结合，找出在中国进行社会主义革命和建设的正确道路。毛泽东提出的关于实行马克思主义同中国实际的“第二次结合”的任务，为探索适合我国情况的社会主义建设道路，提供了基本的指导原则。

2. 从 1956 年初开始，以毛泽东为主要代表的中国共产党人，对中国的社会主义建设道路进行了艰苦的探索，并取得了积极的成果。为准备召开中国共产党第八次全国代表大会，毛泽东、刘少奇等领导人进行了大规模的调查研究工作。在听取汇报的基础上，毛泽东逐渐形成《论十大关系》的基本思路，并先后在 4 月 5 日的中央政治局扩大会议和 5 月 2 日最高国务会议上做《论十大关系》的报告。这十大关系，围绕一个基本方针，即“一定要努力把党内党外、国内国外的一切积极的因素，直接的、间接的积极因素，全部调动起来，把我国建设成为一个强大的社会主义国家”，成为 9 月召开的中共八大的指导思想。

《论十大关系》是以毛泽东为主要代表的中国共产党人开始探索中国自己的社会主义建设道路的标志。它在新的历史条件下从经济方面和政治方面提出了新的指导方针，为中共八大的召开做了理论准备。

3. 1957 年 4 月 27 日，中共中央下发《关于整风运动的指示》，指出：由于党在全国范围内处于执政地位，有必要在全党进行一次针对官僚主义、宗派主义和主观主义的整风运动。采取整风运动的办法来全面加强党的思想、组织、作风建设，是中国共产党的一个创造。在执政的条件下，党容易产生脱离群众的官僚主义等错误倾向，更需要采取整风的办法来加以解决，根据中共中央的设想，这次整风应当是一次既严肃认真又和风细雨的思想教育运动，是一次认真开展批评和自我批评的自我教育运动，通过发动群众向党员和党的各级组织提意见，帮助党来纠正官僚主义等问题。

这场运动采取开门整风的形式。各级党组织纷纷召开座谈会和小组会，听取党内外群众的意见，迅速在全社会形成一个“鸣放”的高潮。毛泽东和中共中央真诚地希望通过这种方式，加强党外人士对共产党员特别是党员领导干部的批评、监督，进一步密切党同群众的关系。进行整风是中共八大路线的继续和发展，是党探索社会主义建设道路的新成果。

4. 1962 年 1、2 月间召开的扩大的中共中央工作会议，即“七千人大会”，在三年调整时期具有关键性的作用。当时，调整初见成效，但困难依然很大，党内的高级干部对形势和问题的看法还很不一致。为了统一思想，会议采取充分发扬党内民主的做法。来自中央、大区、省市自治区、地区、县五级的党政军领导干部七千余人，围绕讨论和修改刘少奇 1 月 27 日向大会提交的书面报告，畅所欲言，开展批评与自我批评。毛泽东在讲话中着重阐述了民主集中制的极端重要性，并带头做了自我批评。这次会议恢复和发扬了党内的民主精神和自我批评精神，统一了全党的认识，对全面贯彻国民经济的“调整、巩固、充实、提高”的八字方针起了极其重要的推动作用。

5.1975 年四届人大之后,邓小平在毛泽东的支持下,全面主持党中央和国务院的日常工作。邓小平以巨大的革命魄力和卓越的领导才干,开始了对党和国家各项工作的全面整顿。整顿首先是从军队开始的。而经济领域的工作首先是从整顿交通运输入手,随后深入到整个工业领域。在此期间,农业、科技、文化、教育等方面也大力进行了整顿。而各项整顿的核心是党的整顿,重点是整顿各级领导班子。党组织的整顿,表明整顿工作的深化。邓小平主持的全面整顿扭转了"批林批孔"运动造成的国民经济停滞和社会动荡局面,使国民经济工作趋于正常,工农业生产得到恢复,形势开始有了明显好转。这次整顿实际上是后来拨乱反正的预演。

6.1956 年 9 月 15 日至 27 日,中国共产党第八次全国代表大会在北京举行。中共八大正确分析了社会主义改造完成后中国社会的主要矛盾和主要任务,指出:社会主义制度在我国已经基本建立起来;我们还必须为解放台湾,为彻底完成社会主义改造,最后消灭剥削制度和继续肃清反革命残余势力而斗争,但是国内主要矛盾已经不再是工人阶级和资产阶级的矛盾,而是人民对于经济文化迅速发展的需要同当前经济文化不能满足人民需要的状况之间的矛盾;全国人民的主要任务是集中力量发展社会生产力,实现国家工业化,逐步满足人民日益增长的物质和文化需要;虽然还有阶级斗争,还要加强人民民主专政,但其根本任务已经是在新的生产关系下面保护和发展生产力。

在经济建设上,大会坚持既反保守又反冒进,即在综合平衡中稳步前进的方针。在政治建设上,提出要扩大社会主义民主、健全社会主义法制,使党和政府的活动做到"有法可依"和"有法必依"。在执政党建设上,强调要提高全党的马克思列宁主义思想水平,健全党内民主集中制,坚持集体领导制度,反对个人崇拜,发展党内民主和人民民主,加强党和群众的联系。在大会发言中,陈云提出"三个主体,三个补充"的思想。中共八大的路线是正确的,它为社会主义事业的发展和党的建设指明了方向。

四、辨析题

1. 在社会主义制度下,人民的根本利益是一致的,但还存在着敌我矛盾和人民内部矛盾。敌我之间的矛盾是对抗性的,必须用专政的办法解决;人民内部矛盾是非对抗性的,只能用民主的方法、说服教育的方法解决。必须区分社会主义社会两类不同性质的社会矛盾,把正确处理人民内部矛盾作为国家政治生活的主题。

2. 在 1957 年开展的整风运动中,人们提出的各种意见的大多数是诚恳的,但也确有极少数资产阶级右派分子乘机向党和新生的社会主义制度发起进攻。6 月 8 日,中共中央发出组织力量反击右派分子进攻的党内指示,《人民日报》同日发表题为《这是为什么?》的社论。全国规模的群众性反右运动全面展开。对极少数右派分子的进攻实行坚决反击,是完全正确的和必要的。在涉及重大政治原则的大是大非问题上如果不能旗帜鲜明,就会造成思想上和政治上的混乱。这方面党取得的经验是宝贵的、有长远意义的。但是反右派斗争被严重地扩大化了。到1958年夏季运动结束时，全国划定的右派分子达55万人，其中绝大多数属于错划。许多党的干部和有才华的知识分子由此受到长期压抑和打击，这不仅是他们个人的损失，更是党和国家整个事业的严重损失。在运动中采取的大鸣、大放、大辩论、大字报的错误斗争方式，也是反右派斗争严重扩大化的一个重要因素。

反右派斗争严重扩大化的一个重要影响，是1957年10月至11月召开的中共八届三中全会开始改变党的八大关于社会主要矛盾的正确判断，认为当前国内的主要矛盾仍然是无产阶级和资产阶级、社会主义道路和资本主义道路的矛盾。后来召开的中共八大二次会议正式确认了这个判断。这一理论上和指导思想上的失误造成了长时期的严重后果。

3. 1958年5月，中共八大二次会议通过了“鼓足干劲、力争上游、多快好省地建设社会主义”的社会主义建设总路线。这条总路线及其基本点，正确的一面，是反映了广大人民群众迫切要求改变国家经济文化落后状况的普遍愿望；其缺点是忽视了客观经济规律。总路线提出的“多快好省”四个字，本来是相互制约的，但在宣传中和实际工作中片面地突出了“快”字，提出“速度是总路线的灵魂”。

4. 矛盾是普遍存在的，在社会主义社会同样充满着矛盾，正是这些矛盾推动着社会主义社会不断向前发展。在社会主义社会中，基本的矛盾仍然是生产关系和生产力之间的矛盾、上层建筑和经济基础之间的矛盾。但是这些矛盾是非对抗性的矛盾，可以通过社会主义制度本身的自我调整和自我完善不断得到解决。

5. 人民公社实行“政社合一”的体制，其基本特点被概括为“一大二公”。所谓“大”，就是规模大，原来一二百户规模的农业生产合作社被合并成拥有四五千户甚至一两万户的人民公社；所谓“公”，就是公有化程度高，原来经济条件下各不相同的农业生产合作社被合并后，主要财产归人民公社所有，收入在全社范围内统一核算和分配。它严重地脱离了农村的生产力水平，致使“一平二调”之风泛滥，损害了广大的社员和小集体的利益。

五、论述题

1. 中国从开始全面建设社会主义以来，尽管经历过严重的曲折，还是取得了重大的显著的成就，这主要表现在：

（1）独立的、比较完整的工业体系和国民经济体系基本建立。一是经济发展保持了较快的发展速度，1952年到1978年，工农业总产值平均年增长率为8.2%，其中工业年均增长11.2%，谷物和主要工业产品产量在世界上的排名明显提前。二是从根本上解决“从无到有”的问题，基本建立了独立的、比较完整的工业体系和国民经济体系，从根本上解决了工业化中“从无到有”的问题。

（2）人民生活水平的提高与文化、医疗、科技事业的发展。一是保障了人民的基本生活需要。通过兴修水利、开展农田基本建设、培育推广良种、提倡科学种田，较大幅度地提高了粮食生产水平和抵御自然灾害的能力。二是提高人民的文化素质和健康水平，扫除文盲，大力推广普通话，并加大对小学、中学和高等教育的投资。文学艺术工作在“古为今用、洋为中用、百花齐放、推陈出新”文艺方针的指引下，仍然取得了不少的成就，医疗事业也得到了蓬勃发展。新中国高度重视发展体育事业，提出了“发展体育运动，增强人民体质”的指导方针。

(3)取得了一批重要的科技成果。新中国在核技术、人造卫星和运载火箭等尖端科学技术领域，取得一系列重要的成就，先后制定了两个科学技术长远发展规划。

(4)国际地位的提高与国际环境的改善。新中国在成立初期，一面奉行独立自主基础上的“一边倒”政策，积极争取苏联和其他社会主义国家对中国国内建设与外交工作的支持、援助；一面不失时机发展同西方国家的民间交往。1950 年至 1953 年抗美援朝战争，以及随后召开的日内瓦国际会议和万隆会议，极大地提高了新中国的国际地位。中国同印度、缅甸等国共同倡导的和平共处五项原则，更成为处理国与国关系的公认的国际准则。

(5)探索中形成了建设社会主义的若干重要原则。

2. 以毛泽东为代表的中国共产党人，在创建新中国和探索适合中国情况的社会主义建设道路过程中，逐步形成或进一步完善了具有中国特色的社会主义根本制度。在此基础上，毛泽东等领导人做出了一系列重要的理论创造。

关于社会主义的发展阶段，毛泽东指出：社会主义这个阶段，有可能分为两个阶段，第一个阶段是不发达的社会主义，第二个阶段是比较发达的社会主义。后一阶段可能比前一阶段需要更长的时间。关于社会主义现代化建设的战略目标和步骤，毛泽东强调：为了建设社会主义，必须大力推进中国的现代化事业。社会主义现代化建设的战略目标，是要把中国建设成为一个具有现代农业、现代工业、现代国防和现代科学技术的强国。在社会主义经济建设方面，毛泽东提出，要实行以农业为基础、以工业为主导的方针，正确处理重工业、轻工业和农业的关系，以农、轻、重为序发展国民经济。

在社会主义民主政治建设方面，毛泽东提出，要把“造成一个又有集中又有民主，又有纪律又有自由，又有统一意志，又有个人心情舒畅，生动活泼，那样一种政治局面”作为努力的目标；把正确处理人民内部矛盾作为国家政治生活的主题，坚持人民民主，尽可能团结一切可以团结的力量；处理好中国共产党同各民主党派的关系，坚持长期共存、互相监督的方针，巩固和扩大爱国统一战线。

在社会主义文化建设方面，毛泽东提出，要坚持马克思主义的指导地位，实行“百花齐放、百家争鸣”的方针，对古今中外的优秀文化实行“古为今用、洋为中用、百花齐放、推陈出新”的方针；思想政治工作是经济工作和其他一切工作的生命线。

在国防建设和军队建设方面，毛泽东提出必须加强国防，建设现代化、正规化国防军和发展现代化国防技术的重要指导思想。

在执政条件下加强共产党自身建设方面，毛泽东最早觉察到帝国主义的“和平演变”战略的危险，号召共产党人提高警惕，同这种危险做斗争。同时，他又十分警惕党在执政以后可能产生的种种消极现象。为此，他提出：共产党员必须坚持共产主义的远大理想，务必继续地保持谦虚、谨慎、不骄、不躁的作风，继续地保持艰苦奋斗的作风。

这些理论原则或者被邓小平理论所继承，成为邓小平理论的重要组成部分，或者为邓小平理论所吸收，成为邓小平理论的重要思想来源。而探索中所经历的曲折，也从正反两方面为中共十一届三中全会后建设中国特色社会主义道路的开辟，提供了极为宝贵的经验和教训。

六、材料分析题

1. (1)重工业是我国经济建设的重点。这是因为重工业是生产资料的部门，是国民经济中的基础，是现代生产力的基本物质条件。重工业的发展能为农业、轻工业的生产提供先进装备，因此生产资料生产要优先发展。

在重工业、轻工业、农业的关系上，我们并没有犯原则性的错误。因为我们对农业和轻工业是比较重视的，保证了工业发展所需要的粮食和原料，满足了人民群众的日常生活，货币和物价稳定，没有发生像苏联、东欧那样由于没有处理好重、轻、农的关系而产生的严重问题。

(2)毛泽东所说的“没有执行，或者说是没有很好地执行”，是针对“大跃进”中“以钢为纲”，破坏了重、轻、农的比例关系，给国民经济发展带来很大的危害。在反思这一失误的基础上，毛泽东再次提出要正确处理重、轻、农的关系，把农业放在国民经济的基础地位，明确以农业、轻工业、重工业为序安排国民经济。

2. (1)当时党在指导经济建设上的方针：既反保守，又反冒进。重点在反对当时出现的冒进倾向，这为八大制定“既反保守，又反冒进，在综合平衡中稳步前进”的经济建设方针做了准备。

(2)与材料 1 相比，材料 2 表明当时的经济指导思想发生了很大的变化，强调提早实现农业发展纲要草案的指标，显示了快速发展农业经济的思想，揭开了“大跃进”的序幕。

(3)八大二次会议认为八大制定的反冒进方针导致了国民经济发展的低潮，1957 年提出的高指标推动了经济建设高潮的出现。在这种认识下，第二个五年计划抛开了八大制定的在综合平衡中稳步前进的经济建设方针，使经济建设上的“左”倾错误严重泛滥开来。

第十章

Chapter 10

改革开放与现代化建设新时期

学习目标

通过本章学习，使学生认识到：邓小平成为党的第二代领导核心后，带领全党和全国人民，重新认识社会主义、资本主义，实行改革开放的政策，找到了一条充满生机的中国特色社会主义的强国之路，并提出了中华复兴的战略构想，形成了邓小平理论，说明马克思主义的与时俱进的品质。

中国共产党第十三届四中全会以来，以江泽民为核心的第三代领导集体高举邓小平理论的旗帜，继续深化改革，扩大对外开放，并根据变化了的国际国内新形势和出现的新问题，提出了“三个代表”的重要思想和中国跨世纪发展的新战略。从1989年到2002年的13年间，中国的综合国力大幅提升，经济总量已居世界第六位，人民生活总体上实现了由温饱到小康的历史性跨越。

党的十六大后，以胡锦涛为核心的党中央提出科学发展观，建设社会主义和谐社会等，使马克思主义有了新的发展。

学习要点

1. 真理标准问题的讨论是继五四运动和延安整风运动之后又一场马克思主义思想解放运动。

2. 1979年3月30日，邓小平在理论工作务虚会议上提出四项基本原则：坚持社会主义道路，坚持人民民主专政，坚持共产党的领导，坚持马克思列宁主义、毛泽东思想。

3. 1979 年 4 月，中共中央工作会议提出对国民经济实行“调整、改革、整顿、提高”的方针。

4. 1979 年 9 月，中共十一届四中全会通过了《关于加快农业发展若干问题的决定》，“统分结合”的家庭联产承包责任制的实行，促进了“政社合一”的人民公社体制的解体。1983 年 10 月，中央做出决定，废除人民公社，建立乡（镇）政府作为基层政权，同时成立村民委员会作为村民自治组织。

5. 经济特区：1980 年 5 月，中央决定在深圳、珠海、汕头、厦门设立经济特区。

6. 中共十二大：1982 年 9 月举行。邓小平在开幕词中提出：走自己的道路，建设有中国特色的社会主义制度。

7.《关于经济体制改革的决定》：1984 年 10 月中共十二届三中全会通过。《决定》突破把计划经济同商品经济对立起来的观点，指出我国社会主义经济是在公有制基础上的有计划的商品经济。

8.“一个中心、两个基本点”：对党的十三大提出的社会主义初级阶段的基本路线的简要概括，“一个中心”即以经济建设为中心；“两个基本点”即坚持四项基本原则，坚持改革开放。

16. 中国加入世界贸易组织：从我国提出复关到正式加入世贸组织，历时 15 年，风风雨雨，几经曲折，经过努力，终于在 2001 年 12 月加入了世贸组织。

9. 中共十六大：2002 年 11 月举行。大会把“三个代表”重要思想确立为中国共产党的指导思想，写入党章，提出了全面建设小康社会的奋斗目标。

10.《中共中央关于构建社会主义和谐社会若干重大问题的决定》：2006 年 10 月，中共十六届六中全会审议通过。《决定》指出：社会和谐是中国特色社会主义的本质属性，首次将“和谐”列入现代化建设的奋斗目标，号召全国各族人民“为把我国建设成为富强民主文明和谐的社会主义现代化国家而奋斗”。

11. 加强党的执政能力建设：2004 年 9 月，中共十六届四中全会通过《关于加强党的执政能力建设的决定》。提出加强党的执政能力建设的五项主要任务：不断提高驾驭社会主义市场经济的能力、发展社会主义民主政治的能力、建设社会主义先进文化的能力、构建社会主义和谐社会的能力、应对国际局势和处理国际事务的能力。

12. 基层民主自治体系：以农村村民委员会、城市居民委员会和企业职工代表大会为主要内容。

13. 中共十七大：2007 年 10 月，强调要深入贯彻落实科学发展观。科学发展观，第一要义是发展，核心是以人为本，基本要求是全面协调可持续，根本方法是统筹兼顾。大会一致同意将科学发展观写入党章。

教学案例

【案例 1】

改革开放以来历次国务院机构改革回顾

1982 年机构改革

【关键词】减少职数、年轻化

【数字变化】国务院部委、直属机构、办事机构从 100 个减为 61 个,编制从 5.1 万人减为 3 万人。

【回头看】1982 年,我国自上而下地展开了各级机构改革,明确规定各级各部门领导班子的职数、年龄和文化结构,减少副职,提高素质。但这次改革没有触动高度集中的计划经济管理体制,未能实现政府职能转变。

1988 年机构改革

【关键词】转变职能

【数字变化】国务院部委数量由 45 个减为 41 个,直属机构从 22 个减为 19 个,人员编制减少 9 700 多人。

【回头看】这次改革首次提出转变政府职能是机构改革的关键,强调政府的经济管理部门要从直接管理为主转变为间接管理为主。改革的重点是与经济体制改革关系密切的经济管理部门,如撤销国家计委和国家经委,组建新的国家计委;撤销煤炭工业部、石油工业部、核工业部,组建能源部;撤销国家机械工业委员会和电子工业部,成立机械电子工业部;撤销国家计量局和国家标准局及国家经委质量局,设立国家技术监督局。但由于经济过热,这次精简的机构很快又膨胀起来。

1993 年机构改革

【关键词】统筹党政机构

【数字变化】到 1993 年,国务院工作部门又增加至 86 个。改革后,国务院组成部门 41 个,直属机构和办事机构 18 个,比改革前减少 27 个,人员减少 20%。

【回头看】这次机构改革是在确立社会主义市场经济体制的背景下进行的,核心任务是建立起适应市场经济体制的行政管理体制。根据改革方案,中纪委机关和监察部合署办公,这是统筹党政机构设置的重要方式之一。但这次改革被学界认为“目的清楚,目标不明确”,改革任务本是要减少、压缩甚至撤销工业专业经济部门,但改革中这类部门合并、撤销得少,保留、增加得多。如 1988 年合并的机械电子工业部又被拆成机械部和电子部两个部;由三个部门组建的能源部又被撤销,分设了电力部和煤炭部。

1998 年机构改革

【关键词】政企分开

【数字变化】改革后除国务院办公厅外，国务院组成部门由原有的 40 个减少到 29 个，直属机构 15 个，办事机构 6 个。

【回头看】1998 年机构改革结束了专业经济部门直接管理企业，政府职能转变有了重大进展，撤销了几乎所有的工业专业经济部门：电力工业部、煤炭工业部、冶金工业部、机械工业部、电子工业部、化学工业部、地质矿产部、林业部、中国轻工业总会、中国纺织总会。这样，政企不分的组织基础在很大程度上得以消除。

2003 年机构改革

【关键词】透明高效、"计划"消失

【数字变化】国务院组成部门变为 28 个。

【回头看】这次机构改革是在加入 WTO 的背景下进行的。改革的重点是，深化国有资产管理体制改革，完善宏观调控体系，健全金融监管体制，继续推进流通体制改革，加强食品安全和安全生产监管体制建设。为此，分别建立国资委、银监会，组建商务部、国家食品药品监督管理局，调整国家安全生产监督管理局为国家直属机构。这次改革后，形成了行政机关决策、执行、监督的相互协调。发改委正是在这次改革中改组而来，"计划"从此在各机构名称中消失。

2008 年机构改革

【关键词】大部制

【数字变化】国务院组成部门调整为 27 个，改革调整变动的机构 15 个，正部级机构减少 4 个。

【回头看】这次改革首次明确提出"大部门制"，旨在探索实行职能有机统一的大部门体制。合理配置宏观调控部门职能，加强能源环境管理机构，整合完善工业和信息化、交通运输行业管理体制，以改善民生为重点加强与整合社会管理和公共服务部门，进一步转变政府职能和理顺部门职责关系。

【资料来源】

中国经济网 · 新闻 · 国内时政新闻，2013 - 03 - 11.

【思考讨论】

1. 改革开放中的政治、经济和文化体制改革的关系如何？
2. 如何认识国务院机构改革在政治体制改革中的重要作用？

【案例 2】

重建乡村文化自信

今年的政府工作报告提出，我们坚持在工业化、信息化、城镇化深入发展中同步推进农业现代化，未来还要强化农业农村发展基础，推动城乡发展一体化。这体现了党和国家对乡村建设的高度重视，也提醒我们不可忽视乡村发展滞后的现实。当前中国乡村存在的问题，很重要的一点是乡村文化式微，是城市化、工业化背景下乡村失去文化自信的问题。

传统的乡村文化是农耕文明的产物，其核心为礼俗文化，如《汉书？艺文志》所言“礼失求诸野”。自晚清以来，乡村文化赖以存在的根基逐步瓦解。梁漱溟指出，由于帝国主义侵略等原因，中国近百年史是“一部乡村破坏史”，伦理本位的社会被破坏，导致严重的文化失调，在他的眼中，乡村文化仍具有正面的价值和意义。

在中国乡村的剧烈变动中，乡村与现代性之间的关系极为复杂。乡村卷入现代性，一方面催生出社会主义劳动新人形象，农民的地位与作用得到前所未有的肯定。但另一方面被看做传统的、封建的、愚昧的、落后的文化表征，乡村文化尤其是民俗文化逐步消散。

上世纪八九十年代以来，随着改革开放以及社会主义市场经济体制的确立，商品经济的价值观念伴随着农民工人口流动、城镇化浪潮以及电视、网络等大众传媒进入乡村，对乡村的公共生活和私人生活造成了深远影响，借用马克思的话语表述即是“把一切封建的、宗法的和田园诗般的关系都破坏了”。最明显的变化是，在城乡二元格局下，年轻人纷纷离开乡村，走向城市，去追求财富以及成长的自由；年老一代坚守土地的观念、家庭血亲观、婚姻观不再是年轻一代奉行的标准，他们更愿意选择城市的生活方式。这实际上表明，年轻一代对乡村文化的不自信。

诚然，传统的乡村文化有其落后、不适应时代的部分，需要予以剔除，但是对人与自然、人与社会、人与自我关系的认知，乡村文化中蕴含着丰富的价值观念。我们应发掘其中的天人合一、礼俗仁义、坚韧达观等价值观念，来弥补当下以控制自然为特征的现代性文化之不足，把与自然合二为一、怡然的乡村生活方式和实行全面发展的创造性的现代生活方式，更加和谐地融合在一起。

对于重建乡村文化自信，深入推进社会主义新农村建设是基础。在实施农业现代化、促进经济发展、构造美丽生态乡村的过程中，使农民过上和市民一样的幸福生活，这时的城乡一体化才能真正体现城与乡的身份平等，也只有这样，乡村文化的重要性才能凸显出来。

【资料来源】

新闻中心－中国网 news. china. com. cn，2013－03－10.

【思考讨论】

1. 如何认识改革开放30多年来中国农村发生的巨大变化？

2. 谈谈你对建设社会主义新农村、推进城乡一体化的认识。

【案例3】

市场经济姓“社”还是姓“资”

1989年下半年起，“左”的东西就有些抬头了。有人说：“改革开放要收一收，该抓阶级斗争了。”有人说：“乡镇企业是不正之风的风源，经营机制有资本主义的。”对于经济特区、对于乡镇企业、对于外资、对于个体户，出现了不少不利的传言，不少人的思想产生了迷茫。当时争论的焦点有两个：一个是姓资问题，再一个就是市场经济问题。

1990 年 2 月 22 日，北京某大报发表文章，提出了这样一个带有根本性的质问："推行资本主义化的改革，还是推行社会主义改革？"作者主张凡事都要问一问姓社姓资，并且强调说这是改革道路上两个方向、两条道路的斗争。1991 年 3 月 22 日，上海《解放日报》发表文章，不同意上述论调。文章指出："如果我们仍然囿于姓社还是姓资的诘难，那就只能坐失良机。"但是，这篇文章遭到了猛烈的指责。一些杂志发表文章说："不问姓社姓资，必然会把改革开放引向资本主义道路而断送社会主义事业。""当群众不敢、不顾和不想问一问姓社还是姓资的时候，我们国家会成为什么样子呢？"

与此同时，苏联和东欧发生了震动全世界的剧变。1990 年 8 月 25 日，苏共中央书记处发表声明，宣布苏共中央自动解散。8 月 29 日，苏联议会通过决议，暂停苏共在苏联境内的活动。11 月 5 日，叶利钦下令停止共产党在俄罗斯境内的活动。随着苏联各加盟共和国宣布独立，1991 年 12 月 26 日，苏联最高苏维埃共和国院举行最后一次会议。通过宣言，宣布苏联停止存在。东欧各国也纷纷放弃了社会主义旗帜。苏东剧变，给中国人的心理带来巨大冲击。不同的人对苏联和苏共的解体，有各种各样的解释。很多人都陷入困惑之中，中国的路到底应该怎么走？

正是在人们心头充满疑云，"左"的东西干扰视听的关键时刻，1992 年 1 月至 2 月，邓小平视察南方，发表重要谈话。邓小平在谈话中旗帜鲜明地反击了"左"的思潮，批驳了"左"的谬论。他指出："现在，有右的东西影响我们，也有'左'的东西影响我们，但根深蒂固的还是'左'的东西。有些理论家、政治家，拿大帽子吓唬人的，不是右，而是'左'。'左'带有革命的色彩，好像越'左'越革命。'左'的东西在我们党的历史上可怕呀！一个好好的东西，一下子被他搞掉了。右可以葬送社会主义，'左'也可以葬送社会主义。中国要警惕右，但主要是防止'左'。右的东西有，动乱就是右的！'左'的东西也有。把改革开放说成是引进和发展资本主义，认为和平演变的主要危险来自经济领域，这些就是'左'。"

针对一段时间以来姓社姓资的论调横加干扰、改革开放迈不开步子的情况，邓小平指出；改革开放迈不开步子，不敢闯。说来说去就是怕资本主义的东西多了，走了资本主义道路、要害是姓"资"还是姓"社"的问题。判断的标准，应该主要看，是否有利于发展社会主义社会的生产力，是否有利于增强社会主义国家的综合国力，是否有利于提高人民的生活水平。从此，邓小平提出的"三个有利于"标准，深入人心，成为人们判断是非的标准。邓小平结合创办特区的实践，进一步指出；那些起劲地鼓吹问一问姓社姓资的人，"连基本常识都没有"。

在南方谈话中，邓小平以深刻的智慧和巨大的理论勇气，冲破禁区，提出社会主义也可以搞市场经济，从而解决了困惑中国多年的难题，给中国经济体制改革确定了新的目标模式。

邓小平正是对大量经济现象进行了实事求是的思考，从而得出了正确的结论。他一语击破"左"的障眼法，把人们的思想从禁区当中解放出来。邓小平进一步指出："社会主义的本质，是解放生产力，发展生产力，消灭剥削，消除两极分化，最终达到共同富裕。就是要对大家讲这个道理。证券、股市,这些东西究竟好不好,有没有危险,是不是资本主义独有的东西,社会主义能不能用?允许看,但要坚决地试。”邓小平由此发挥开来,对社会主义的发展问题做了精辟的概括——社会主义要赢得与资本主义相比较的优势,就必须大胆吸收和借鉴人类社会创造的一切文明成果,吸收和借鉴当今世界各国包括资本主义发达国家的一切反映现代社会化生产规律的先进经营方式、管理方法。

邓小平以紧迫的责任感,催促改革开放要大胆前进。他接连视察武汉、深圳、珠海、上海等地,发表谈话。这在外人看来,似乎是没有想到的惊人之举,而对这位中国改革开放的总设计师来说,却是经过深思熟虑的一着棋。南方谈话关于市场经济和计划经济的精辟论述,关于中国要警惕右但主要是防止“左”的新概括,关于社会主义的本质和“三个有利于”理论等,都是围绕着“什么是社会主义,怎样建设社会主义”这个根本问题,从理论上做出的新回答,是我国改革开放和现代化建设实践在理论上的重大突破。

【资料来源】

http://www.worlduc.com 世界大学城·案例库.

【思考讨论】

1. 关于“市场经济姓‘社’还是姓‘资’”的争论的实质是什么?

2. 改革开放以来,我国经济的发展说明了什么问题?

课后习题

一、单项选择题

1. 宣告历时十年之久的“文化大革命”结束的会议是(　　)。

A. 党的第九次全国代表大会　　B. 党的第十次全国代表大会

C. 党的第十一次全国代表大会　　D. 党的第十二次全国代表大会

2. 旗帜鲜明地提出“两个凡是”不符合马克思主义的是(　　)。

A. 华国锋　　B. 胡耀邦

C. 叶剑英　　D. 邓小平

3. 拨乱反正和改革开放的思想先导是(　　)。

A. 中国共产党第十一次全国代表大会召开　　B. “文化大革命”结束

C. 关于真理标准问题的大讨论　　D. 中共十一届三中全会的召开

4. 1978 年 12 月 13 日邓小平在中央工作会议闭幕会上做的讲话是(　　)。

A.《“两个凡是”不符合马克思主义》
B.《完整地准确地理解毛泽东思想》
C.《解放思想，实事求是，团结一致向前看》
D.《坚持四项基本原则》

5. 新中国成立以来，党的历史上具有深远意义的伟大转折是(　　)。
A. 粉碎“四人帮”　　B.“文化大革命”结束
C. 关于真理标准问题的大讨论　　D. 中共十一届三中全会的召开

6. 1980 年 5 月，中央决定建立的经济特区是(　　)。
A. 广州、深圳、珠海、汕头　　B. 深圳、珠海、汕头、厦门
C. 深圳、珠海、汕头、上海　　D. 深圳、珠海、汕头、海南岛

7. 1979 年 3 月 30 日，邓小平在理论工作务虚会议上提出的四项基本原则是(　　)。
A. 坚持社会主义道路、坚持人民民主专政、坚持共产党的领导、坚持人民当家做主
B. 坚持社会主义道路、坚持人民民主专政、坚持共产党的领导、坚持爱国统一战线
C. 坚持社会主义道路、坚持共产党的领导、坚持马列主义、坚持毛泽东思想
D. 坚持社会主义道路、坚持人民民主专政、坚持共产党的领导、坚持马列主义毛泽东思想

8. 党和国家指导思想上拨乱反正胜利完成的标志是(　　)。
A.《关于建国以来党的若干历史问题的决议》的通过
B.“文化大革命”结束
C. 关于真理标准问题的大讨论
D. 中共十一届三中全会的召开

9. 邓小平第一次提出“建设有中国特色的社会主义”是在(　　)。
A. 中共十一大　　B. 中共十一届三中全会
C. 中共十二大　　D. 中共十三大

10. 正式制定社会主义现代化建设“三步走”的战略部署是在(　　)。
A. 党的十二大　　B. 党的十三大
C. 党的十四大　　D. 党的十五大

11. 邓小平认为中国农业的改革和发展会有两个飞跃，其中第二个飞跃是(　　)。
A. 包产到户　　B. 包干到户
C. 发展个体经济　　D. 发展集体经济

12. 确立我国社会主义市场经济体制的改革目标是在(　　)。
A. 党的十二大　　B. 党的十三大
C. 党的十四大　　D. 党的十五大

13. 把邓小平理论确立为中国共产党的指导思想并写入党章的是(　　)。
A. 党的十三大　　B. 党的十四大

C. 党的十五大　　D. 党的十六大

14. 把"三个代表"重要思想确立为中国共产党的指导思想并写入党章的是(　　)。

A. 党的十四大　　B. 党的十五大

C. 党的十六大　　D. 党的十七大

15. 中国正式加入世界贸易组织是在(　　)。

A. 2000 年 12 月 11 日　　B. 2001 年 12 月 11 日

C. 2002 年 12 月 11 日　　D. 2003 年 12 月 11 日

16. 科学发展观的正式提出是在(　　)。

A. 中共十六届三中全会　　B. 中共十六届四中全会

C. 中共十六届五中全会　　D. 中共十六届六中全会

17. 首次将"和谐"列入我国社会主义现代化建设奋斗目标的是(　　)。

A.《关于完善社会主义市场经济体制若干问题的决定》

B.《关于加强党的执政能力建设的决定》

C.《关于实施科技规划纲要增强自主创新能力的决定》

D.《中共中央关于构建社会主义和谐社会若干重大问题的决定》

18. 我国正式废除农业税是从(　　)起。

A. 2005 年 1 月 1 日　　B. 2006 年 1 月 1 日

C. 2007 年 1 月 1 日　　D. 2008 年 1 月 1 日

19. 深入贯彻科学发展观,必须始终坚持(　　)。

A. 以人为本　　B. 全面协调可持续

C. 统筹兼顾　　D. "一个中心、两个基本点"的基本路线

20. 新时期最鲜明的特点是(　　)。

A. 快速发展　　B. 改革开放

C. 与时俱进　　D. 社会和谐

二、多项选择题

1. 中共十一届三中全会(　　)。

A. 宣告了"文化大革命"的结束

B. 开始了中国共产党在思想、政治、组织等领域的全面拨乱反正

C. 形成了以邓小平为核心的中央领导集体

D. 揭开了我国改革开放的序幕

2. 社会主义初级阶段的含义是(　　)。

A. 我国已经是社会主义社会

B. 我国的社会主义社会还处在初级阶段

C. 社会主义初级阶段的根本任务是发展生产力
D. 社会主义初级阶段是一个长期的历史过程

3. 邓小平在南方谈话中指出，判断改革开放得失成败的标准应该主要看(　　)。
A. 是否有利于发展社会主义社会的生产力
B. 是否有利于发展社会主义社会的先进文化
C. 是否有利于增强社会主义国家的综合国力
D. 是否有利于提高人民的生活水平

4. 党的十七大的主题是(　　)。
A. 高举中国特色社会主义伟大旗帜
B. 以邓小平理论和"三个代表"重要思想为指导，深入贯彻落实科学发展观
C. 继续解放思想，坚持改革开放，推动科学发展，促进社会和谐
D. 为夺取全面建设小康社会新胜利而奋斗

5. 科学发展观的基本要求是(　　)。
A. 全面　　B. 发展
C. 协调　　D. 可持续

6. 改革开放以来中国取得一切成绩和进步的根本原因，归结起来就是(　　)。
A. 坚持从严治党，保持党的先进性
B. 积极开展全方位外交，走和平发展的道路
C. 开辟了中国特色社会主义道路
D. 形成了中国特色社会主义理论体系

7. 高举中国特色社会主义伟大旗帜，最根本的就是要(　　)。
A. 坚持马列主义毛泽东思想　　B. 坚持独立自主自力更生
C. 坚持中国特色社会主义道路　　D. 坚持中国特色社会主义理论体系

8. 中国特色社会主义理论体系包括(　　)。
A. 毛泽东思想　　B. 邓小平理论
C. "三个代表"重要思想　　D. 科学发展观等重大战略思想

三、简答题

1. 简述1978年开始的关于真理标准问题大讨论的意义。
2. 简述毛泽东的历史地位。
3. 简述中共十三大阐述的社会主义初级阶段理论和基本路线。
4. 简述邓小平提出的"三步走"战略。
5. 简述中共十六大提出的全面建设小康社会的奋斗目标。
6. 简述科学发展观的地位和作用。

7. 简述中共十六届三中全会《关于完善社会主义市场经济体制若干问题的决定》的主要内容。
8. 简述中国共产党提出的坚持走和平发展道路的基本内容。
9. 简述中共十七大关于党的建设的部署。
10. 简述我国改革开放以来取得的一切成绩和进步的根本原因。
11. 简述中国特色社会主义道路的主要内容。
12. 简述中国共产党成立以来所做的三件大事及其影响。

四、辨析题

1. 1978 年关于真理标准问题的大讨论是一场马克思主义思想解放运动。
2. 毛泽东的功绩是第一位的,错误是第二位的。
3. 科学发展和社会和谐是内在统一的。
4. 改革开放是中国共产党在新的时代条件下带领人民进行的新的伟大革命。

五、论述题

1. 试述党的十一届三中全会的主要内容及其意义。
2. 试述中共十一届六中全会通过的《关于建国以来党的若干历史问题的决议》的主要内容及其意义。
3. 试述邓小平南方谈话的主要内容及其意义。
4. 试述构建社会主义和谐社会战略思想的提出及其意义。
5. 试述改革开放和现代化建设的历史进程和基本经验。
6. 中共十一届三中全会以来中国特色社会主义事业取得了哪些主要成就?取得这些成绩和进步的根本原因是什么?

六、材料分析题

1. **材料 1**　……社会主义对于我们来说,有许多地方还是未被认识的必然王国。我们要完成这个伟大的任务,面临着许多新的问题,需要我们去认识,去研究,躺在马列主义毛泽东思想的现成条文上,甚至拿现成的公式去限制、宰割、裁剪无限丰富的飞速发展的革命实践,这种态度是错误的。我们要有共产党人的责任心和胆略,勇于研究生动的实际生活,研究现实的确切事实,研究新的实践中提出的新问题。只有这样,才是对待马克思主义的正确态度,才能够逐步地由必然王国向自由王国前进,顺利地进行新的伟大的长征。

(摘自《光明日报》1978 年 5 月 11 日特约评论员文章《实践是检验真理的唯一标准》)

材料 2　1978 年开的是十一届三中全会,过几天我们要开十二届三中全会,这将是一次很有特色的全会。前一次三中全会重点在农村改革,这一次三中全会则要转到城市改革,包括工业、商业和其他行业的改革,可以说是全面的改革。无论是农村改革还是城市改革,其基本内容和基本经验都是开放,对内把经济搞活,对外更加开放。虽然城市改革比农村复杂,但是有了农村改革的成功经验,我们对城市改革很有信心。农村改革三年见效,城市改革时间要长一些,三年五载也会见效。十二届三中全会的决议公布后,人们就会看到我们全面改革的雄心壮志。我们把改革当作一种革命,当然不是“文化大革命”那样的革命。

(摘自邓小平1984年10月10日会见联邦德国总理科尔时的谈话,《邓小平文选》第3卷,人民出版社1993年版,第81-82页)

材料3 当谈到办经济特区的问题时,小平同志说,对办特区,从一开始就有不同意见,担心是不是搞资本主义。深圳的建设成就,明确回答了那些有这样那样担心的人。特区姓“社”不姓“资”。从深圳的情况看,公有制是主体,外商投资只占1/4,就是外资部分,我们还可以从税收、劳务等方面得到益处嘛!多搞点“三资”企业,不要怕。只要我们头脑清醒,就不怕。我们有优势,有国营大中型企业,有乡镇企业,更重要的是政权在我们手里。有的人认为,多一分外资,就多一分资本主义,“三资”企业多了,就是资本主义的东西多了,就是发展了资本主义。这些人连基本常识都没有。

(摘自《深圳特区报》1992年3月26日《东方风来满眼春——邓小平同志在深圳纪实》)

请根据以上材料思考以下问题:

1. 对待马克思主义的正确态度是什么?
2. 为什么说改革是一场革命?
3. 判断改革得失成败的标准是什么?

2. **材料1** 我们的政治路线,是把四个现代化建设作为重点,坚持发展生产力,始终扭住这个根本环节不放松,除非打起世界战争。即使打世界战争,打完了还搞建设。

(《邓小平文选》第3卷,人民出版社1993年版,第64页)

材料2 坚持党的基本路线不动摇,必须把改革开放同四项基本原则统一起来。有中国特色的社会主义所以具有蓬勃的生命力,就在于它是实行改革开放的社会主义。我们的改革开放所以能够健康发展,就在于它是有利于巩固和发展社会主义的改革开放。坚持四项基本原则,坚持改革开放,都是为了更好地解放和发展生产力。

(江泽民:《加快改革开放和现代化建设步伐,夺取有中国特色社会主义事业的更大胜利》,1992年10月12日)

材料3 新时期最鲜明的特点是改革开放。从农村到城市、从经济领域到其他各个领域,全面改革的进程势不可当地展开了;从沿海到沿江沿边,从东部到中西部,对外开放的大门毅然决然地打开了。这场历史上从未有过的大改革大开放,极大地调动了亿万人民的积极性,使我国成功实现了从高度集中的计划经济体制到充满活力的社会主义市场经济体制、从封闭半封闭到全方位开放的伟大历史转折。今天,一个面向现代化、面向世界、面向未来的社会主义中国巍然屹立在世界东方。

(胡锦涛:《高举中国特色社会主义伟大旗帜 为夺取全面建设小康社会新胜利而奋

斗》,2007 年 10 月 15 日)

请根据以上材料思考以下问题:

1. 中国共产党在社会主义初级阶段的基本路线是什么?

2. 中共十一届三中全会后,中国为什么能够取得举世瞩目的成就?

3. 怎样才能使中国特色社会主义道路越走越宽广?

参考答案

一、单项选择题

1. C 2. D 3. C 4. C 5. D 6. B 7. D 8. A 9. C 10. B 11. D 12. C 13. C 14. C 15. B 16. A 17. D 18. B 19. D 20. B

二、多项选择题

1. BCD 2. AB 3. ACD 4. ABCD 5. ACD 6. CD 7. CD 8. BCD

三、简答题

1. 1978 年开始的关于真理标准问题的大讨论,强调实践是检验真理的唯一标准。这场讨论,是继延安整风之后又一场马克思主义思想解放运动,成为拨乱反正和改革开放的思想先导,为中国共产党重新确立实事求是的思想路线,纠正长期以来的"左"倾错误,实现历史性的转折,做了思想理论准备。

2. 毛泽东是伟大的马克思主义者,是伟大的无产阶级革命家、战略家和理论家。他虽然在"文化大革命"中犯了严重错误,但是就他的一生来看,他对中国革命的功绩远远大于他的过失,他的功绩是第一位的,错误是第二位的。他为中国共产党和中国人民解放军的创立和发展,为中国各族人民解放事业的顺利开展,为中华人民共和国的缔造和中国社会主义事业的发展,建立了永远不可磨灭的功勋。

3. 中共十三大指出,我国目前正处于社会主义初级阶段。这个论断包括两层含义:第一,我国社会已经是社会主义社会。我们必须坚持而不能离开社会主义。第二,我国的社会主义社会还处在初级阶段。我们必须从这个实际出发,而不能超越这个阶段。党在社会主义初级阶段的基本路线是:领导和团结全国各族人民,以经济建设为中心,坚持四项基本原则,坚持改革开放,自力更生,艰苦创业,为把我国建设成为富强、民主、文明的社会主义现代化国家而奋斗。

4. 邓小平提出的“三步走”战略是：第一步，实现国民生产总值比1980年翻一番，解决人民的温饱问题，这个任务已经基本完成；第二步，到20世纪末，使国民生产总值再增长一倍，人民生活达到小康水平；第三步，到21世纪中叶，使国民生产总值达到中等发达国家水平，人民生活比较富裕，基本实现现代化。

5. 2002年11月召开的党的十六大明确提出了全面建设小康社会的目标，指出：21世纪头20年，对我国来说，是一个必须紧紧抓住并且可以大有作为的重要战略机遇期。我们要在本世纪头20年，集中力量，全面建设惠及十几亿人口的更高水平的小康社会，使经济更加发展、民主更加健全、科教更加进步、文化更加繁荣、社会更加和谐、人民生活更加殷实。这是实现现代化建设第三步战略目标必经的承上启下的发展阶段，也是完善社会主义市场经济体制和扩大对外开放的关键阶段。经过这个阶段的建设，再继续奋斗几十年，到本世纪中叶基本实现现代化，把我国建设成为富强民主文明的社会主义国家。

6. 科学发展观，是对党的三代中央领导集体关于发展的重要思想的继承和发展，是马克思主义关于发展的世界观和方法论的集中体现，是同马克思列宁主义、毛泽东思想、邓小平理论和“三个代表”重要思想既一脉相承又与时俱进的科学理论，是我国经济社会发展的重要指导方针，是发展中国特色社会主义必须坚持和贯彻的重大战略思想。

7. 2003年10月召开的中共十六届三中全会，通过了《关于完善社会主义市场经济体制若干问题的决定》，明确了完善社会主义市场经济体制的目标和任务。《决定》提出要按照统筹城乡发展、统筹区域发展、统筹经济社会发展、统筹人与自然和谐发展、统筹国内发展和对外开放的要求，更大程度地发挥市场在资源配置中的基础性作用，增强企业活力和竞争力，健全国家宏观调控，完善政府社会管理和公共服务职能，为全面建设小康社会提供强有力的体制保障。

8. 2005年11月，胡锦涛在英国伦敦金融城发表演讲，系统阐述了走和平发展道路的基本内容。坚持走和平发展道路，就是通过争取和平的国际环境来发展自己，又通过自己的发展来促进世界和平，永远保持维护世界和平、促进共同发展的坚定力量；主要依靠自己的力量和改革创新来实现发展，同时坚持对外开放的基本国策，在平等互利的基础上同世界各国开展合作交流，努力实现互利共赢。

9. 必须以改革创新精神加强党的建设；必须把党的执政能力建设和先进性建设作为主线，坚持党要管党、从严治党，贯彻为民、务实、清廉的要求，以坚定理想信念为重点加强思想建设，以造就高素质党员、干部队伍为重点加强组织建设，以保持党同人民群众的血肉联系为重点加强作风建设，以健全民主集中制为重点加强制度建设，以完善惩治和预防腐败体系为重点加强反腐倡廉建设，使党始终成为立党为公、执政为民，求真务实、改革创新，艰苦奋斗、清正廉洁，富有活力、团结和谐的马克思主义执政党。

10. 改革开放以来我们取得一切成绩和进步的根本原因，归结起来就是：开辟了中国特色社会主义道路，形成了中国特色社会主义理论体系。高举中国特色社会主义伟大旗帜，最根本的就是要坚持这条道路和这个理论体系。

11. 中国特色社会主义道路,就是在中国共产党的领导下,立足基本国情,以经济建设为中心,坚持四项基本原则,坚持改革开放,解放和发展社会生产力,巩固和完善社会主义制度,建设社会主义市场经济、社会主义民主政治、社会主义先进文化、社会主义和谐社会,建设富强民主文明和谐的社会主义现代化国家。

12. 中国共产党成立 80 多年以来,紧紧依靠和紧密团结全国各族人民,做了三件大事:第一件大事是,在新民主主义革命时期,经过 28 年艰苦卓绝的斗争,推翻帝国主义、封建主义、官僚资本主义的反动统治,实现了民族独立和人民解放,建立了人民当家做主的新中国。第二件大事是,在社会主义革命和建设时期,确立了社会主义基本制度,在一穷二白的基础上建立了独立的比较完整的工业体系和国民经济体系,使古老的中国以崭新的姿态屹立在世界的东方。第三件大事是,在改革开放和社会主义现代化建设时期,开创了中国特色社会主义道路,坚持以经济建设为中心,坚持四项基本原则,坚持改革开放,初步建立起社会主义市场经济体制,大幅度提高了我国的综合国力和人民生活水平,为全面建设小康社会、基本实现社会主义现代化建设开辟了广阔的前景。这三件大事,从根本上改变了中国人民的前途命运,决定了中国历史的发展方向,在世界上产生了深刻而广泛的影响。

四、辨析题

1. 这个论断是正确的。在粉碎"四人帮"以后,广大干部和群众强烈要求纠正"文化大革命"的错误理论、方针和政策,彻底扭转十年内乱造成的严重局势。但当时主持中央工作的华国锋坚持"两个凡是"的错误方针,使彻底纠正"文化大革命"错误的要求和愿望遇到严重阻碍,党和国家的工作出现了在徘徊中前进的局面。1978 年 5 月,《光明日报》发表《实践是检验真理的唯一标准》一文,引起关于真理标准问题的大讨论。邓小平等党和国家领导人支持和领导了这个讨论,强调实事求是是毛泽东思想的出发点和根本点,批评"两个凡是"在对待毛泽东和毛泽东思想上的错误,旗帜鲜明地提出"两个凡是"不符合马克思主义,号召打破精神枷锁,使思想来个大解放。这场讨论,是继延安整风之后又一场思想解放运动,成为拨乱反正和改革开放的思想先导,为党重新确立实事求是的思想路线,纠正长期以来的"左"倾错误,实现历史性的转折做了思想理论准备。

2. 这个论断是正确的。毛泽东是伟大的马克思主义者,是伟大的无产阶级革命家、战略家和理论家。他虽然在"文化大革命"中犯了严重错误,但是就他的一生来看,他对中国革命的功绩远远大于他的过失,他的功绩是第一位的,错误是第二位的。他为中国共产党和中国人民解放军的创立和发展,为中国各族人民解放事业的顺利开展,为中华人民共和国的缔造和中国社会主义事业的发展,建立了永远不可磨灭的功勋。

3. 这个论断是正确的。科学发展和社会和谐是内在统一的。没有科学发展就没有社会和谐,没有社会和谐也就难以实现科学发展。构建社会主义和谐社会是构成中国特色社会主义事业全过程的长期历史任务，是在发展的基础上正确处理各种社会矛盾的历史过程和社会结果。要通过发展增加社会物质财富、不断改善人民生活，又要通过发展保障社会公平正义、不断促进社会和谐。

4. 这个论断是正确的。改革开放是党在新的时代条件下带领人民进行的新的伟大革命，目的就是要解放和发展社会生产力，实现国家现代化，让中国人民富裕起来，振兴伟大的中华民族；就是要推动我国社会主义制度自我完善和发展，赋予社会主义新的生机活力，建设和发展中国特色社会主义；就是要在引领当代中国发展进步中加强和改进党的建设，保持和发展党的先进性，确保党始终走在时代前列。新时期最鲜明的特点是改革开放；新时期最显著的成就是快速发展；新时期最突出的标志是与时俱进。事实雄辩地证明，改革开放是决定当代中国命运的关键抉择，是发展中国特色社会主义、实现中华民族伟大复兴的必由之路；只有社会主义才能救中国，只有改革开放才能发展中国、发展社会主义、发展马克思主义。

五、论述题

1. 1978 年 12 月 18 日至 22 日，中国共产党十一届三中全会在北京召开。全会讨论了关系党和国家命运的各项重大问题，做出了一系列重大决策。这次全会冲破长期"左"倾错误的严重束缚，彻底否定"两个凡是"的错误方针，重新确立解放思想、实事求是的指导思想，实现了思想路线的拨乱反正；停止使用"以阶级斗争为纲"的口号，做出了把党和国家的工作重点转移到社会主义现代化建设上来的决策，实现了政治路线的拨乱反正；形成以邓小平为核心的党中央领导集体，取得了组织路线拨乱反正的最重要成果；恢复党的民主集中制的优良传统，提出使民主制度化、法律化的重要任务；审查和解决历史上遗留的一批重大问题和一些重要领导人的功过是非问题，开始了系统清理重大历史是非的拨乱反正。会议还提出要正确对待毛泽东的历史地位和毛泽东思想的科学体系，为纠正毛泽东晚年的错误，同时坚持和发展毛泽东思想指明了方向。

这次全会做出实行改革开放的新决策，开始了中国从"以阶级斗争为纲"到以经济建设为中心、从僵化半僵化到全面改革、从封闭半封闭到对外开放的历史性转变。中共十一届三中全会是新中国成立以来中国共产党历史上具有深远意义的伟大转折。全会结束了粉碎"四人帮"后两年我国在徘徊中前进的局面，开始了党在思想、政治、组织等领域的拨乱反正，形成了以邓小平为核心的党的中央领导集体，揭开了我国社会主义改革开放的序幕。以这次全会为起点，我国进入了改革开放和社会主义现代化建设的新时期。

2. 主要内容：决议科学评价了毛泽东和毛泽东思想的历史地位，指出：毛泽东同志是伟大的马克思主义者，是伟大的无产阶级革命家、战略家和理论家。他虽然在"文化大革命"中犯了严重错误，但是就他的一生来看，他对中国革命的功绩远远大于他的过失，他的功绩是第一位的，错误是第二位的。他为中国共产党和中国人民解放军的创立和发展，为中国各族人民解放事业的顺利开展，为中华人民共和国的缔造和中国社会主义事业的发展，建立了永远不可磨灭的功勋。毛泽东思想是马克思列宁主义在中国的运用和发展,是被实践证明了的关于中国革命和建设的正确的理论原则和经验总结,是中国共产党集体智慧的结晶。决议对毛泽东思想的科学体系和活的灵魂做了概括,强调毛泽东思想是我们党的宝贵的精神财富,它将长期指导我们的行动。《决议》从根本上否定了"文化大革命"的理论和实践,对新中国成立以来的重大历史事件做出了基本结论。决议还肯定了十一届三中全会以来逐步确立的适合我国国情的建设社会主义现代化强国的道路,进一步指明了中国社会主义事业和党的工作继续前进的方向。

意义:《决议》的通过,标志着党和国家在指导思想上的拨乱反正任务的胜利完成,它推进了十一届三中全会以来的伟大历史转折,对于改革开放和社会主义现代化事业的发展具有重要的指导意义。

3. 主要内容:

(1)革命是解放生产力,改革也是解放生产力。不坚持社会主义,不改革开放,不发展经济,不改善人民生活,只能是死路一条。基本路线要管一百年,动摇不得。改革开放胆子要大一些,敢于试验。看准了的,就大胆地试,大胆地闯。判断的标准,应该主要看是否有利于发展社会主义社会的生产力,是否有利于增强社会主义国家的综合国力,是否有利于提高人民的生活水平。

(2)计划多一点还是市场多一点,不是社会主义与资本主义的本质区别。计划和市场都是经济手段。社会主义的本质,是解放生产力,发展生产力,消灭剥削,消除两极分化,最终达到共同富裕。社会主义要赢得与资本主义相比较的优势,就必须大胆吸收和借鉴人类社会创造的一切文明成果,吸收和借鉴当今世界各国包括资本主义发达国家的一切反映现代化社会化生产规律的先进经营方式和管理方式。右可以葬送社会主义,"左"也可以葬送社会主义。中国要警惕右,但主要是防止"左"。

(3)发展才是硬道理。抓住时机,发展自己,关键是发展经济,要力争经济发展隔几年上一个台阶。要讲效益、讲质量、搞外向型经济。经济发展得快一点,必须依靠科技和教育。

(4)中国的事情能不能办好,从一定意义上说,关键在人。中国要出问题还是出在共产党内部。对这个问题要清醒,要注意培养人,要按照干部"四化"的标准,选拔德才兼备的人才进班子。要坚持两手抓,一手抓改革开放,一手抓打击各种犯罪活动。在整个改革开放过程中,都要反腐败。

(5)我们搞社会主义才几十年,还处在初级阶段。巩固和发展社会主义制度,还需要一个很长的历史阶段,需要我们几代人、十几代人,甚至几十代人坚持不懈地努力奋斗,决不能掉以轻心。世界上赞成马克思主义的人最终会多起来,社会主义经过某些挫折将会向着更加健康的方向发展。我们要在建设有中国特色社会主义道路上继续前进。

意义:邓小平南方谈话,是把改革开放和现代化建设推进到新阶段的又一个解放思想的宣言书。它在国际国内政治风波严峻考验的重大历史关头,科学总结了十一届三中全会以来的基本实践和经验，明确回答了长期困扰和束缚人们思想的许多重大认识问题，极大地鼓舞了全党和全国人民，对现代化建设和改革开放产生了重大而深远的影响。

4. 2002 年 11 月，中共十六大提出全面建设小康社会的目标，其中包括"社会更加和谐"。2004 年 9 月，中共十四届六中全会提出构建社会主义和谐社会的战略任务。2005 年 2 月，胡锦涛在中央党校省部级主要领导干部专题研讨班上，对构建社会主义和谐社会的重大战略思想做了全面论述，认为社会主义和谐社会的主要特征是民主法治、公平正义、诚信友爱、充满活力、安定有序、人与自然和谐相处。2006 年 10 月，中共十六届六中全会审议通过了《中共中央关于构建社会主义和谐社会若干重大问题的决定》，指出：社会和谐是中国特色社会主义的本质属性，是国家富强、民族振兴、人民幸福的重要保证。构建社会主义和谐社会是一个不断化解社会矛盾的持续过程，要更加积极主动地正视矛盾、化解矛盾，不断促进社会和谐。我们要构建的社会主义和谐社会，是在中国特色社会主义道路上，中国共产党领导全国人民共同建设、共同享有的和谐社会。《决定》首次将"和谐"列入现代化建设的奋斗目标。《决定》提出了到 2010 年我国构建社会主义和谐社会的目标和主要任务。

构建社会主义和谐社会战略思想的提出，使中国特色社会主义事业的总体布局由社会主义经济建设、政治建设、文化建设三位一体发展为社会主义经济建设、政治建设、文化建设、社会建设四位一体，反映出中国共产党对中国特色社会主义发展战略的理解和把握更加全面、深刻、协调、均衡，丰富和发展了马克思主义关于社会主义社会建设的理论。

5. (1)历史进程：

改革开放伟大事业，是以邓小平为核心的党的第二代中央领导集体带领全党全国各族人民开创的。面对十年"文化大革命"造成的危难局面，党的第二代中央领导集体坚持解放思想、实事求是，以巨大的政治勇气和理论勇气，科学评价毛泽东和毛泽东思想，彻底否定"以阶级斗争为纲"的错误理论和实践，做出把党和国家工作中心转移到经济建设上来、实行改革开放的历史性决策，确立社会主义初级阶段基本路线，吹响走自己的路、建设中国特色社会主义的时代号角，创立邓小平理论，指引全党全国各族人民在改革开放的伟大征程上阔步前进。

改革开放伟大事业，是以江泽民为核心的党的第三代中央领导集体带领全党全国各族人民继承、发展并成功推向 21 世纪的。从十三届四中全会到十六大，受命于重大历史关头的党的第三代中央领导集体，高举邓小平理论伟大旗帜，坚持改革开放、与时俱进，在国内外政治风波、经济风险等严峻考验面前，依靠党和人民，捍卫中国特色社会主义，创建社会主义市场经济新体制，开创全面开放新局面，推进党的建设新的伟大工程，创立"三个代表"重要思想，继续引领改革开放的航船沿着正确方向破浪前进。

十六大以来，我们以邓小平理论和"三个代表"重要思想为指导，顺应国内外形势发展变化，抓住重要战略机遇期，发扬求真务实、开拓进取精神，坚持理论创新和实践创新，着力推动科学发展、促进社会和谐，完善社会主义市场经济体制，在全面建设小康社会实践中坚定不移地把改革开放伟大事业继续推向前进。

(2)基本经验:

在改革开放的历史进程中,我们党把坚持马克思主义基本原理同推进马克思主义中国化结合起来,把坚持四项基本原则同坚持改革开放结合起来,把尊重人民首创精神同加强和改善党的领导结合起来,把坚持社会主义基本制度同发展市场经济结合起来,把推动经济基础变革同推动上层建筑改革结合起来,把发展社会生产力同提高全民族文明素质结合起来,把提高效率同促进社会公平结合起来,把坚持独立自主同参与经济全球化结合起来,把促进改革发展同保持社会稳定结合起来,把推进中国特色社会主义伟大事业同推进党的建设新的伟大工程结合起来,取得了我们这样一个十几亿人口的发展中大国摆脱贫困、加快实现现代化、巩固和发展社会主义的宝贵经验。

6.(1)主要成就:国民经济保持持续快速健康发展,现代化建设事业稳步推进,综合国力和国际竞争力显著提高,人民生活总体上达到小康水平;社会主义市场经济体制初步建立并不断完善,各项改革事业取得重大进展;全方位对外开放取得新突破,形成全方位、多层次、宽领域的对外开放格局;社会主义民主政治建设取得重要进展;社会主义精神文明建设成效显著;民族政策和宗教政策得到全面贯彻;国防和军队建设取得历史性成就;祖国统一大业取得重大进展;积极开展全方位外交;全面推进党的建设新的伟大工程。

(2)根本原因:改革开放以来我们取得一切成绩和进步的根本原因,归结起来就是:开辟了中国特色社会主义道路,形成了中国特色社会主义理论体系。高举中国特色社会主义伟大旗帜,最根本的就是要坚持这条道路和这个理论体系。

六、材料分析题

1.(1)对待马克思主义的正确态度是实事求是。

(2)改革是解放生产力,是一场新的革命。它不是原有经济体制的细枝末节的修补,而是对原有经济体制的根本性变革。它的实质和目标,是要从根本上改变束缚我国生产力发展的经济体制,建立充满生机和活力的社会主义新经济体制,同时相应地改革政治体制和其他方面的体制,以实现中国的社会主义现代化。无论从解放生产力、扫除发展生产力的障碍这个意义上来说,还是从政策的重新选择、体制的重新构建这个转变的深刻性和广泛性,以及由此引起的社会生活和人们观念变化的深刻性和广泛性来说,改革都是一场新的革命,是中国走向繁荣富强的必由之路,是推动社会主义社会发展的直接动力。改革是一场革命,但它不是一个阶级推翻另一个阶级意义上的革命,不是也不允许否定和抛弃我们已经建立起来的社会主义基本制度,它是社会主义制度的自我完善和发展。

(3)判断改革得失成败的标准是"三个有利于"的标准,即要以是否有利于发展社会主义社会的生产力、是否有利于增强社会主义国家的综合国力、是否有利于提高人民生活水平作为判断改革得失成败的标准。

2.(1)中国共产党在社会主义初级阶段的基本路线是:领导和团结全国各族人民,以经济建设为中心，坚持四项基本原则，坚持改革开放，自力更生，艰苦创业，为把我国建设成为富强民主文明和谐的社会主义现代化国家而奋斗。

(2)改革开放以来我们取得一切成绩和进步的根本原因，归结起来就是：开辟了中国特色社会主义道路，形成了中国特色社会主义理论体系。高举中国特色社会主义伟大旗帜，最根本的就是要坚持这条道路和这个理论体系。

(3)要倍加珍惜、长期坚持和不断发展中国共产党历经艰辛开创的中国特色社会主义道路和中国特色社会主义理论体系，坚持解放思想、实事求是、与时俱进，勇于变革、勇于创新，永不僵化、永不停滞，不为任何风险所惧，不被任何干扰所惑，使中国特色社会主义道路越走越宽广，让当代中国马克思主义放射出更加灿烂的真理光芒。

参考文献

[1] 马克思,恩格斯.马克思恩格斯选集:第1-4卷[M].北京:人民出版社,1995.

[2] 列宁.列宁选集:第1-4卷[M].北京:人民出版社, 1995.

[3] 斯大林.斯大林选集:上,下卷[M].北京:人民出版社, 1979.

[4] 毛泽东.毛泽东选集:第1-4卷[M].北京:人民出版社,1991.

[5] 毛泽东.毛泽东选集:第54卷[M].北京:人民出版社,1997.

[6] 毛泽东.毛泽东著作选读:上,下册[M].北京:人民出版社,1986.

[7] 毛泽东.毛泽东书信选集[M].北京:人民出版社,1983.

[8] 毛泽东.毛泽东文集: 第1-8卷[M].北京:人民出版社,1993.

[9] 毛泽东.毛泽东早期文稿[M].长沙:湖南出版社,1990.

[10] 毛泽东.建国以来毛泽东文稿:第1-13册[M].北京:中央文献出版社,1987.

[11] 邓小平.邓小平文选:第1卷[M].北京:人民出版社,1989.

[12] 邓小平.邓小平文选:第2卷[M].2版.北京:人民出版社,1994.

[13] 邓小平.邓小平文选:第3卷[M].北京:人民出版社,1993.

[14] 刘少奇.刘少奇选集:上,下卷[M].北京:人民出版社,1981.

[15] 周恩来.周恩来选集:上,下卷[M].北京:人民出版社,1980.

[16] 周恩来.周恩来早期文集: 上,下卷[M].天津:南开大学出版社,1993.

[17] 周恩来.周恩来经济文选[M].北京:中央文献出版社,1995.

[18] 陈云.陈云文选:第1-3卷[M].北京:人民出版社, 1995.

[19] 张闻天.张闻天文集:第1-4卷[M].北京:中共党史出版社, 1995.

[20] 张闻天.张闻天社会主义论稿[M].北京:中共党史出版社, 1995.

[21] 李大钊.李大钊选集:上,下卷[M].北京:人民出版社,1984.

[22] 陈独秀.陈独秀文章选编:上,中,下[M].北京:三联书店,1984.

[23] 沙健孙,龚书铎,李捷."中国近现代史纲要"教师参考书[M].北京:高等教育出版社, 2007.

[24] 沙健孙,龚书铎."中国近现代史纲要" 课疑难问题解析[M].北京:高等教育出版社, 2007.

[25] 沙健孙."中国近现代史纲要" 课教学案例解析[M].北京:高等教育出版社,2007.

[26] 刘伟."中国近现代史纲要" 学生辅导读本[M].北京:高等教育出版社,2007.

[27] 胡乔木.胡乔木谈中共党史[M].北京:人民出版社,1999.

[28] 胡绳.胡绳论“从五四运动到人民共和国成立”[M].北京:社会科学文献出版社,2001.
[29] 胡绳.从鸦片战争到五四运动:上,下[M].北京:人民出版社,1981.
[30] 白寿彝.中国通史:第19,20,21,22册[M].上海:上海人民出版社,1999.
[31] 中共中央党史研究室.中国共产党简史[M].北京:中共党史出版社,2001.
[32] 中共中央党史研究室.中国共产党历史:第一卷上,下册[M].北京:中共党史出版社,2002.
[33] 中共中央党史研究室.中国共产党历史(上卷)若干问题说明[M].北京:中共党史出社,1991.
[34] 中共中央党史研究室.中国共产党的七十年[M].北京:中共党史出版社,1991.
[35] 郑惠.“中国共产党的七十年”导读[M].北京:红旗出版社,1991.
[36] 王淇.中国共产党七十年讲座[M].北京:北京出版社,1991.
[37] 谷安林.中国共产党历史二十八讲[M].北京:人民出版社,党建读物出版社,2006.
[38] 朱乔森.中国共产党历史与经验[M].北京:中共中央党校出版社,2006.
[39] 沙健孙.中国革命问题散论[M].长沙:湖南教育出版社,1996.
[40] 沙健孙.走什么路:关于中国近现代历史上的若干重大是非问题[M].济南:山东人民出版社,1997.
[41] 陈旭麓.近代中国社会的新陈代谢[M].上海:上海人民出版社,1992.
[42] 丁守和.二十世纪中国史纲[M].郑州:河南人民出版社,1994.
[43] 百年中国(1899—1949)(中央电视台大型系列片)[M].济南:山东画报出版社,2002.
[44] 王付昌、郭文亮.中国近现代发展史论[M].广州:中山大学出版社,1999.
[45] 田克勤.中国共产党与二十世纪中国社会的变革[M].北京:中共党史出版社,2004.
[46] 金冲及.二十世纪中国的崛起[M].上海:上海人民出版社,1999.
[47] 张福记.近代中国社会演化与革命[M].北京:人民出版社,2002.
[48] 林华国.近代历史纵横谈[M].北京:北京大学出版社,2005.
[49] 虞和平.中国现代化历程:第一,二,三册[M].南京:江苏人民出版社,2001.
[50] 朱育和.中国近现代国情问题剖析[M].北京:清华大学出版社,1991.
[51] 张注洪.中国现代史论稿[M].北京:北京图书馆出版社,1997.
[52] 唐宝林.马克思主义在中国100年[M].合肥:安徽人民出版社,1997.
[53] 钟家栋.20世纪:马克思主义在中国[M].上海:上海人民出版社,1998.
[54] 谈方.中国近现代史纲要[M].北京:人民出版社, 2006.
[55] 胡德坤,宋俭.中国近现代史纲要(教育部马克思主义理论与思想政治教育重点学科教材)[M].武汉:武汉大学出版社,湖北人民出版社,2006.
[56] 费正清.伟大的中国革命(1800—1985年)[M].北京:世界知识出版社, 2003.
[57] 牛大勇.中外学者纵论20世纪的中国——新观点与新材料[M].南昌:江西人民出版

社，2003.
[58] 张汝伦. 现代中国思想研究[M]. 上海：上海人民出版社，2001.
[59] 张静如. 中国共产党思想史[M]. 青岛：青岛出版社，1991.
[60] 郭圣福. 中国共产党社会主义认识史[M]. 北京：中国社会科学出版社，2004.
[61] 陈旭麓. “五四”以来政派及其思想[M]. 上海：上海人民出版社，1987.
[62] 郑大华. 民国思想史论[M]. 北京：社会科学文献出版社，2006.
[63] 戚其章. 中国近代社会思潮史[M]. 济南：山东教育出版社，1994.
[64] 高瑞泉. 中国近代社会思潮[M]. 上海：华东师范大学出版社，1996.
[65] 马克锋. 文化思潮与近代中国[M]. 北京：光明日报出版社，2004.
[66] 郭汉民. 晚清社会思潮研究[M]. 北京：中国社会科学出版社，2003.
[67] 熊月之. 中国近代民主思想史[M]. 上海：上海人民出版社，1988.
[68] 彭明. 近代中国的思想历程[M]. 北京：中国人民大学出版社，1999.
[69] 李文海. 中国近代爱国主义论纲[M]. 北京：中国人民大学出版社，1991.
[70] 关海庭. 中国近现代政治发展史稿[M]. 北京：北京大学出版社，2000.
[71] 林尚立. 当代中国政治形态研究[M]. 天津：天津人民出版社，2000.
[72] 何沁. 中华人民共和国史[M]. 北京：高等教育出版社，1999.